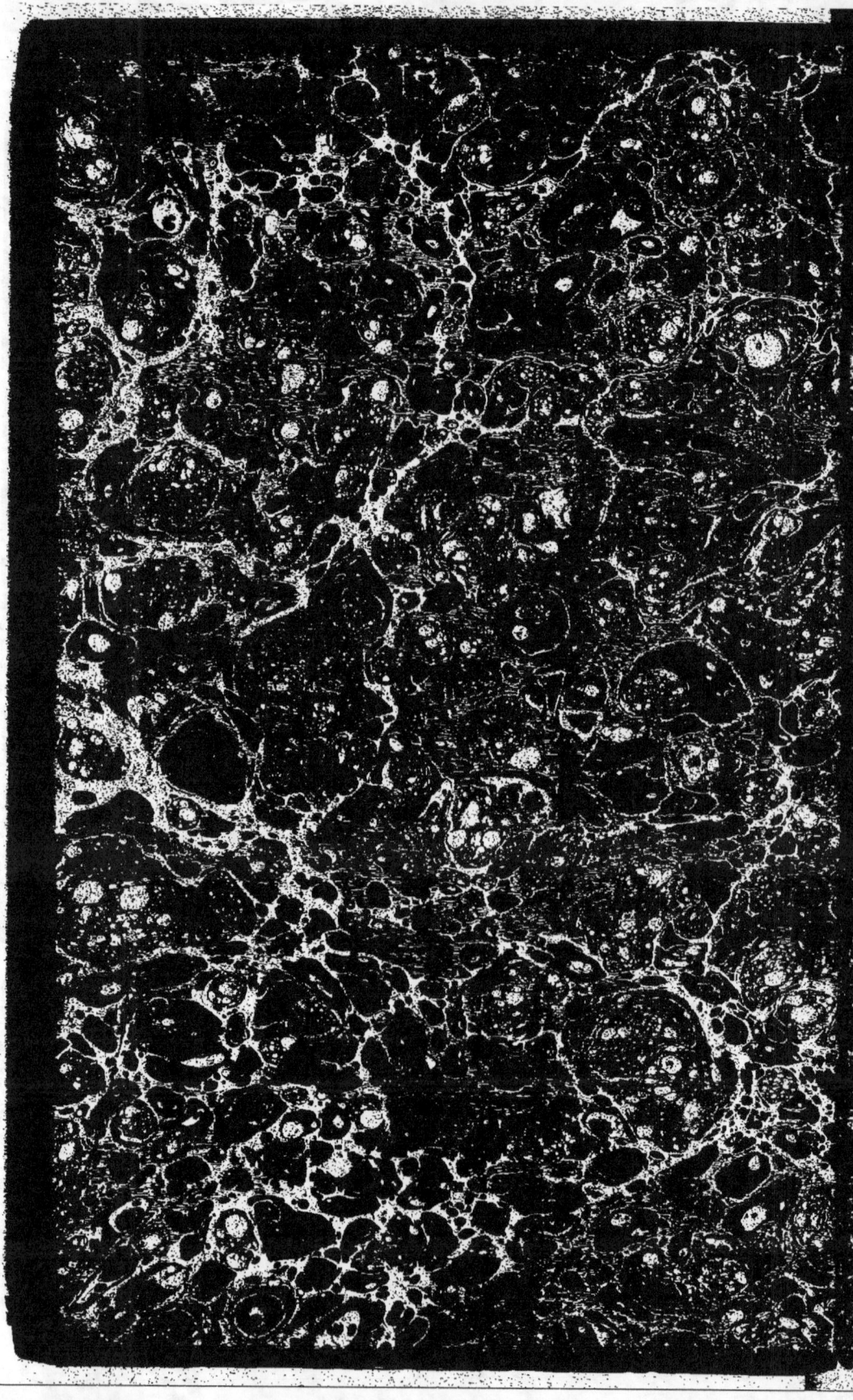

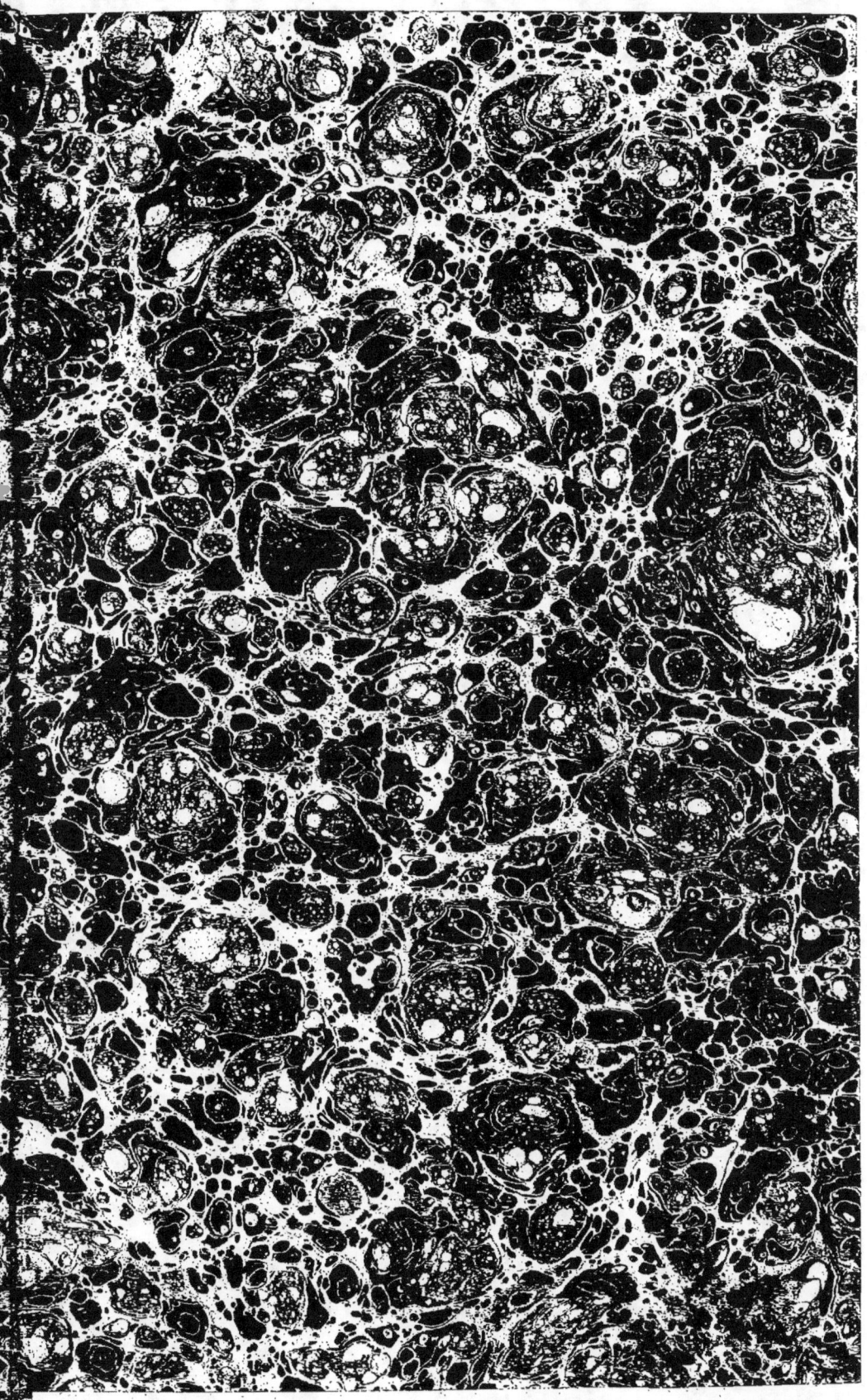

1291. 9ter.
H.

VOYAGE

AUX RÉGIONS ÉQUINOXIALES

DU

NOUVEAU CONTINENT.

DE L'IMPRIMERIE DE FIRMIN DIDOT PÈRE ET FILS.

VOYAGE

AUX RÉGIONS ÉQUINOXIALES

DU

NOUVEAU CONTINENT,

FAIT EN 1799, 1800, 1801, 1802, 1803 ET 1804,

PAR AL. DE HUMBOLDT ET A. BONPLAND;

RÉDIGÉ

PAR ALEXANDRE DE HUMBOLDT;

AVEC UN ATLAS GÉOGRAPHIQUE ET PHYSIQUE.

TOME SIXIÈME.

A PARIS,

Chez N. MAZE, Libraire, rue Git-le-Coeur, n° 4.

1820.

VOYAGE

AUX RÉGIONS ÉQUINOXIALES

DU

NOUVEAU CONTINENT.

LIVRE VI.

CHAPITRE XVII.

Montagnes qui séparent les vallées d'Aragua des Llanos de Caracas. — Villa de Cura. — Parapara. — Llanos ou steppes. — Calabozo.

La chaîne de montagnes qui borde le lac de Tacarigua vers le sud, forme, pour ainsi dire, le rivage septentrional du grand bassin des *Llanos* ou savanes de Caracas. Pour descendre des vallées d'Aragua dans ces savanes, il faut franchir les montagnes de Guigue et de Tucutunemo. D'un pays peuplé, embelli par la culture, on entre dans une vaste solitude. Accoutumé à l'aspect des rochers et à l'ombrage des vallons, le voyageur voit avec étonnement ces savanes sans arbres, ces plaines immenses, qui semblent monter vers l'horizon.

Avant de tracer le tableau des *Llanos* ou de la région des pâturages [1], je vais décrire succinctement la route que nous avons suivie de Nueva-Valencia, par Villa de Cura et San-Juan, au petit village d'Ortiz, placé à l'entrée des steppes. Nous quittâmes les vallées d'Aragua, le 6 mars, avant le lever du soleil. Nous marchâmes dans une plaine richement cultivée, en longeant la partie sud-ouest du lac de Valencia, et en traversant des terrains que les eaux du lac ont laissés à découvert. Nous ne pouvions nous lasser d'admirer la fécondité du sol couvert de calebasses, de melons d'eau et de bananes. Le lever du soleil s'annonçoit par le bruit lointain des singes hurleurs. En approchant d'un groupe d'arbres qui s'élèvent au milieu de la plaine, entre les anciens îlots de *Don Pedro* et de la *Negra*, nous aperçûmes des bandes nombreuses de

[1] *Voyez* plus haut, Tom. IV, chap. XII, p. 147-148.

singes Araguates qui se transportoient, comme en procession, d'un arbre à l'autre, avec une lenteur extrême. Un mâle étoit suivi par un grand nombre de femelles, dont plusieurs portoient leurs petits sur leurs épaules. Les naturalistes ont souvent décrit les singes hurleurs qui vivent en société dans les différentes parties de l'Amérique : ils se ressemblent par-tout dans leurs mœurs, quoique les espèces ne soient pas toujours les mêmes. On ne se lasse pas d'admirer l'uniformité avec laquelle les Araguates [1] exercent leurs mouvemens. Partout où les branches des arbres voisins ne se touchent pas, le mâle qui conduit la bande se suspend par la partie *prenante* et calleuse de sa queue; et, laissant tomber le reste du corps, il se balance jusqu'à ce que, dans une des oscillations, il puisse atteindre la branche voisine. Toute la file exécute au même endroit le même mouvement. Il est presque superflu de faire observer ici combien est hasardée l'assertion d'Ulloa [2] et de tant de voyageurs instruits,

[1] Simia ursina. *Voyez* l. c., Chap. viii, p. 439.
[2] Ce voyageur célèbre n'a pas hésité de faire re-

d'après laquelle les Marimondes [1], les Araguates et d'autres singes qui ont la queue
prenante, forment une espèce de chaîne
pour atteindre le rivage opposé d'un fleuve.
Nous avons eu occasion, pendant cinq ans,
d'observer des milliers de ces animaux; et,
par cette raison même, nous n'avons pas
ajouté foi à des récits qui peut-être ont été
inventés par les Européens eux-mêmes,
quoique les Indiens des missions les répètent, comme s'ils leur eussent été transmis
par leurs pères. L'homme le plus éloigné de
la civilisation jouit de l'étonnement qu'il
produit en racontant les merveilles de son
pays. Il dit avoir vu ce qu'il imagine que
d'autres auroient pu voir. Tout sauvage est
chasseur ; et les contes de chasseurs em-
pruntent d'autant plus à l'imagination, que
les animaux dont ils nous vantent les ruses
sont doués d'un plus haut degré d'intelligence. De là les fictions dont les renards

présenter dans une gravure cette manœuvre extraordinaire des singes à queue prenante. Voyez *Viage
a la America meridional* (Madrid, 1748), Tom. I,
p. 144-149.

[1] Simia Belzebuth. *Voyez* mes *Obs. de Zool.*, Tom. I
p. 327.

CHAPITRE XVII.

et les singes, les corbeaux et le Condor des Andes, ont été l'objet dans les deux hémisphères.

On accuse les Araguates d'abandonner quelquefois leurs petits, pour être plus légers dans la fuite, lorsqu'ils sont poursuivis par des chasseurs indiens. On dit avoir vu des mères qui détachoient le petit de leurs épaules pour le jeter à bas de l'arbre. J'aime à croire qu'un mouvement purement accidentel a été pris pour un mouvement prémédité. Les Indiens ont de la haine ou de la prédilection pour de certaines races de singes; ils aiment les Viuditas, les Titis et en général tous les petits Sagouins, tandis que les Araguates, à cause de leur aspect triste et de leur hurlement uniforme, sont à-la-fois détestés et calomniés. En réfléchissant sur les causes qui peuvent faciliter la propagation du son dans l'air, pendant la nuit, j'ai cru important de déterminer avec précision la distance à laquelle, sur-tout par un temps humide et orageux, on entend le hurlement d'une bande d'Araguates. Je crois m'être assuré qu'on le distingue à 800 toises de distance. Les singes qui sont munis de quatre mains ne peuvent faire des excursions dans les *Llanos*; et, lorsqu'on se trouve au milieu des vastes plaines couvertes d'herbe, il est facile de reconnoître un groupe isolé d'arbres duquel sort le bruit, et qui est habité par des singes hurleurs. Or, en se dirigeant vers ce groupe d'arbres, ou en s'en éloignant, on mesure le *maximum* de la distance à laquelle le hurlement se fait entendre. Ces distances m'ont paru quelquefois d'un tiers plus grandes pendant la nuit, sur-tout lorsque le temps est couvert, très-chaud et humide.

Les Indiens prétendent que, lorsque les Araguates remplissent la forêt de leurs hurlemens, il y en a toujours un « qui chante comme chef de chœur. » L'observation est assez exacte. On distingue généralement, et pendant long-temps, une voix isolée, plus forte, jusqu'à ce qu'une autre voix, d'un timbre différent, la remplace. Le même instinct d'imitation s'observe de temps en temps chez nous parmi les grenouilles et presque parmi tous les animaux qui vivent et qui chantent en société. Il y a plus encore: les missionnaires assurent que, lorsque, parmi les Araguates, une femelle est sur le point de mettre bas, le chœur suspend ses hurlemens jusqu'au moment de la naissance du petit. Je n'ai pu juger par moi-même de l'exactitude de cette assertion; mais je ne la crois pas tout-à-fait dénuée de fondement. J'ai observé que, lorsqu'un mouvement extraordinaire, par exemple le gémissement d'un Araguate blessé, fixe l'attention de la bande, les hurlemens sont interrompus pour quelques minutes. Nos guides nous assuroient gravement « que, pour se guérir de l'asthme, il suffit de boire dans le tambour osseux de l'os hyoïde de l'Araguate. Cet animal ayant un volume de voix si extraordinaire, son larynx doit nécessairement donner à l'eau qu'on y verse la vertu de guérir les affections du poumon. » C'est la physique du peuple, qui ressemble quelquefois à celle des Anciens.

Nous passâmes la nuit au village de Guigue, dont j'ai trouvé la latitude, par des observations de Canopus, de 10° 4′ 11″. Ce village entouré des plus riches cultures, n'est éloigné que de mille toises du lac de Tacarigua. Nous logeâmes chez un vieux sergent, natif de Murcie, homme d'un caractère très-original. Pour nous prouver qu'il avoit fait ses études chez les jésuites, il nous récita en latin l'histoire de la création du monde. Il connoissoit les noms d'Auguste, de Tibère et de Dioclétien. Jouissant de la douce fraîcheur de la nuit dans un enclos planté en bananes, il s'intéressoit à tout ce qui s'étoit passé à la cour des empereurs romains. Il nous demandoit avec instance des remèdes contre la goutte, dont il souffroit cruellement. « Je sais, nous disoit-il, qu'un *Zambo* de Valencia, qui est un fameux *curioso*, peut me guérir ; mais le *Zambo* veut être traité avec les égards qu'on ne peut avoir pour un homme de sa couleur, et je préfère rester dans l'état où je suis. »

En sortant de Guigue, on commence à monter la chaîne de montagnes qui s'étend au sud du lac, vers le Guacimo et La Palma. Du haut d'un plateau, qui est élevé de 320 toises, nous vîmes pour la dernière fois les vallées d'Aragua. Le gneiss paroissoit au jour : il présentoit la même direction des couches, la même inclinaison vers le nord-ouest. Des filons de quartz qui traversent le gneiss sont aurifères; aussi un ravin voisin prend-il le nom de *quebrada del oro*. On est surpris de trouver à chaque pas ce nom pompeux de *ravin de l'or*, dans un pays où l'on n'exploite qu'une seule mine de cuivre. Nous fîmes cinq lieues jusqu'au village de Maria Magdalena, et encore deux lieues jusqu'à la *Villa de Cura*. C'étoit un dimanche. Au village de Maria Magdalena, les habitans se trouvoient réunis devant l'église. On voulut forcer nos muletiers à s'arrêter pour entendre la messe. Nous résolûmes de rester; mais, après une longue altercation, les muletiers poursuivirent leur chemin. Je dois ajouter que cette dispute est la seule qu'on nous ait suscitée pour un motif semblable. On se fait en Europe des idées très-erronées sur l'intolérance et même sur la ferveur religieuse des colons espagnols!

San-Luis de Cura, ou, comme on dit communément, la *Villa de Cura*, est fondé dans une vallée extrêmement aride, qui est dirigée du nord-ouest au sud-est, et élevée, d'après mes observations barométriques, de 266 toises au-dessus du niveau de l'Océan. A l'exception de quelques arbres fruitiers, le pays est presque dépourvu de végétation. La sécheresse du plateau est d'autant plus grande, que plusieurs rivières (ce qui est assez extraordinaire dans un pays de roches primitives) se perdent dans la terre à travers des crevasses. Le Rio de Las Minas, au nord de *Villa de Cura*, se cache dans la roche, reparoît au jour, et s'engouffre de nouveau, sans parvenir au lac de Valence, vers lequel il se dirige. Cura ressemble plutôt à un village qu'à une ville. La population n'est que de 4000 ames; mais nous y avons trouvé plusieurs personnes d'un esprit très-cultivé. Nous logeâmes dans une famille, contre laquelle le gouvernement avoit sévi lors de la révolution de Caracas, en 1797. Un des fils, après avoir gémi dans les cachots, avoit été envoyé à la Havane pour y être retenu dans un château fort. Quelle joie pour la mère d'apprendre qu'après notre retour de l'Orénoque, nous visiterions la Havane! Elle me confia cinq piastres « tout le fruit de ses épargnes ». J'aurois vivement desiré les lui rendre; mais comment ne pas craindre de blesser sa délicatesse, de faire de la peine à une mère qui trouve du charme dans les privations qu'elle s'impose ? Toute la société de la ville se réunissoit le soir pour admirer dans une *optique* les vues des grandes capitales de l'Europe. On nous montra le château des Tuileries, et la statue du grand-électeur, à Berlin. C'est une sensation bien extraordinaire que de voir sa ville natale à travers une *optique*, lorsqu'on en est éloigné de deux mille lieues!

Un pharmacien, qu'un malheureux penchant pour l'exploitation des mines avoit ruiné, nous accompagna pour visiter le Serro de Chacao, très-riche en pyrites aurifères. On continue à descendre la pente méridionale de la Cordillère de la côte, dans laquelle les plaines d'Aragua forment une vallée longitudinale. Nous passâmes une partie de la nuit du 11 au village de San-Juan, remarquable par ses eaux thermales et la forme extraordinaire de deux montagnes voisines, appelées les *Morros de San-Juan*. Ces mornes forment des pics élancés, qui s'élèvent sur un mur de rochers d'une base très-étendue. Le mur est taillé à pic, et ressemble *au mur du diable*[1], qui environne une partie du groupe des montagnes du Hartz. Comme on aperçoit ces mornes de très-loin dans les *Llanos*, et qu'ils frappent l'imagination des habitans des plaines, qui ne sont pas accoutumés au moindre mouvement de terrain, on exagère singulièrement dans le pays la hauteur de ces pics. On nous les avoit dépeints comme placés au milieu des steppes, tandis qu'ils les bordent vers le nord, bien au-delà d'une rangée de collines que l'on appelle *la Galera*. A en juger par les angles pris à une distance de 2 milles, les mornes n'ont guère plus de 156 toises au-dessus du village de San-Juan, et 350 toises au-dessus du niveau des Llanos. Les eaux thermales sourdent au pied des mornes qui sont de roche calcaire de transition; elles sont chargées d'hydrogène sulfuré, comme celles de Mariara, et forment une

---

[1] *Die Teufels-Mauer*, près de Wernigerode en Allemagne.

petite mare ou *lagune* dans laquelle je ne vis monter le thermomètre qu'à 31°,3.

Je trouvai, dans la nuit du 9 au 10 mars, par des observations d'étoiles très-satisfaisantes, la latitude de Villa de Cura, de 10° 2′ 47″. Les officiers espagnols qui ont porté, en 1755, lors de l'expédition des limites, des instrumens astronomiques à l'Orénoque, n'ont certainement pas observé à Cura, car la carte de Caulin et celle de la Cruz Olmedilla placent cette ville d'un quart de degré trop au sud.

La Villa de Cura est célèbre dans le pays par les miracles d'une image de la Vierge, connue sous le nom de *Nuestra Señora de los Valencianos*. Cette image, trouvée par un Indien dans un ravin, vers le milieu du dix-huitième siècle, a été l'objet d'un procès entre les deux villes de Cura et de San-Sebastian de los Reyes. Les curés de cette dernière ville prétendoient que la Vierge avoit fait sa première apparition sur le territoire de leur paroisse. L'évêque de Caracas, pour mettre fin au scandale d'une longue dispute, fit porter l'image dans les archives de l'évêché, et la garda 30 ans sous le scellé : elle ne fut rendue aux habitans de Cura qu'en 1802. M. Depons a rapporté en détail les circonstances de ce procès d'une nature si bizarre [1].

Après avoir pris un bain dans la petite rivière de San-Juan, sur un fond de *grünstein* basaltique, dans une eau fraîche et limpide, nous continuâmes notre route, à deux heures de la nuit, par Ortiz et Parapara, à la *Mesa de Paja*. Comme, à cette époque, le chemin des Llanos étoit infesté de voleurs, plusieurs voyageurs se joignirent à nous pour former une espèce de caravane. Nous ne cessâmes de descendre pendant 6 ou 7 heures ; nous longeâmes le *Cerro de Flores*, près duquel se sépare la route qui conduit au grand village de San-Jose de Tisnao. On passe les fermes de Luque et du Juncalito pour entrer dans des vallons qui, à cause du mauvais chemin et de la couleur bleue des schistes, portent les noms de *Malpasso* et de *Piedras Azules*.

Ce terrain forme l'ancien rivage du grand bassin des steppes, et offre beaucoup d'intérêt aux recherches du géologue. On y

[1] Tom. III, p. 178.

trouve des formations trapéennes, qui, probablement plus récentes que les filons de diabase près de la ville de Caracas, semblent appartenir à des roches de formation ignée. Ce ne sont pas des courans longs et étroits, comme dans une partie de l'Auvergne, mais de larges nappes, des coulées qui paraissent de véritables couches. Les masses lithoïdes couvrent, pour ainsi dire, ici le rivage de l'ancienne mer intérieure : tout ce qui est destructible, les déjections liquéfiées, les scories bulleuses, ont été emportées. Ces phénomènes deviennent sur-tout dignes d'attention, par les rapports intimes qu'on observe entre les phonolites et les amygdaloïdes, qui, renfermant indubitablement des pyroxènes et des grünstein amphiboliques, forment des couches dans un schiste de transition. Pour bien saisir l'ensemble du gisement de ces roches et de leur superposition nous allons nommer les *formations* telles qu'elles se présentent dans un profil dirigé du nord au sud.

On trouve d'abord dans la Sierra de Mariara, qui appartient au rameau septentrional de la cordillère des côtes, un *granite* à gros grains ; puis, dans les vallées d'Aragua, sur les bords du lac, et dans les îles qu'il renferme, comme aussi dans le rameau méridional de la chaîne côtière, du *gneiss* et du *micaschiste*. Ces deux dernières roches sont aurifères dans la *quebrada del Oro*, près de Guigue, et entre Villa de Cura et les *Morros de San-Juan*, dans la montagne de Chacao. L'or est contenu dans des pyrites, qui se trouvent, tantôt disséminées d'une manière presque imperceptible dans la masse entière du gneiss [1], tantôt réunies en de petits filons de quartz. La plupart des torrens qui traversent ces montagnes charrient des grains d'or. De pauvres habitans de Villa de Cura et de San-Juan ont gagné quelquefois, par le lavage des sables, dans un jour, jusqu'à trente piastres; mais le plus souvent, malgré leur industrie, ils ne trouvent pas, dans une semaine, des paillettes d'or pour la valeur de deux piastres. Aussi très-peu de personnes se livrent à ce métier incertain. Cependant ici, comme

[1] Les quatre métaux que l'on trouve disséminés dans la roche granitique, comme s'ils étoient de formation *contemporaine*, sont l'or, l'étain, le titanium et le cobalt.

par-tout ailleurs où l'or natif et les pyrites aurifères sont disséminés dans la roche, ou, par la destruction des roches, déposés dans des terrains d'alluvion, le peuple se forme les idées les plus exagérées de la richesse métallique du sol. Mais le succès des exploitations, qui dépend moins de l'abondance des minerais sur une vaste étendue de terrain que de son accumulation sur un même point, n'a pu justifier des préventions si favorables. La montagne de Chacao, bordée par le ravin de Tucutunemo, est élevée de 700 pieds au-dessus du village de San-Juan. Elle est formée de gneiss qui, sur-tout dans les couches supérieures, passe au micaschiste. Nous y vîmes les restes d'une ancienne mine, connue sous le nom du *Real de Santa-Barbara*. Les travaux ont été dirigés sur une couche de quartz[1] carié, cri-

---

[1] Cette couche de quartz, et le gneiss qui la renferme, sont dirigés hor. 8 de la boussole de Freiberg et inclinés 70° au sud-ouest. A 100 toises de distance du quartz aurifère, le gneiss reprend son gisement ordinaire, hor. 3-4 avec 60° d'inclinaison au nord-ouest. Quelques couches de gneiss abondent en mica argentin, et enchâssent, au lieu de grenats, une immense quantité de petits octaèdres de pyrites. Ce gneiss argentin

blé de cavités polyédriques, mêlé de fer ocracé, renfermant des pyrites aurifères et de petites paillettes d'or qui, à ce qu'on assure, sont visibles à l'œil nu. Il paroît que le gneiss du Cerro de Chacao offre encore un autre *dépôt métallique*, un mélange de minerais de cuivre et d'argent. Ce dépôt a été l'objet d'une exploitation tentée avec beaucoup d'ignorance, par des mineurs mexicains, sous l'intendance de M. Avalo. La galerie [1] dirigée vers le nord-est n'a que 25 toises de long. Nous y avons trouvé de beaux échantillons de cuivre azuré, mêlé de sulfate de baryte et de quartz; mais nous n'avons pu juger par nous-mêmes si le minerai contenoit du *fahlerz* argentifère, et s'il se trouvoit dans une couche, ou, comme l'assuroit le pharmacien qui nous servoit de guide, sur de véritables filons. Ce qui est certain, c'est que cet essai d'exploitation a coûté, en deux ans, plus de 12,000 piastres. Il auroit été plus prudent sans doute

---

ressemble au gneiss de la fameuse mine d'Himmelsfürst en Saxe.

[1] *La Cueva de Los Mexicanos.*

de reprendre les travaux sur la couche aurifère du *Real de Santa-Barbara*.

La *zone de gneiss*, dont nous venons de parler, a, dans la chaîne côtière, depuis la mer jusqu'à Villa de Cura, une largeur de dix lieues. Dans cette grande étendue de terrain, on trouve exclusivement le gneiss et le micaschiste, qui ne constituent ici qu'une même formation [1]. Au-delà de

[1] Une formation que nous appellerons de gneiss-micaschiste, et qui est propre à *la chaîne côtière de Caracas*. Il faut distinguer, comme MM. de Buch et Raumer l'ont si bien démontré dans leurs excellens mémoires sur Landeck et le Riesengebirge, cinq formations, savoir: a) *granite;* b) *granite-gneiss;* c) *gneiss;* d) *gneiss-micaschiste;* et e) *micaschiste.* C'est pour avoir confondu ces formations, que la nature a séparées dans beaucoup de pays de la manière la plus distincte, que les géognostes dont les recherches ont été restreintes sur une petite étendue de terrain, ont admis que *par-tout* le gneiss et le micaschiste alternoient en bancs superposés ou offroient des passages insensibles d'une roche dans l'autre. Ces passages et ces superpositions alternantes ont lieu sans doute dans les formations de *granite-gneiss* et de *gneiss-micaschiste;* mais, parce que ces phénomènes s'observent dans une région, il ne s'ensuit pas que dans d'autres on ne trouve des formations très-nettement circonscrites de *granite*, de *gneiss* et de *micaschiste*. Ces mêmes considérations peuvent s'appliquer aux formations de ser-

Villa de Cura et du Cerro de Chacao, l'aspect du pays devient plus varié aux yeux du géognoste. Il y a encore huit lieues de pente, depuis le plateau de Cura jusqu'à l'entrée des Llanos ; et, sur cette pente méridionale de la chaîne côtière, quatre roches de différentes formations recouvrent le gneiss. Nous allons d'abord les décrire, sans les grouper d'après des idées systématiques.

Au sud du Cerro de Chacao, entre le ravin de Tucutunemo et Piedras Negras, le gneiss se cache sous une formation de *serpentine* qui varie de composition dans ces différentes couches superposées. Elle est tantôt très-pure, très-homogène, d'un vert d'olive obscur, à cassure écailleuse passant à la cassure unie ; tantôt elle est veinée, mélangée de stéatite bleuâtre, à cassure inégale, et renfermant des paillettes de mica. Dans ces deux états, je n'y ai découvert ni grenats, ni amphibole, ni diallage. En avançant plus vers le sud, et c'est toujours dans cette direction que nous parcou-

pentine qui tantôt sont isolées, et tantôt appartiennent à l'eurite, au micaschiste et au *grünstein*.

rions ce terrain, la serpentine devient d'un vert plus foncé; on y reconnoît du feldspath et de l'amphibole : il est difficile de dire si elle passe à la diabase (*grünstein*), ou si elle alterne avec elle. Ce qui n'est pas douteux, c'est qu'elle renferme des filons de minerais de cuivre [1]. Au pied de cette montagne, deux belles sources jaillissent de la serpentine. Près du village de San-Juan paroît seul au jour la *diabase grenue* qui prend une couleur noir-verdâtre. Le feldspath, intimement mêlé à la masse, se sépare en crystaux distincts. Le mica est très-rare, il n'y a pas de quartz. La masse prend à la surface une croûte jaunâtre, comme la dolérite et le basalte.

Au milieu de ce terrain de formation trapéenne s'élèvent, comme deux châteaux en ruines, les *Morros de San-Juan*. Ils paraissent liés aux *mornes* de Saint-Sébas-

[1] Un de ces filons sur lequel on a percé deux puits, étoit dirigé, hor. 2, 1 et incliné de 80° à l'est. Les couches de la serpentine, là où elle est stratifiée avec quelque régularité, ont la direction hor. 8 et l'inclinaison presque perpendiculaire. J'ai trouvé de la malachite disséminée dans cette serpentine là où elle passe au *grünstein*.

tien et à *la Galera*, qui borde les Llanos comme un mur rocheux. Les *Morros de San-Juan* sont formés d'un calcaire à texture crystalline; il est quelquefois très-dense, quelquefois caverneux, gris-verdâtre, luisant, composé de petits grains, et mêlé de paillettes de mica isolées. Ce calcaire fait beaucoup d'effervescence avec les acides: je n'y ai pas trouvé de vestige de corps organisés. Il renferme en *bancs subordonnés* des masses d'argile endurcie, bleu-noirâtre, et carburée. Ces masses sont fissiles, très-pesantes et chargées de fer; elles offrent une rayure blanchâtre, et ne font pas effervescence avec les acides. Elles prennent à leur surface, par la décomposition à l'air, une couleur jaune. On croit reconnoître, dans ces bancs argileux, une tendance, ou vers les *schistes de transition*, ou vers le *kieselschiefers* (jaspe schistoïde), qui caractérisent par-tout les *calcaires noirs de transition*. En fragmens, on les prendroit, au premier coup-d'œil pour des basaltes ou des amphibolites [1]. Aux *Morros de San-Juan* est adossé

[1] J'ai eu occasion d'examiner de nouveau, avec beaucoup de soin, les roches de San-Juan, de Chacao,

un autre calcaire blanc, compacte, et renfermant quelques débris de coquilles. Je n'ai point pu voir la ligne de jonction de ces deux calcaires ni celle de la formation calcaire et de la diabase.

La vallée transversale qui descend de *Piedras Negras* et du village de San-Juan vers Parapara et les Llanos est remplie de roches trapéennes qui présentent des rapports intimes avec la formation de *schistes verts* qu'elles recouvrent. On croit voir tantôt de la serpentine, tantôt du *grünstein*, tantôt des dolérites et des basaltes. La disposition de ces masses problématiques n'est pas moins extraordinaire. Entre San-Juan, Malpasso et Piedras Azules, elles forment des couches parallèles entre elles, et régulièrement inclinées au nord sous des angles de 40°-50° : elles recouvrent, même en *gisement concordant*, les schistes verts. Plus bas, vers Parapara et Ortiz, où les amyg-

de Parapara et de Calabozo, pendant mon séjour à Mexico, où j'ai formé, conjointement avec M. Del Rio, un des élèves les plus distingués de l'*école de Freyberg*, une collection géognostique pour le *Colegio de mineria* de la Nouvelle-Espagne.

daloïdes et les phonolites se lient aux *grün-stein*, tout prend un aspect basaltique. Des boules de *grünstein*, amoncelées les unes sur les autres, forment de ces cônes arrondis, que l'on trouve si fréquemment dans le *Mittelgebirge* en Bohême, près de Bilin, la patrie des phonolites. Voici ce que m'ont donné les observations partielles :

Le *grünstein* qui d'abord alternoit avec des couches de serpentine ou se lioit à cette roche par des passages insensibles, se montre seul, tantôt en strates fortement inclinés, tantôt en boules à couches concentriques enchâssées dans des strates de la même substance. Il repose, près de Malpasso, sur des *schistes verts*, stéatiteux, mêlés d'amphibole, dépourvus de mica et de grains de quartz, inclinés *comme les grünstein* de 45° au nord, et dirigés *comme* eux N.75°O.

Il règne une grande stérilité là où dominent ces schistes verts, sans doute à cause de la magnésie qu'ils renferment, et qui (comme le prouve le *calcaire magnésifère* [1]

---

[1] *Magnesian-Limestone*, jaune de paille, avec des madrépores; au-dessous du *red marl* ou grès rouge muriatifère.

de l'Angleterre) est très-contraire à la végétation. L'inclinaison des *schistes verts* reste la même ; mais la direction de leurs strates devient peu-à-peu parallèle à la direction générale des roches primitives de la chaîne côtière. A *Piedras Azules*, ces schistes mêlés d'amphibole recouvrent, en *gisement concordant*, un schiste bleu-noirâtre [1] très-fissile, traversé par de petits filons de quartz. Les schistes verts *renferment quelques couches de grünstein*; ils enchâssent même des boules de cette substance. Nulle part je n'ai vu alterner les schistes verts avec les schistes noirs du ravin de *Piedras Azules*; sur la *ligne de jonction*, ces deux schistes paroissent plutôt passer l'un dans l'autre, les schistes verts devenant gris-perlé, à mesure qu'ils perdent l'amphibole.

Plus au sud, vers Parapara et Ortiz, les schistes disparoissent. Ils se cachent sous une formation trapéenne plus variée dans son aspect. Le sol devient plus fertile; les masses rocheuses alternent avec des couches d'ar-

[1] Les deux formations de schistes verts et bleu-noirâtre y sont dirigées N. 52° E. (ou hor. 3, 4) et inclinées de 70° vers le nord-ouest.

gile qui paroissent le produit de la décomposition des *grünstein*, des amygdaloïdes et des phonolites.

Le *grünstein* qui, plus au nord, étoit moins grenu et faisoit passage à la serpentine, prend ici un caractère très-différent. Il enchâsse des boules de *mandelstein* ou d'*amygdaloïde* qui ont 8 à 10 pouces de diamètre. Ces boules, quelquefois un peu applaties, se divisent par couches concentriques. C'est l'effet de la décomposition. Le noyau a presque la dureté du basalte. Elles sont entremêlées de petites cavités bulleuses remplies de terre verte et de crystaux de pyroxène et de mésotype. Leur base est bleu-grisâtre, assez tendre, et offre de petites taches blanches qui, par la forme régulière qu'elles affectent, paroissent être du feldspath décomposé. M. de Buch a examiné, au moyen d'une forte loupe, les échantillons que nous avons rapportés. Il a reconnu que chaque crystal de pyroxène, enveloppé dans la masse terreuse, en est séparé par des fentes parallèles aux faces du crystal. Ces fentes semblent être l'effet d'une retraite qu'a éprouvée la masse ou base du *man-*

delstein. J'ai vu tantôt ces boules de *mandelstein* disposées par couches, et séparées les unes des autres par des bancs de *grünstein* de 10 à 14 pouces d'épaisseur; tantôt (et ce gisement est le plus commun) les boules de *mandelstein*, d'un diamètre de 2 à 3 pieds, se trouvent amoncelées et forment des monticules à sommets arrondis, comme le basalte sphéroïdal. L'argile qui sépare ces concrétions amygdaloïdes provient de la décomposition de leur croûte. Elles s'enduisent, par le contact de l'air, d'une couche d'ocre jaune très-mince.

Au sud-ouest du village de Parapara s'élève le petit *Cerro de Flores*, que l'on distingue de loin dans les steppes. C'est presque à son pied, au milieu du terrain de *mandelstein* que nous venons de décrire, que paroît au jour une *phonolite* porphyroïde, masse de feldspath compacte, gris-verdâtre ou vert de montagne, renfermant des crystaux allongés de feldspath vitreux. C'est le véritable *Porphyrschiefer* de Werner, et l'on auroit de la peine à distinguer, dans une collection de roches, la phonolite de Parapara de celle de Bilin en Bohême. Elle ne forme cependant point ici des rochers à formes grotesques, mais de petites collines couvertes de blocs tabulaires, de larges plaques extrêmement sonores, translucides sur les bords, et déchirant les mains lorsqu'on les casse.

Telle est la suite des roches que j'ai décrites sur les lieux, à mesure que je les ai trouvées progressivement, depuis le lac de Tacarigua jusqu'à l'entrée des steppes. Peu de terrains en Europe offrent une *constitution géologique* aussi digne d'être étudiée. Nous y avons vu successivement six formations :

de gneiss-micaschiste,
de schiste vert (de transition),
de calcaire noir (de transition),
de serpentine et de grünstein,
d'amygdaloïde (avec pyroxène), et
de phonolite.

Je ferai remarquer d'abord que la substance que nous venons de décrire sous le nom de *grünstein* ressemble entièrement à celle qui forme des couches dans le micaschiste du Cap-Blanc, et des filons près de Caracas [1]; elle n'en diffère qu'en ce qu'elle ne renferme ni quartz, ni grenats, ni pyrites. Les rapports intimes que nous avons observés près du Cerro de Chacao, entre le *grünstein* et la serpentine, ne peuvent surprendre les géognostes qui ont étudié les montagnes de la Franconie et de la Silésie. Près du Zobtenberg [2], une roche serpentineuse alterne avec le *gabbro*. Dans le comté de Glatz, les fissures du *gabbro* sont remplies d'une stéatite blanc-verdâtre, et la roche qu'on avoit cru long-temps appartenir au *grünstein* [3] est un mélange intime de feldspath et de diallage.

[1] *Voyez* plus haut, Tom. IV, p. 124, et Tom. V, p. 72.
[2] Entre Tampadel et Silsterwiz (*Buch, Geögn. Beob.*, Tom. I, p. 69, et *Naturf. Freunde zu Berlin*, 1810, Tom. IV, p. 144).
[3] *Leop. de Buch., Descr. de Landeck*, trad. par M. d'Aubuisson, p. 26. Dans les montagnes de Bareith en Franconie, si abondantes en *grünstein* et en *serpentine*, ces deux formations ne sont pas liées entre elles. La serpentine y appartient plutôt à l'amphibolite schistoïde (*hornblendschiefer*), comme dans l'île de Cuba. Près de Guanaxuato au Mexique, je l'ai vue alternante avec de la *syénite*. Ces phénomènes de roches serpentineuses, formant des *couches* dans l'eurite (*Weisstein*), dans l'amphibolite schisteuse, dans le *gabbro* et la syénite,

Les *grünstein* de Tucutunemo, que nous regardons comme faisant une même formation avec la roche serpentineuse, renferme des filons de malachite et de pyrites cuivreuses. Ces mêmes *gîtes métallifères* se retrouvent en Franconie, dans le grünstein des montagnes de Steben et de Lichtenberg. Quant aux *schistes verts* de Malpasso, qui portent tous les caractères de *schistes de transition*, ils sont identiques avec ceux que M. de Buch a si bien décrits près de Schônau en Silésie. Ils renferment des bancs de *grünstein*, comme les schistes des montagnes de Steben, que nous venons de citer[1]. Le calcaire noir des *Morros* de San-

sont d'autant plus remarquables que la plus grande masse des serpentines granatifères, que l'on trouve dans des montagnes de gneiss et de micaschiste, forment des monticules isolés, des masses *non recouvertes* par d'autres formations. Il n'en est pas de même des mélanges de serpentine et de calcaire grenu.

[1] *Buch.*, *l. c.*, Tom. I, p. 75. En avançant dans la galerie d'écoulement (*Friedrich-Wilhelmstollen*) que j'ai commencé à faire creuser en 1794, près de Steben, et qui n'a encore que 340 toises de long, on a trouvé successivement *dans le schiste de transition:* des couches subordonnées de *grünstein* pur et porphyroïde, des couches de pierre lydique et d'ampélite (*alauns-*

Juan est aussi un calcaire de transition. Peut-être forme-t-il une couche subordonnée dans les schistes de Malpasso. Ce gisement seroit analogue à ce que l'on observe dans beaucoup de parties de la Suisse [1]. La *zone schisteuse*, dont le centre est le ravin de *Piedras Azules*, paroît divisée en deux formations. Sur quelques points, on croit observer un passage de l'une dans l'autre. Les *grünstein* qui recommencent au sud de ces schistes ne m'ont paru guère différer de ceux que l'on trouve au nord du ravin de *Piedras Azules*. Je n'y ai pas vu de pyroxène; mais, sur les lieux mêmes, j'en ai reconnu des crystaux nombreux dans l'*amygdaloïde* qui paroît si intimement liée avec le *grünstein*, qu'elle alterne plusieurs fois avec lui.

Le géognoste peut regarder sa tâche comme remplie, lorsqu'il a exactement tracé les gisemens des diverses couches, lorsqu'il a rappelé les analogies qu'offrent ces gisemens avec ce qui a été observé

---

chiefer), des couches de grünstein à petits grains. Toutes ces couches caractérisent des formations de transition.

[1] Par exemple, au Glyshorn, au col de Balme, etc.

dans d'autres pays. Mais comment ne pas être tenté de remonter à l'origine de tant de substances diverses, de se demander jusqu'où s'est étendu le domaine du feu dans ces montagnes qui bordent le grand bassin des steppes? Dans les recherches sur les gisemens des roches, on a généralement à se plaindre de ne pas apercevoir assez de liaisons entre les masses que l'on croit superposées les unes aux autres. Ici la difficulté semble naître des rapports trop intimes et trop multipliés qu'offrent des roches que l'on croit ne pas appartenir à une même famille.

La *phonolite* (ou leucostine compacte de M. Cordier) est regardée presque généralement, par tous ceux qui ont examiné à-la-fois des volcans brûlans et des volcans éteints, comme une coulée de lave lithoïde. Je n'ai point trouvé à Parapara de vrais basaltes ou des dolérites, mais la présence du pyroxène dans l'*amygdaloïde* de Parapara laisse peu de doute sur l'origine ignée de ces masses sphéroïdales fendillées et remplies de vacuoles. Des boules de cette amygdaloïde sont enchâssées dans le *grünstein*, et ce *grünstein* alterne d'un côté avec un *schiste vert*, d'un autre avec la *serpentine* de Tucutunemo. Voilà donc une liaison assez intime établie entre les phonolites et les schistes verts, entre les amygdaloïdes pyroxéniques et les serpentines qui renferment des minérais de cuivre, entre des substances volcaniques et d'autres que l'on embrasse sous les noms vagues de *trapps de transition*. Toutes ces masses sont dépourvues de quartz comme les véritables porphyres trapéens ou *trachytes* volcaniques. Ce phénomène est d'autant plus remarquable que les *grünstein*, que l'on dit primitifs, renferment, en Europe, presque toujours du quartz. L'inclinaison la plus générale des schistes de *Piedras Azules*, des *grünstein* de Parapara et des amygdaloïdes pyroxéniques enchâssées dans des couches de *grünstein*, ne suit pas la pente du terrain du nord au sud; elle est assez régulièrement vers le nord. Les couches *tombent* vers la chaîne côtière, comme feroient des substances qui n'auroient pas coulé. Peut-on admettre que tant de roches alternantes, enchâssées les unes dans les autres, sont d'origine commune? La nature des phonolites, qui sont des laves lithoïdes à base de feldspath, et la nature des schistes verts mêlés d'amphibole s'y opposent. Dans cet état de choses, on peut choisir entre deux solutions du problème qui nous occupe. Dans une de ces solutions, on regarde la phonolite du *Cerro de Flores* comme la seule production volcanique de ce terrain; et l'on est forcé de réunir les amygdaloïdes pyroxéniques, avec le reste des *grünstein*, dans une même formation, celle qui est si commune dans les montagnes de transition de l'Europe, regardées jusqu'ici comme non volcaniques. Dans l'autre solution du problême, on sépare les masses de phonolite, d'amygdaloïde et de *grünstein* qui se trouvent au sud du ravin de *Piedras Azules*, des *grünstein* et des roches serpentineuses qui recouvrent la pente des montagnes au nord de ce ravin. Je trouve, dans l'état actuel de nos connoissances, des difficultés presque également grandes en adoptant l'une ou l'autre de ces hypothèses : mais je ne doute pas que, lorsqu'on aura examiné plus attentivement en d'autres lieux les vrais *grünstein* (ceux qui ne sont pas des amphibolites.) renfermés dans les gneiss et les micaschistes; lorsqu'on aura bien étudié et les basaltes (avec pyroxène) qui forment des couches dans des roches primitives [1], et les diabases et les amygdaloïdes dans les montagnes de transition ; lorsqu'on aura soumis le tissu des masses à une espèce d'analyse mécanique, et qu'on aura mieux distingué les amphiboles des pyroxènes [2] et les *grünstein* des dolérites, un grand nombre de phénomènes qui paroissent aujourd'hui isolés et obscurs viendront se ranger, comme d'eux-mêmes, sous des lois générales. Les phonolites et les autres roches d'origine ignée de Parapara sont d'autant plus intéressantes qu'elles indiquent d'anciennes éruptions dans une *zone granitique,* qu'elles appartiennent au rivage du bassin

[1] Par exemple, à Krobsdorf en Silésie, une couche de basalte dans le micaschiste a été reconnue par deux célèbres géognostes, MM. de Buch et Raumer (*Vom Granit des Riesengebirges*, 1813, p. 70).

[2] Les *grünstein* ou diabases du Fichtelgebirge en Franconie, qui appartiennent au schiste de transition, renferment quelquefois des pyroxènes. Voyez *Goldfuss et Bischof über das Fichtelgebirge*, Tom. I, p. 172-174.

des steppes, comme les basaltes du Harusch appartiennent au rivage du désert de Sahara [1]; enfin, qu'elles sont les seules que nous ayons observées dans les montagnes de la *Capitania general* de Caracas, dépourvues d'ailleurs de trachytes ou porphyres trapéens, de basaltes et de substances volcaniques [2].

La pente méridionale de la *chaîne côtière* est assez rapide, les steppes se trouvant, d'après mes mesures barométriques, de mille pieds plus bas que le fond du bassin d'Aragua. Du plateau étendu de Villa de Cura nous descendîmes aux bords du Rio Tucutunemo, qui s'est creusé, dans la roche serpentineuse, une *vallée longitudinale* dirigée de l'est à l'ouest, à-peu-près au même niveau que La Victoria. De là une vallée *transversale* nous conduisit, dans les Llanos, par les villages de Parapara et d'Ortiz. La direction de cette vallée est géné-

[1] *Hornemann*, *Voyage* en Afrique, Tom. I, p. 81, et l'excellente Géographie de M. *Ritter*, Tom. I, p. 372.

[2] Depuis le Rio negro jusqu'aux côtes de Cumana et de Caracas, à l'est des montagnes de Merida, que nous n'avons pas parcourues.

ralement du nord au sud. Elle est étranglée sur plusieurs points. Des bassins, dont le fond est entièrement horizontal, communiquent entre eux par des gorges étroites et à pentes rapides. C'étoient sans doute jadis de petits lacs qui, par l'accumulation des eaux ou par quelque catastrophe plus violente, ont rompu les digues qui les séparoient. Ce phénomène se retrouve dans les deux continents, par-tout où l'on examine les vallées longitudinales qui forment les *passages* des Andes, des Alpes [1] ou des Pyrénées. Il est probable que c'est l'irruption des eaux vers les *Llanos* qui, par des déchiremens extraordinaires, a donné cette forme de ruines aux *Morros* de San-Juan et de San-Sebastian. Le terrain volcanique de Parapara et d'Ortiz n'est plus élevé que de 30 à 40 toises au-dessus des *Llanos*. Les éruptions ont par conséquent eu lieu au point le plus bas de la chaîne granitique.

C'est dans la *Mesa de Paja*, par les $9°\frac{1}{2}$ de latitude, que nous entrâmes dans le

[1] Je rappelle aux voyageurs le chemin de la vallée d'Ursern à l'hospice du Saint-Gothard, et de là à Airolo.

bassin des *Llanos*. Le soleil étoit presque au zénith; la terre, par-tout où elle se montroit stérile et dépouillée de végétation, avoit[1] jusqu'à 48° et 50° de température. Aucun souffle de vent ne se faisoit sentir à la hauteur à laquelle nous nous trouvions sur nos mulets; cependant, au milieu de ce calme apparent, des tourbillons de poussière s'élevoient sans cesse, chassés par ces petits courans d'air qui ne rasent que la surface du sol et qui naissent des différences de température qu'acquièrent le sable nu et les endroits couverts d'herbes. Ces *vents de sable* augmentent la chaleur suffocante de l'air. Chaque grain de quartz, plus chaud que l'air qui l'entoure, rayonne dans tous les sens, et il est difficile d'observer la température de l'atmosphère sans que des molécules de sable ne viennent frapper contre la boule du thermomètre. Tout autour de nous, les plaines sembloient monter vers le ciel; et cette vaste et profonde solitude se présentoit à nos yeux comme une mer couverte de varec ou d'algues pélagiques.

[1] Le thermomètre de Réaumur, enterré dans le sable, montoit à 38°,4 et 40°.

Selon la masse inégale des vapeurs répandues dans l'atmosphère, et selon le décroissement variable de la température des couches d'air superposées, l'horizon, dans quelques parties, étoit clair et nettement séparé : dans d'autres, il étoit ondoyant, sinueux et comme strié. La terre s'y confondoit avec le ciel. A travers la brume sèche et des bancs de vapeurs, on voyoit au loin des troncs de palmiers. Dépourvus de leur feuillage et de leurs sommets verdoyans, ces troncs paroissoient comme des mâts de navires qu'on découvre à l'horizon.

Il y a quelque chose d'imposant, mais de triste et de lugubre, dans le spectacle uniforme de ces steppes. Tout y paroît immobile : à peine quelquefois l'ombre d'un petit nuage qui parcourt le zénith et annonce l'approche de la saison des pluies, se projette sur la savane. Je ne sais si l'on n'est pas autant surpris au premier aspect des *Llanos*, qu'à celui de la chaîne des Andes. Les pays montagneux, quelle que soit l'élévation absolue des plus hautes cimes, ont une physionomie analogue; mais on s'accoutume avec peine à la vue des *Llanos* de Venezuela et de Casanare, à celle des *Pampas* de Buenos-Ayres et du Chaco, qui rappellent sans cesse, et pendant des voyages de 20 à 30 jours, la surface unie de l'Océan. J'avois vu les plaines ou *Llanos* de la Mancha en Espagne, et les bruyères (*ericeta*) qui s'étendent depuis l'extrémité du Jütland, par le Lunebourg et la Westphalie [1], jusqu'en Belgique. Ces dernières sont de véritables steppes dont l'homme, depuis des siècles, n'a pu soumettre que de petites portions à la culture; mais les plaines de l'ouest et du nord de l'Europe n'offrent qu'une foible image des immenses *Llanos* de l'Amérique méridionale. C'est dans le sud-est de notre continent, en Hongrie, entre le Danube et la Theiss; en Russie, entre le Borysthène, le Don et le Wolga, que l'on rencontre ces vastes pâturages qui semblent nivelés par un long séjour des eaux, et qui terminent l'horizon de toutes parts. Les plaines de la Hongrie frappent l'imagination du voyageur par le jeu constant du mirage, là où je les

[1] Les parties les plus unies de ces landes (*Heideland*) se trouvent entre Oldenbourg et Osnarbrück, près de Frisoyde.

ai traversées, sur les frontières de l'Allemagne, entre Presbourg et OEdenbourg ; mais leur plus grande étendue se trouve plus à l'est entre Czeglèd, Debreczin et Tittel [1]. C'est une mer de verdure qui a deux issues, l'une près de Gran et de Waitzen, l'autre entre Belgrad et Widdin.

On a cru caractériser les différentes parties du monde en disant que l'Europe a des

---

[1] Ces vastes steppes de la Hongrie ne sont élevées que de 30 à 40 toises au-dessus du niveau de la mer, qui en est éloignée de plus de 80 lieues. (*Wahlenberg Flora Carpath*, p. XXXII.) Le baron de Podmanitzky, très-distingué par son instruction dans les sciences physiques, a fait niveler ces plaines à l'occasion d'un canal projeté entre le Danube et la Theiss. Il a trouvé l'*arête de partage*, la convexité du terrain qui s'abaisse vers le lit des deux rivières 13, toises au-dessus des eaux moyennes du Danube. Plusieurs lieues carrées sont dépourvues de villages et de fermes. Ces pâturages, qui font horizon, s'appellent dans le pays des *Puszta*. On trouve ces plaines qui sont entremêlées de marécages et de parties sablonneuses en-deçà de la Theiss, entre Czeglèd, Csaba, Komloss et Szarwass ; au-delà de la Theiss, entre Debreczin, Karczag et Szoboszlo. J'ai trouvé, d'après la carte de Lipsky, l'*aréa* de ces plaines dans le *bassin intérieur* de la Hongrie, de 2500 à 3000 lieues carrées de 20 au degré. Entre Czeglèd, Szolnok et Ketskemet, la plaine est presque une mer de sable.

bruyères, l'Asie des *steppes*, l'Afrique des *déserts*, l'Amérique des *savanes*; mais, par cette distinction, on établit des contrastes qui ne sont fondés ni dans la nature des choses, ni dans le génie des langues. L'existence d'une bruyère suppose toujours une association de plantes de la famille des Ericinées; les steppes de l'Asie ne sont pas par-tout couvertes de plantes salines; les savanes de Venezuela offrent avec les graminées de petites Mimoses herbacées, des Légumineuses et d'autres Dicotyledonées. Les plaines de la Songarie, celles qui s'étendent entre le Don et le Wolga, les *Puszta* de la Hongrie sont de véritables savanes, des pâturages abondans en graminées; tandis que les savanes, à l'est et à l'ouest des Montagnes Rocheuses et du Nouveau-Mexique, produisent des Chenopodées qui renferment du carbonate et du muriate de soude[1]. L'Asie a de véritables déserts dépourvus de végétation, en Arabie, dans le

---

[1] Au nord-ouest du Missoury et au nord du Rio Zaguananas, qui se jette dans le Rio Colorado de Californie, les plaines renferment du gypse et du sel gemme. *Voyez* mon *Atlas Mexicain*, Pl. 1.

Gobi, et en Perse. Depuis qu'on a mieux appris à connoître les déserts de l'intérieur de l'Afrique, si long-temps et si vaguement réunis sous la dénomination de désert de Sahara (*Zahra*), on a observé que, dans l'est de ce continent, comme en Arabie, il y a des savanes et des pâturages enclavés au milieu de terrains nus et arides. Ce sont ces derniers, ces déserts couverts de graviers, dépouillés de végétaux, qui manquent presque entièrement au Nouveau Monde. Je n'en ai vu que dans la partie basse du Pérou, entre Amotape et Coquimbo, sur les bords de la mer du Sud. Les Espagnols les appellent, non des *Llanos*, mais les *desiertos* de Sechura et d'Atacamez. Cette solitude a peu de largeur, mais 440 lieues de long. La roche y perce par-tout à travers les sables mouvans. Il n'y tombe jamais une goutte d'eau; et, comme dans le désert de Sahara, au nord de Tombuctou, le désert péruvien présente, près de Huaura, une riche mine de sel gemme. Par-tout ailleurs[1]

[1] On seroit tenté cependant d'appeler *désert* les *Campos dos Parecis*, ce vaste plateau sablonneux du Brésil qui donne naissance aux rivières Tapajos, Paraguay et

dans le Nouveau Monde, il y a des plaines désertes, parce qu'elles sont inhabitées, mais non de véritables déserts.

Les mêmes phénomènes se répètent dans les régions les plus éloignées ; et, au lieu de désigner ces vastes plaines dépourvues d'arbres par la nature des herbes qu'elles renferment, il paroît simple de les distinguer en *déserts* et en *steppes* ou *savanes;* en terrains nus, sans trace de végétaux, et en terrains couverts de graminées ou de petits végétaux de la classe des Dicotyledonées. On a désigné, dans beaucoup d'ouvrages, les savanes de l'Amérique, sur-tout celles de la zone tempérée, par le nom de *prairies;* mais ce mot me paroît peu applicable à des pâturages souvent très-secs, quoique couverts d'herbes de 4 à 5 pieds de haut. Les *Llanos* et les *Pampas* de l'Amérique méridionale sont de véritables steppes. Ils offrent une belle verdure pendant la saison des pluies ; mais, dans le temps des grandes sécheresses, ils prennent

---

Madeira, et qui s'étend sur le dos des plus hautes montagnes. Il est presque dépourvu de végétation, et rappelle le *Gobi* de la Mongolie.

CHAPITRE XVII.

l'aspect d'un désert. L'herbe se réduit alors en poudre; la terre se crevasse; le crocodile et les grands serpens restent ensevelis dans la fange desséchée, jusqu'à ce que les premières ondées du printemps les réveillent d'un long assoupissement. Ces phénomènes se présentent sur des espaces arides de 50 à 60 lieues carrées, par-tout où la savane n'est pas traversée par des rivières: car, sur le bord des ruisseaux et autour des petites mares qui renferment une eau croupissante, le voyageur rencontre, de distance en distance, même pendant l'époque des grandes sécheresses, des bouquets de Mauritia, palmier dont les feuilles en éventail conservent une brillante verdure.

Les steppes de l'Asie sont toutes hors des tropiques, et forment des plateaux très-élevés. L'Amérique présente aussi, sur le dos des montagnes du Mexique, du Pérou et de Quito, des savanes d'une étendue considérable; mais ses steppes les plus vastes, les *Llanos* de Cumana, de Caracas et de Meta, ont très-peu de hauteur au-dessus du niveau de l'Océan, et appartiennent toutes à la zone équinoxiale. Ce sont ces circonstances qui leur donnent un caractère particulier. Elles n'ont pas, comme les steppes de l'Asie australe et les déserts de la Perse, ces lacs sans écoulement, ces petits systêmes de rivières qui se perdent ou dans des sables ou par des filtrations souterraines. Les *Llanos* de l'Amérique sont inclinés vers l'est et le sud; leurs eaux courantes sont des affluens de l'Orénoque.

Le cours de ces rivières m'avoit fait croire jadis que les plaines formoient des plateaux qui étoient au moins élevés de 100 à 150 toises au-dessus du niveau de la mer. Je supposois que les déserts de l'intérieur de l'Afrique avoient aussi une hauteur considérable, et qu'ils se suivoient, comme par étage, depuis les côtes jusque dans l'intérieur de ce vaste continent. Aucun baromètre n'a encore été porté dans le Sahara. Quant aux *Llanos* de l'Amérique, j'ai trouvé, par les hauteurs barométriques observées à Calabozo, à la Villa del Pao et à l'embouchure du Meta, qu'ils n'ont que 40 à 50 toises de hauteur au-dessus du niveau de l'Océan. La pente des rivières est extrêmement douce, souvent presque insensible.

Aussi le moindre vent et les crues de l'O-
rénoque font rétrograder les rivières qui
s'y jettent. Le Rio Arauca offre souvent
ce courant *vers le haut*. Les Indiens croient
descendre pendant une journée en navi-
guant de l'embouchure vers les sources. Les
eaux qui descendent sont séparées de celles
qui remontent par une grande masse d'eau
stagnante dans laquelle il se forme, par
la rupture de l'équilibre, des tournans
dangereux pour les bateaux.

Ce qui caractérise le plus les savanes ou
steppes de l'Amérique méridionale, c'est le
manque absolu de collines et d'inégalités,
le niveau parfait de toutes les parties du
sol. Aussi les *conquérans* espagnols qui ont
pénétré les premiers de Coro aux rives de
l'Apure, ne les ont nommées ni déserts, ni
savanes, ni prairies, mais des plaines, *los
Llanos*. Sur 30 lieues carrées, le terrain
n'offre souvent pas une éminence d'un pied
de hauteur. Cette ressemblance avec la
surface de la mer frappe sur-tout l'imagination là où les plaines sont absolument dépourvues de palmiers, et où l'on est assez
éloigné des montagnes du littoral et de l'O-

rénoque pour ne pas les voir, comme dans la *Mesa de Pavones*. On seroit tenté d'y prendre, avec un instrument à réflexion, des hauteurs de soleil, si l'*horizon de terre* n'étoit pas constamment embrumé, à cause du jeu variable des réfractions. Cette égalité de surface est plus parfaite encore dans le méridien de Calabozo, que vers l'est, entre le Cari, la Villa del Pao et Nueva Barcelona: mais elle règne sans interruption depuis les bouches de l'Orénoque jusqu'à la Villa de Araure et à Ospinos, sur un *parallèle* de 180 lieues de long, et depuis San-Carlos jusqu'aux savanes du Caqueta sur un *méridien* [1] de 200 lieues. Elle caractérise particulièrement le Nouveau-Continent, de même que les basses steppes d'Asie, entre le Borysthène et le Wolga, entre l'Irtisch et l'Obi [2]. Au contraire, les déserts de l'Afrique centrale, de l'Arabie, de la Syrie et de la Perse, le Cobi et le Casna [3], offrent beau-

---

[1] Proprement du N. N. E. au S. S. O.
[2] *Güldenstedt, Reise*, Tom. I, p. 116-126. *Gmelin, Flor. Sibir. Præf.*, p. 31. *Pallas*, Tom. II, p. 75; Tom. III, p. 638.
[3] Ou Karak, entre l'Iaxartes et l'Oxus.

coup d'inégalités, des rangées de collines, des ravines sans eau, des roches qui percent les sables [1].

Les *Llanos*, malgré l'apparente uniformité de leur surface, présentent cependant deux genres d'inégalité qui n'échappent pas à l'observation d'un voyageur attentif. Le premier est désigné par le nom de *bancos* : ce sont de véritables bancs, des hauts-fonds dans le bassin des steppes, des couches fracturées de grès ou de calcaire compacte qui sont placées 4 ou 5 pieds plus haut que le reste de la plaine. Ces *bancs* ont quelquefois trois ou quatre lieues de long ; ils sont entièrement unis et à surface horizontale ; on ne s'aperçoit de leur existence que lorsqu'on en examine les bords. Le second genre d'inégalité ne peut être reconnu que par des nivellemens géodésiques ou barométriques, ou par le cours des fleuves. On l'appelle *Mesa*. Ce sont de petits plateaux, ou plutôt des éminences convexes, qui s'élèvent insensiblement à quelques toises

---

[1] *Voyez* les recherches laborieuses de M. Meiners sur les déserts dans *Untersuchungen über die Menschenarten*, Tom. I, p. 101.

de hauteur. Telles sont, vers l'est, dans la province de Cumana, au nord de la Villa de la Merced et de Candelaria, les *Mesas de Amana*, *de Guanipa* et *de Jonoro*, dont la direction est du sud-ouest au nord-est, et qui, malgré leur peu d'élévation, partagent les eaux entre l'Orénoque et la côte septentrionale de la Terre-Ferme. La seule convexité de la savane fait le partage; c'est là que se trouvent les *divortia aquarum* [1], comme en Pologne, où, loin des Carpathes, la plaine même divise les eaux entre la Baltique et la mer Noire. Les géographes qui supposent des chaînes de montagnes partout où il y a une arête de partage, n'ont pas manqué d'en figurer, dans les cartes, aux sources du Rio Neveri, de l'Unare, du Guarapiche, et du Pao. C'est ainsi que les prêtres de race mongole, d'après un usage antique et superstitieux, érigent des *obo* ou petits tertres de pierre sur tous les points où les rivières coulent dans un sens opposé.

Le tableau uniforme qu'offrent les *Llanos*,

[1] « Cn. Manlium prope jugis (Tauri) ad divortia aquarum castra posuisse. » Livius, lib. 38, c. 75 ; (*ed. Venet.*, *Tom. IV, p.* 191.)

l'extrême rareté des habitations, les fatigues du voyage sous un ciel embrasé et dans une atmosphère obscurcie par la poussière, la vue de cet horizon qui paroît sans cesse fuir devant nous, ces troncs isolés de palmiers qui ont tous une même physionomie, et que l'on désespère d'atteindre, parce qu'on les confond avec d'autres troncs qui montent peu-à-peu sur l'horizon visuel, toutes ces causes réunies font paroître les steppes beaucoup plus grandes qu'elles ne le sont en réalité. Les colons qui habitent la pente méridionale de la chaîne côtière voient s'étendre, à perte de vue, les steppes vers le sud, comme un océan de verdure. Ils savent que, depuis le Delta de l'Orénoque jusqu'à la province de Varinas, et de là, en traversant les rives du Meta, du Guaviare et du Caguan, on peut avancer dans les plaines, d'abord de l'est à l'ouest, et puis du nord-est au sud-est, 380 lieues [1] jusqu'au-delà de l'équateur, au pied des Andes de Pasto. Ils connoissent, par les récits des voyageurs, les Pampas de Buenos-

[1] C'est la distance de Tombuctou aux côtes septentrionales d'Afrique.

Ayres qui sont aussi des *Llanos* couverts d'herbe fine, dépourvus d'arbres, remplis de bœufs et de chevaux devenus sauvages. Ils supposent, d'après la plupart de nos cartes d'Amérique, que ce continent n'a qu'une seule chaîne de montagnes, celle des Andes, qui se prolonge du sud au nord, et ils se forment un système vague de la contiguité de toutes les plaines, depuis l'Orénoque et l'Apure jusqu'au Rio de la Plata et au détroit de Magellan.

Je ne m'arrêterai point ici à la description minéralogique des *chaînes transversales* qui divisent l'Amérique de l'est à l'ouest, et que j'ai fait connoître, dès l'année 1800, dans mon *Esquisse d'un tableau géologique* [1]. Il suffit de rappeler, de la manière la plus claire et la plus concise, la structure géné-

---

[1] *Journal de Physique*, Tom. LIII, p. 30. Ce mémoire avoit été rédigé et envoyé en Europe, immédiatement après mon retour de l'Orénoque, lorsque j'avois à peine pu soumettre au calcul les observations astronomiques par lesquelles j'ai déterminé la configuration de la chaîne de la Parime. J'ai rectifié depuis ces premiers aperçus sur l'étendue des plaines, d'après les notions que j'ai acquises, et pendant mon séjour au Pérou, et par mes relations avec le Brésil.

rale d'un continent dont les extrémités, quoique placées sous des climats peu analogues, offrent cependant plusieurs traits de ressemblance. Pour se faire une idée exacte des plaines, de leur configuration et de leurs limites, il faut connoître les chaînes de montagnes qui en forment le rivage. Nous avons déja décrit la *Cordillère du littoral*, dont la plus haute cime est la Silla de Caracas, et qui se lie par le Paramo de *las Rosas* au *Nevado* de Merida et aux Andes de la Nouvelle-Grenade. Nous avons vu que, sous les 10° de latitude nord, elle se prolonge depuis Quibor et Barquesimeto jusqu'à la pointe de Paria. Une seconde chaîne de montagnes, ou plutôt un groupe moins élevé, mais beaucoup plus large, s'étend, entre les parallèles de 3° et 7°, des bouches du Guaviare et du Meta aux sources de l'Orénoque, du Marony et de l'Esquibo, vers la Guyane hollandoise et françoise. J'appelle cette chaîne la *Cordillère de la Parime*, ou des grandes cataractes de l'Orénoque; on peut la suivre sur 250 lieues de long, mais c'est moins une chaîne qu'un amas de montagnes granitiques qui sont séparées par de petites plaines, sans être par-tout disposées par rangées. Le groupe de montagnes de la Parime se rétrécit considérablement entre les sources de l'Orénoque et les montagnes de Démérary, dans les Sierras de Quimiropaca et de Pacaraimo qui partagent les eaux entre le Carony et le Rio Parime ou Rio de Aguas blancas. C'est le théâtre des expéditions entreprises pour la recherche du Dorado et de la grande ville de Manoa, le Tombuctou du Nouveau-Continent. La Cordillère de la Parime n'est pas liée aux Andes de la Nouvelle-Grenade; elle en est séparée par un espace de 80 lieues de largeur. Si on la supposoit détruite dans cet espace par quelque grande révolution du globe, ce qui n'est guère probable, il faudroit admettre qu'elle se détacha anciennement des Andes, entre Santa-Fe de Bogota et Pamplona. Cette remarque sert à fixer plus facilement dans la mémoire du lecteur la position géographique d'une Cordillère qui a été jusqu'ici très-imparfaitement connue. Une troisième chaîne de montagnes réunit, sous les 16° et 18° de latitude méridionale (par Santa-Cruz de la Sierra, les Serranias

CHAPITRE XVII. 55

de Aguapehy et les fameux *Campos dos Parecis*), les Andes du Pérou aux montagnes du Brésil. C'est la *Cordillère de Chiquitos* qui s'élargit dans la capitainerie de Minas Geraes, et divise les affluens de la rivière des Amazones et ceux du Rio de la Plata [1], non-seulement dans l'intérieur du pays, dans le méridien de Villa-Boa, mais aussi à quelques lieues de la côte, entre Rio Janeiro et Bahia [2].

Ces trois chaînes transversales, ou plutôt ces *trois groupes de montagnes* dirigés de l'ouest à l'est, entre les limites de la zone torride, sont séparés par des terrains entièrement unis, les *plaines de Caracas* ou du Bas-Orénoque, les *plaines de l'Amazone* et du Rio Negro, les *plaines de Buenos-Ayres* ou de la Plata. Je n'emploie pas les noms de *vallées*, parce que le Bas-Oré-

[1] Il n'y a qu'un portage de 5322 *braças* entre le Guapore (branche du Marmore et de la Madeira) et le Rio Aguapehy (branche du Jaura et du Paraguay). *Voyez* le Journal instructif publié à Rio Janeiro, sous le nom de *Patriota*, 1813, n.º 5, p. 33.

[2] La *Cordillère de Chiquitos et du Brésil* se prolonge vers le sud-est, dans le gouvernement de Rio Grande, jusques au-delà des 30° de latitude sud.

noque et l'Amazone, loin de couler dans une vallée, ne forment qu'un petit sillon au milieu d'une vaste plaine. Les deux bassins placés aux extrémités de l'Amérique méridionale sont des savanes ou des steppes, des pâturages sans arbres ; le bassin intermédiaire, qui reçoit toute l'année les pluies équatoriales, est presque en entier une vaste forêt dans laquelle on ne connoît d'autre chemin que les rivières. Cette force de la végétation qui cache le sol, rend aussi moins sensible l'uniformité de son niveau ; et l'on n'appelle *plaines* que celles de Caracas et de la Plata. D'après le langage des colons, les trois bassins que nous venons de décrire sont désignés par les noms de *Llanos* de Varinas et de Caracas, *bosques* ou *selvas* (forêts) de l'Amazone, et *Pampas* de Buenos-Ayres. Les arbres ne couvrent pas seulement la majeure partie des *plaines de l'Amazone*, depuis la Cordillère de Chiquitos jusqu'à celle de la Parime ; ils couronnent aussi ces deux chaînes de montagnes qui atteignent rarement la hauteur des Pyrénées [1]. C'est pour cela que

[1] Il faut en excepter la partie la plus occidentale de

CHAPITRE XVII.

les vastes plaines de l'Amazone, du Madeira et du Rio Negro ne sont pas aussi nettement limitées que les *Llanos* de Caracas et les *Pampas* de Buenos-Ayres. Comme la *région des forêts* embrasse à-la-fois les plaines et les montagnes, elle s'étend des 18° sud [1] aux 7° et 8° nord, et occupe près de 120,000 lieues carrées. Cette forêt de l'Amérique méridionale, car au fond il n'y en a qu'une, est six fois plus grande que la France; elle n'est connue des Européens que sur les rives de quelques fleuves qui la traversent, et elle a ses clairières, dont l'étendue est proportionnée à celle de la forêt. Nous allons bientôt longer des savanes marécageuses entre le Haut-Orénoque, le

la Cordillère de Chiquitos, entre Cochabamba et Santa-Cruz de la Sierra où les sommets sont couverts de neige; mais ce groupe colossal appartient presque encore aux Andes de la Paz, dont il forme un promontoire ou contre-fort prolongé vers l'est.

[1] A l'ouest, à cause des Llanos de Manso et des Pampas de Huanacos, les forêts ne s'étendent généralement pas au-delà des parallèles de 18° et 19° de latitude méridionale, mais vers l'est au Brésil (dans les capitaineries de Saint-Paul et de Rio Grande), comme au Paraguay sur les rives du Paranà, elles avancent jusqu'à 25° sud.

Conorichite et le Cassiquiare, par les 3°
et 4° de latitude. Sous le même parallèle,
il y a d'autres clairières ou *savanas limpias* [1],
entre les sources du Mao et du Rio de
Aguas blancas, au sud de la Sierra de Pa-
caraima. Ces dernières savanes sont habitées
par des Caribes et des Macusis nomades :
elles se rapprochent des frontières des Guy-
anes hollandoise et françoise.

Nous venons de développer la constitution géologique de l'Amérique méridionale.
Nous allons en présenter les traits principaux. Les côtes de l'ouest sont bordées par
un énorme mur de montagnes, qui est riche
en métaux précieux par-tout où le feu volcanique ne s'est pas fait jour à travers les
neiges éternelles, c'est la cordillère des Andes.
Des cimes de porphyre trapéen s'élèvent
au-delà de 3300 toises, et la *hauteur moyenne
de la chaîne* [2] est de 1850 toises. Elle se

[1] Savanes ouvertes, sans arbres, *limpias de arboles*.
[2] Dans la nouvelle-Grenade, à Quito et au Pérou,
d'après les mesures faites par Bouguer, par La Condamine et par moi. *Voyez*, sur les différens rapports
qu'offrent les Pyrénées, les Alpes, les Andes et l'Hi-
mâlaya dans leurs plus hautes cimes et dans l'élévation
moyenne de la chaîne (deux élémens si souvent con-

prolonge dans le sens d'un méridien, et envoie, dans chaque hémisphère, une branche latérale, par les 10° de latitude nord et les 16° et 18° de latitude sud. La première de ces branches, celle du littoral de Caracas, est moins large, et forme une véritable chaîne. La seconde, la Cordillère de Chiquitos et des sources du Guapore, est très-riche en or, et s'élargit vers l'est, au Brésil, en de vastes plateaux d'un climat doux et tempéré. Entre ces deux chaînes transversales, contiguës aux Andes, se trouve, des 3° aux 7° de latitude nord, un groupe isolé de montagnes granitiques qui se prolonge également dans le sens d'un parallèle à l'équateur, mais qui, ne dépassant pas le méridien [1] de 71°, termine brusquement vers l'ouest, et n'est point lié aux Andes de la Nouvelle-Grenade. Ces trois chaînes transversales n'ont point de volcans actifs : nous ignorons si la plus méridionale est dé-

fondus), mes Recherches sur les montagnes de l'Inde. (*Annales de Chimie et de Physique*, 1816, Tom. III, p. 310.)

[1] La longitude de Porto-Cabello est 70° 37' 3" à l'occident de Paris.

pourvue, comme les deux autres, de trachyte ou porphyre trapéen. Aucune de leurs cimes n'entre dans la limite des neiges perpétuelles, et la *hauteur moyenne* de la Cordillère de la Parime et de la chaîne côtière de Caracas n'atteint pas 600 toises, quoique quelques cimes [1] s'élèvent à 1400 toises au-dessus du niveau des mers. Les trois chaînes transversales sont séparées par des plaines, toutes fermées vers l'ouest et ouvertes vers l'est et le sud-est. Lorsqu'on réfléchit sur leur peu d'élévation au-dessus de la surface de l'Océan, on est tenté de les considérer comme des *golfes* prolongés dans la direction du courant de rotation. Si les eaux de l'Atlantique, par l'effet de quelque attraction particulière, se soulevoient à l'embouchure de l'Orénoque, à 50 toises, à l'embouchure de l'Amazone à 200 toises de hauteur, la *grande marée* couvriroit plus de la moitié de l'Amérique

---

[1] On ne compte pas ici, comme appartenant à la chaîne côtière, les Nevados et Paramos de Merida et de Truxillo qui sont un prolongement des Andes de la Nouvelle-Grenade. La chaîne de Caracas ne commence qu'à l'est de 71° de longitude.

méridionale. La pente orientale ou le pied des Andes, éloigné aujourd'hui de six cents lieues des côtes du Brésil, seroit une grève battue par les flots. Cette considération est le résultat d'une mesure barométrique faite dans la province de Jaen de Bracamoros, où l'Amazone sort des Cordillères. J'y ai trouvé les eaux moyennes de cette immense rivière seulement élevées [1] de 194 toises au-dessus du niveau actuel de l'Atlantique. Cependant ces plaines intermédiaires, couvertes de forêts, sont encore cinq fois plus élevées que les *Pampas* de Buenos-Ayres et les *Llanos* de Caracas et du Meta couverts de graminées.

Ces *Llanos*, qui forment le bassin du Bas-Orénoque, et que nous avons traversés deux fois dans une même année, aux mois de mars et de juillet, communiquent avec le bassin de l'Amazone et du Rio Negro, limité, d'un côté, par la cordillère de Chiquitos, de l'autre par les montagnes de la Parime. L'ouverture qui reste entre ces dernières et les Andes de la Nouvelle-Grenade donne

[1] Par les 5° 31′ 28″ de latitude australe et les 80° 56′ 37″ de longitude occidentale.

lieu à cette communication. L'aspect du terrain rappelle ici, mais sur une échelle beaucoup plus grande, les plaines de la Lombardie, qui ne sont aussi élevées que de 50 à 60 toises au-dessus du niveau de l'Océan [1], et qui se dirigent d'abord de la Brenta à Turin, de l'est à l'ouest; puis de Turin à Coni, du nord au sud. Si d'autres faits géologiques nous autorisoient à regarder les trois grandes plaines du Bas-Orénoque, de l'Amazone et du Rio de la Plata, comme des bassins d'anciens lacs [2], on croiroit reconnoître, dans les plaines du Rio

[1] M. Oriani n'a trouvé le sol du jardin botanique au collège de Brera à Milan que de 65,7 toises; le sol de la grande place de Pavie que de 43,5 toises au-dessus des côtes. Mais le niveau du lac Maggiore, sur le bord septentrional de la plaine, est élevé de 106 toises, et Turin (salle de l'académie), à l'extrémité occidentale de la plaine, d'après M. Ducros, de 125 toises au-dessus du niveau de l'Adriatique.

[2] En Sibérie, les grandes steppes, entre l'Irtisch et l'Oby, sur-tout celle de Baraba, remplie de lacs salés (Tchabakly, Tchany, Karasouk et Topolnoy), paroissent avoir été, d'après les traditions chinoises, même encore dans des temps historiques, une mer intérieure. *Voyez* les savantes recherches de M. Jules de Klaproth dans le *Mag. encyclop.*, sept. 1817, p. 134.

Vichada et du Meta, un canal par lequel les eaux du lac supérieur, celles des plaines de l'Amazone, se sont frayé un chemin vers le bassin inférieur, celui des *Llanos* de Caracas, en séparant la Cordillère de la Parime de celle des Andes. Ce canal est une espèce de détroit terrestre [1]. Le sol, entièrement uni entre le Guaviare, le Meta et l'Apure, ne présente aucun vestige d'une irruption violente des eaux; mais, sur le bord de la Cordillère de la Parime, entre les 4° et 7° de latitude, l'Orénoque, qui coule depuis sa source jusqu'à la bouche du Guaviare vers l'ouest, s'est frayé un chemin à travers les rochers, en dirigeant son cours du sud au nord. Toutes les grandes cataractes, comme nous le verrons bientôt, sont placées dans cet intervalle. Dès que la rivière est parvenue à la bouche de l'Apure dans ce terrain extrêmement bas, où la pente vers le nord se rencontre avec la contrepente vers le sud-est, c'est-à-dire avec le *talus* des plaines qui se *relèvent* insensiblement vers les montagnes de Caracas, la ri-

[1] *Andréossy*, *Voyage à l'embouchure de la mer Noire*, 1818, p. 27, 34 et 311.

vière tourne de nouveau et coule vers l'est. J'ai cru devoir dès-à-présent fixer l'attention du lecteur sur ces inflexions bizarres de l'Orénoque, parce que, appartenant à deux bassins à-la-fois, son cours marque, pour ainsi dire, même sur les cartes les plus imparfaites, la direction de cette partie des plaines qui s'interposent entre les Andes de la Nouvelle-Grenade et le bord occidental des montagnes de la Parime.

Les *Llanos*, ou steppes du Bas-Orénoque et du Meta, portent, comme les déserts en Afrique, dans leurs différentes parties, des noms différens. Depuis les bouches du Dragon suivent, de l'est à l'ouest : les *Llanos* de Cumana, de Barcelona, et de Caracas ou Venezuela [1]. Là où les steppes tournent vers le sud et le sud-sud-ouest, depuis le

---

[1] Voici les *sous-divisions* de ces trois grands *Llanos* comme je les ai marquées sur les lieux. Les *Llanos* de Cumana et de la Nouvelle-Andalousie renferment ceux de Maturin et de Terecen, d'Amana, de Guanipa, de Jonoro et du Cari. Les *Llanos* de Nueva-Barcelona comprennent ceux d'Aragua, de Pariaguan et de Villa del Pao. On distingue, dans les *Llanos* de Caracas, ceux de Chaguaramas, d'Uritucu, de Calabozo ou du Guarico, de la Portuguesa, de San-Carlos et d'Araure.

8° de latitude, entre le méridien des 70°
et 73° de longitude, on trouve, du nord
au sud, les Llanos de Varinas, de Casanare,
du Meta, du Guaviare, du Caguan et du
Caqueta [1]. Les plaines de Varinas offrent
quelques faibles monumens de l'industrie
d'un peuple qui a disparu. On trouve, entre Mijagual et le Caño de la Hacha, de
vrais *tumulus*, qu'on appelle dans le pays
les *Serrillos de los Indios*. Ce sont des collines en forme de cônes, élevées en terre à
main d'hommes, et qui renferment probablement des ossemens, comme les *tumulus*
des steppes de l'Asie. De même, près du
Hato de la Calzada, entre Varinas et Canagua,
on découvre une belle route de 5 lieues de
long faite avant la conquête, dans les temps

[1] Les habitans de ces plaines distinguent, comme *sous-divisions*, depuis le Rio Portuguesa jusqu'au Ca-queta, les *Llanos* de Guanare, de Boconò, de Nutrias ou de l'Apure, de Palmerito près de Quintero, de Guar-dalito et d'Arauca, du Meta, d'Apiay près du port de Pachaquiaro, du Vichada, du Guaviare, de l'Arriari, de l'Inirida, du Rio Hacha et du Caguan. On ne connait pas suffisamment les limites entre les savanes et les forêts dans les plaines qui s'étendent des sources du Rio Negro au Putumayo.

les plus reculés, par les indigènes. C'est une chaussée en terre de 15 pieds de haut, traversant une plaine souvent inondée[1]. Des peuples plus avancés dans la culture étoient-ils descendus des montagnes de Truxillo et de Merida vers les plaines du Rio Apure? Les Indiens que nous trouvons aujourd'hui, entre cette rivière et le Meta, sont trop abrutis, pour penser à faire des chemins ou à élever des *tumulus*.

J'ai calculé l'*area* de ces Llanos, depuis la Caqueta jusqu'à l'Apure, et de l'Apure au Delta de l'Orénoque, et je l'ai trouvé de 17,000 lieues carrées de 20 au degré. La partie dirigée du nord au sud est presque le double de celle qui se prolonge de l'est à l'ouest, entre le Bas-Orénoque et la chaîne côtière de Caracas. Les *Pampas*, au nord et au nord-ouest de Buenos-Ayres, entre cette ville et Cordova, Jujuy et le Tucuman, ont à-peu-près la même étendue que les Llanos; mais les *Pampas* se prolongent encore sur une longueur de 18° vers le sud; et le terrain qu'elles occupent est si vaste,

[1] *Viage de Varinas à Santa-Fe*, par M. Palacios (manuscrit).

CHAPITRE XVII.

qu'elles nourrissent, à une de leurs extrémités, des palmiers, tandis que l'autre, également basse et unie, est couverte de glaces éternelles.

Les *Llanos* de l'Amérique, là où ils s'étendent dans le sens d'un parallèle à l'équateur, sont quatre fois moins larges que le grand désert d'Afrique. Cette circonstance est très-importante dans une région où les vents soufflent constamment de l'est à l'ouest. Plus des plaines se prolongent dans cette direction, et plus elles ont un climat ardent. La grande mer de sable de l'Afrique communique par le Yemen [1] avec la Gédrosie

---

[1] On ne peut être surpris que la langue arabe, plus que toute autre langue de l'Orient, soit riche en mots qui expriment les idées de désert, de plaines inhabitées ou couvertes de graminées. Je pourrois donner une liste de plus de vingt mots que les auteurs arabes emploient sans les distinguer toujours par les nuances que chaque mot offre en particulier. *Sahl* indique de préférence une plaine ; *Daccah*, un plateau ; *Kafr*, *Mikfär*, *Tih*, *Mehmeh*, un désert nu, couvert de sable et de gravier, dépourvu d'eau ; *Tanoufah*, une steppe. *Sahara* signifie un désert qui offre quelques pâturages. En persan, *Yaila*, steppe, plaine couverte de graminées ; *Beyâban*, désert nu et aride ; *Deschti refi*, plateau, haute plaine. Dans le dialecte turc-tartare, une

et le Balouchistan jusqu'à la rive droite de l'Indus ; et c'est par l'effet des vents qui ont passé sur les déserts situés à l'est, que le petit bassin de la mer Rouge, entouré de plaines qui renvoient de toutes parts de la chaleur rayonnante, est une des régions les plus chaudes du globe. L'infortuné capitaine Tuckey[1] rapporte que le thermomètre centigrade s'y soutient assez généralement la nuit à 34°, le jour de 40° à 44°. Nous verrons bientôt que, même dans la partie la plus occidentale des steppes de Caracas, nous avons rarement trouvé la température de l'air, à l'ombre et loin du sol, au-dessus de 37°.

A ces considérations physiques sur les steppes du Nouveau-Monde se lient d'autres considérations d'un intérêt plus relevé, parce qu'elles tiennent à l'histoire de notre espèce. La grande mer de sable de l'Afri-

---

lande s'appelle *tala* ou *tschol*. Le mot *gobi*, dont les Européens ont fait, par corruption, *cobi*, signifie, en mongol, un désert nu. C'est l'équivalent de *Scha-mo* ou *Hhan-hai* en chinois. Steppe, ou plaine couverte d'herbes, en mongol, *küdah*; en chinois, *houang*.

[1] *Exped. to explore the River Zaire*, 1818, Introd., p. LI.

CHAPITRE XVII.

que, les déserts sans eaux, ne sont fréquentés que par des caravanes, qui mettent jusqu'à 50 jours pour les traverser [1]. Séparant les peuples de race nègre de ceux de race maure et berbère [2], le Sahara n'est habité que dans les Oasis. Il n'offre des pâturages que dans la partie de l'est, où, par l'effet des vents alisés, la couche de sable est moins épaisse, de sorte que les sources peuvent se montrer à la surface de la terre. En Amérique, des steppes moins larges, moins brûlantes, fertilisées par de belles rivières, opposent moins d'obstacles à la communication des peuples. Les *Llanos* séparent la chaîne côtière de Caracas et des Andes de la Nouvelle-Grenade de la région des forêts, de cette *Hylæa* [3] de l'Orénoque, qui, dès la première découverte de l'Amérique, a été habitée par des peuples plus abrutis, plus éloignés de la culture, que les habitans des côtes, et sur-tout que les

---

[1] C'est le *maximum* du temps selon Rennell. (*Voyage de Mungo-Park*, Tom. II, p. 335.)

[2] Les Shilha et les Kabyles.

[3] ῟Υλαίη. Herod. Melp. (*ed. Schwiegh.*, Tom. II, p. 267.)

montagnards des Cordillères. Cependant les steppes n'ont pas plus été autrefois le rempart de la civilisation, qu'elles ne sont aujourd'hui le rempart de la liberté des hordes qui vivent dans les forêts. Elles n'ont pas empêché les peuples du Bas-Orénoque de remonter les petites rivières et de faire des incursions au nord et à l'ouest. Si, d'après la distribution variée des animaux sur le globe, la vie pastorale avoit pu exister dans le Nouveau-Monde; si, avant l'arrivée des Espagnols, les *Llanos* et les *Pampas* avoient été remplis de ces nombreux troupeaux de vaches et de jumens qui y paissent aujourd'hui, Colomb auroit trouvé l'espèce humaine dans un état tout différent. Des peuples pasteurs, se nourrissant de lait et de fromage, de véritables *nomades*, auroient parcouru ces vastes plaines qui communiquent les unes avec les autres. On les auroit vus, à l'époque des grandes sécheresses, et même à celle des inondations, combattre pour la propriété des pâturages, se subjuguer mutuellement, et, réunis par un lien commun de mœurs, de langage et de culte, s'élever à cet état de demi-civilisation qui nous surprend chez les peuples de race mongole et tartare. Alors l'Amérique, comme le centre de l'Asie, auroit eu des conquérans qui, s'élevant des plaines sur le plateau des Cordillères, et abandonnant la vie errante, auroient asservi les peuples civilisés du Pérou et de la Nouvelle-Grenade, renversé le trône des Incas et du Zaque[1], remplacé le despotisme qu'enfante la théocratie par le despotisme qui naît du gouvernement patriarchal des peuples pasteurs. Le genre humain, dans le Nouveau-Monde, n'a point éprouvé ces grands changemens moraux et politiques, parce que les steppes, quoique plus fertiles que celles de l'Asie, y sont restées sans troupeaux ; parce qu'aucun des animaux qui offrent du lait en abondance n'est propre aux plaines de l'Amérique méridionale, et que, dans le développement progressif de la civilisation américaine, il a manqué

[1] Le Zaque étoit le chef séculier de Cundinamarca. Il partageoit le pouvoir avec le Grand-Prêtre (Lama) d'Iraca. Voyez mes *Recherches sur les Monumens des Américains*. (éd. in-fol., p. 246 ; éd. in-8°, Tom. II, p. 225.)

ce chaînon intermédiaire qui lie les peuples chasseurs aux peuples agricoles.

J'ai cru devoir réunir ici ces notions générales sur les plaines du Nouveau-Continent et les contrastes qu'elles offrent avec les déserts de l'Afrique et les steppes fertiles de l'Asie, pour donner quelque intérêt au récit d'un voyage à travers des terrains d'un aspect si monotone. A-présent que j'ai rempli cette tâche, je vais tracer la route que nous avons suivie, depuis les montagnes volcaniques de Parapara et le bord septentrional des *Llanos*, jusqu'aux rives de l'Apure, dans la province de Varinas.

Après avoir passé deux nuits à cheval, et cherché vainement, sous des touffes de palmiers *Murichi*, quelque abri contre les ardeurs du soleil, nous arrivâmes avant la nuit à la petite ferme du *Crocodile (El Cayman)*, appelée aussi *La Guadalupe*. C'est un *hato de ganado*, c'est-à-dire, une maison isolée dans la steppe, entourée de quelques petites cabanes qui sont couvertes en roseaux et en peaux. Le bétail, les bœufs, les chevaux et les mulets ne sont point parqués : ils errent librement dans une étendue de plusieurs lieues carrées. Nulle part il n'y a un enclos. Des hommes nus jusqu'à la ceinture, et armés d'une lance, parcourent à cheval les savanes pour inspecter les animaux, ramener ceux qui s'éloignent trop des pâturages de la ferme, marquer d'un fer chaud tout ce qui n'a point encore la marque du propriétaire. Ces hommes de couleur, que l'on désigne sous le nom de *Peones Llaneros*, sont en partie libres ou affranchis, en partie des esclaves. Il n'existe pas de race plus constamment exposée aux feux dévorans du soleil des tropiques. Ils se nourrissent de viandes séchées à l'air, et faiblement salées. Leurs chevaux même en mangent quelquefois. Toujours en selle, ils croient ne pas pouvoir faire la moindre course à pied. Nous trouvâmes dans la ferme un vieux nègre esclave qui gouvernoit en l'absence du maître. On nous parloit de troupeaux renfermant plusieurs milliers de vaches qui paissoient dans la steppe, et pourtant ce fut en vain que nous demandâmes une jatte de lait. On nous présenta, dans des fruits de Tutumo, une eau jaune, bourbeuse et fétide ; on l'avoit puisée dans une mare voisine. La paresse des habitans des *Llanos* est telle, qu'on ne creuse pas de puits, quoique l'on sache qu'à dix pieds de profondeur on trouve presque par-tout de belles sources dans une couche de *conglomérat* ou grès rouge. Après avoir souffert une moitié de l'année par l'effet des inondations, on s'expose patiemment dans l'autre moitié à la disette d'eau la plus pénible. Le vieux nègre nous conseilla de couvrir le vase d'un linge, et de boire comme à travers un filtre pour ne pas être incommodé par l'odeur, et pour avaler moins de cette argile fine et jaunâtre qui est suspendue dans l'eau. Nous ne pensions pas alors que, dans la suite, pendant des mois entiers, nous serions forcés de recourir à ce moyen. Les eaux de l'Orénoque sont également chargées de parties terreuses : elles sont même fétides là où, dans des anses, les corps morts de crocodiles sont déposés sur des bancs de sable, ou à demi-enterrés dans la vase.

A peine avoit-on déchargé et placé nos instrumens, qu'on donna la liberté à nos mulets pour qu'ils allassent, comme on dit ici, « chercher de l'eau [1] dans la savane. » Il y a de petits étangs alentour de la ferme: les animaux les trouvent, guidés par leur instinct, par la vue de quelques touffes éparses de Mauritia, par la sensation de fraîcheur humide que font naître de petits courans d'air au milieu d'une atmosphère qui nous paroît calme et tranquille. Quand les mares d'eau sont très-éloignées, et que les valets de la ferme sont trop paresseux pour mener les bestiaux à ces abreuvoirs naturels, on les enferme pendant cinq ou six heures dans une étable bien chaude avant de les lâcher. L'excès de la soif augmente alors leur sagacité, en aiguisant, pour ainsi dire, leur sens et leur instinct. Dès qu'on ouvre l'étable, on voit les chevaux et les mulets, sur-tout ces derniers, dont la pénétration excède l'intelligence des chevaux, se précipiter dans la savane. La queue relevée, la tête jetée en arrière, ils courent contre le vent, s'arrêtent de temps en temps comme pour explorer l'espace; suivent moins les impressions de la

[1] *Para buscar agua.*

vue que celles de l'odorat, et annoncent enfin par un hennissement prolongé que l'eau se trouve dans la direction de leur course. Tous ces mouvemens s'exécutent plus promptement, et avec un succès plus facile, par les chevaux nés dans les *Llanos*, et qui ont joui long-temps de leur liberté en troupeaux errans, que par ceux qui viennent de la côte, et qui descendent de chevaux domestiques. Dans la plupart des animaux, comme dans l'homme, la finesse des sens diminue par un long assujettissement, par les habitudes qui naissent de la stabilité des demeures et des progrès de la culture.

Nous suivîmes nos mulets, pour chercher une de ces mares dont on tire l'eau bourbeuse qui avoit si mal étanché notre soif. Nous étions couverts de poussière, hâlés par ce vent de sable qui brûle la peau plus encore que les rayons du soleil. Nous désirions impatiemment pouvoir prendre un bain; mais nous ne trouvâmes qu'un grand réservoir d'eau croupissante, environné de palmiers. L'eau étoit trouble, quoique, à notre grand étonnement, un peu plus fraîche que l'air. Accoutumés, pendant ce long voyage, à nous baigner chaque fois que l'occasion s'en présentoit, souvent plusieurs fois dans un même jour, nous n'hésitâmes pas de nous jeter dans la mare. A peine commencions-nous à jouir de la fraîcheur du bain, qu'un bruit que nous entendîmes, à la rive opposée, nous fit sortir précipitamment de l'eau. C'étoit un crocodile qui s'enfonçoit dans la vase. Il auroit été imprudent de rester de nuit dans ce lieu marécageux.

Nous n'étions éloignés de la ferme que d'un quart de lieue, cependant nous marchâmes plus d'une heure sans l'atteindre. Nous nous aperçûmes trop tard que nous avancions dans une fausse direction. Partis au déclin du jour, avant que les étoiles fussent visibles, nous nous étions avancés dans la plaine comme au hasard. Nous étions, comme toujours, munis d'une boussole. Il nous étoit même aisé de nous orienter d'après la position de Canopus et de la Croix du Sud; mais tous ces moyens devenoient inutiles, parce que nous étions incertains si, en sortant de la métairie, nous étions allés vers l'est ou vers le sud. Nous essayâmes de retourner au lieu où nous nous étions baignés, et nous marchâmes encore trois quarts d'heure sans retrouver la mare. Souvent nous crûmes voir du feu à l'horizon; c'étoient des étoiles qui se levoient, et dont l'image étoit agrandie par les vapeurs. Après avoir erré long-temps dans la savane, nous résolûmes de nous asseoir sous un tronc de palmier, dans un lieu bien sec et entouré d'herbe courte; car, chez les Européens récemment débarqués, la crainte des serpens d'eau est toujours plus grande que celle des Jaguars. Nous ne pouvions nous flatter que nos guides, dont nous connoissions l'impassible indolence, viendroient nous chercher dans la savane avant d'avoir préparé leurs alimens et achevé leur repas. Plus nous étions incertains sur notre position, plus nous fûmes agréablement frappés d'entendre de très-loin le bruit d'un cheval qui avançoit vers nous. C'étoit un Indien, armé d'une lance, qui venoit de faire le *rodeo*, c'est-à-dire la *battue*, par laquelle on réunit les bestiaux dans un espace de terrain déterminé. La vue de deux hommes blancs, qui disoient avoir perdu leur chemin, lui fit d'abord soupçonner quelque ruse. Nous eûmes de la peine à lui inspirer de la confiance. Il consentit enfin à nous conduire à la ferme du *Cayman*, mais sans ralentir le petit trot de son cheval. Nos guides assurèrent « que déja ils avoient commencé à être inquiets de nous ; » et, pour justifier cette inquiétude, ils faisoient une longue énumération des personnes qui, égarées dans les Llanos, avoient été trouvées dans un état d'épuisement extrême. On conçoit que le danger n'est bien imminent que pour ceux qui se perdent loin de toute habitation, ou qui, comme cela étoit arrivé dans ces dernières années, dépouillés par des brigands, ont été attachés par le corps et les mains à un tronc de palmier.

Pour moins souffrir de la chaleur du jour, nous nous mîmes en route à 2 heures de la nuit, espérant arriver avant midi à Calabozo, petite ville très-commerçante, située au milieu des *Llanos*. L'aspect du pays est toujours le même. Il ne faisoit pas clair de lune; mais les grands amas de nébuleuses qui ornent le ciel austral éclairoient, en se couchant, une partie de l'horizon terrestre. Ce spectacle imposant de la voûte étoilée, qui se présente dans son immense étendue, cette brise fraîche qui parcourt la plaine pendant la nuit, ce mouvement ondoyant de l'herbe par-tout où elle atteint quelque hauteur, tout nous rappeloit la surface de l'Océan. L'illusion augmentoit sur-tout (on ne se lasse pas de le dire) lorsque le disque du soleil se montroit à l'horizon, répétoit son image par l'effet de la réfraction, et, perdant bientôt sa forme aplatie, montoit rapidement et droit vers le zénith.

Le lever du soleil est aussi dans les plaines l'instant le plus frais du jour, mais ce changement de température ne fait pas une impression très-vive sur les organes. Nous ne vîmes pas baisser généralement le thermomètre au-dessous [1] de 27°,5, tandis que, près d'Acapulco, au Mexique [2], dans des lieux également bas, la température est souvent à midi de 32°, et au lever du soleil de 17° à 18°. Dans les Llanos, la surface unie de la terre qui, pendant le jour, n'est ja-

[1] De 22° Réaum.
[2] *Voyez*, sur ce phénomène extraordinaire, mon *Essai pol.*, Tom. II, p. 760.

mais dans l'ombre, absorbe tant de chaleur, que, malgré le rayonnement nocturne vers un ciel sans nuages, la terre et l'air n'ont pas le temps de se refroidir bien sensiblement depuis minuit jusqu'au lever du soleil. A Calabozo [1], le jour étoit, au mois de mars, de 31° à 32°,5; la nuit de 28° à 29°. La moyenne de ce mois, qui n'est pas le mois le plus chaud de l'année, paroissoit à-peu-près de 30°,6, ce qui indique une chaleur énorme pour un pays situé sous les tropiques, où les jours ont

[1] A Calabozo, à l'ombre et très-loin du sol et des murs, le 15 mars 1800, à 1^h, Therm. de Réaum. 24°,2; Hygr. à baleine 36°; à 7^h du soir, Th. 25°, H. 35°,2; à 12^h, Th. 23°,2; H. 35°,4. Le 16 mars, à 17^h, Th. 22°,7; H. 36°; à 23^h, Th. 24°,3; H. 37°: à 0^h, Th. 23°,8; H. 35°: à 2^h, Th. 26°; H. 34°,3 : à 4$\frac{1}{2}^h$, Th. 25°,5 ; H. 33°,5 : à 7^h, Th. 24°,6; H. 33°,5. Le 17 mars, à 16^h, Th. 26°,3 ; H. 34°: à 12^h, Th. 22°,4; H. 35°,3. Le 18 mars, à 23^h, Th. 23°,2 ; H. 36°, jusqu'à 11^h de la nuit pas de variation de 0°, 5 des deux instrumens. Je pense que le climat de Calabozo est plus chaud encore que celui de Cumana. Ayant engagé M. Rubio à observer dans ce port pendant mon absence, j'ai pu comparer les mêmes jours. A Cumana, le thermomètre de Réaumur s'est soutenu, du 15 au 18 mars, de 7^h du matin à 11^h la nuit, de 20° à 24° R. Il a été, à Calabozo, à 130 lieues de distance des côtes de l'est, aux mêmes heures, de 23° à 26° R. A Cumana, la température du mois de mars 1800 a été 22°,2; à Calabozo, à-peu-près de 24°,5 Réaum.

Relat. hist. T. 6.

presque constamment la même durée que les nuits. Au Caire, la température moyenne du mois le plus chaud n'est que 29°,9 ; à Madras, elle est de 31°,8; et à Abushär, dans le golfe Persique, où l'on a fait des observations suivies, elle est de 34°; mais les températures moyennes de l'année entière sont plus basses à Madras et à Abushär qu'à Calabozo. Quoique une partie des *Llanos* soit traversée, comme les steppes fertiles de la Sibérie, par de petites rivières, et que des bancs excessivement arides y soient entourés de terrains inondés dans le temps des pluies, l'air est pourtant en général très-sec. L'hygromètre de Deluc se soutenoit le jour à 34°, et la nuit [1] à 36°.

A mesure que le soleil s'élevoit vers le zénith, et que la terre et les couches d'air superposées prenoient des températures différentes, le phénomène du *mirage* se présenta avec ses nombreuses modifications. Ce phénomène est si commun sous toutes les zones, que je n'en fais mention ici que parce que nous nous arrêtâmes pour mesurer avec quelque précision la largeur de l'interstice

[1] *Voyez* plus haut, Chap. xv, p. 107.

aérien qui se présente entre l'horizon et l'objet suspendu. Il y avoit constamment suspension *sans renversement*. Les petits courans d'air, qui rasoient la surface du sol, avoient une température si variable, que, dans un troupeau de bœufs sauvages, une partie paroissoit avoir les jambes élevées au-dessus de la terre, tandis que l'autre reposoit sur le sol. L'interstice aérien étoit, selon l'éloignement de l'animal, de 3 à 4 minutes. Là où des touffes de palmiers Mauritia se trouvoient réunies en longues bandes, les extrémités de ces bandes vertes étoient suspendues comme les caps qui ont été long-temps l'objet de mes observations à Cumana [1]. Un homme instruit nous assuroit avoir vu, entre Calabozo et Uritucu, l'image d'un animal renversé sans qu'il y eût une image directe. Niebuhr a fait une observation semblable en Arabie. Plusieurs fois nous crûmes voir à l'horizon des formes de *tumulus* et de tours qui disparoissoient par intervalles, sans que nous pussions démêler la véritable forme des objets. C'étoient peut-être des tertres, ou petites éminences, placés au-delà

[1] *Rel. histor.*, Tom. I, p. 625-631.

de l'horizon visuel ordinaire. Je ne citerai pas ces terrains dénués de végétation, qui paroissoient comme de grands lacs à surface ondoyante. Ce phénomène, le plus anciennement observé, a fait donner au mirage, en sanscrit, le nom expressif *du désir* (de la soif) *de l'Antilope*. Nous admirons, dans les poètes indiens, persans et arabes, de fréquentes allusions à ces effets magiques de la réfraction terrestre. Les Grecs et les Romains les connoissoient à peine. Fiers de la richesse de leur sol et de la douce température de leur climat, ils n'auroient point porté envie à cette poésie du désert. Elle est née en Asie. Les poètes de l'Orient l'ont puisée dans la nature du pays qu'ils habitoient; ils ont été inspirés par l'aspect de ces vastes solitudes qui s'interposent, comme des bras de mer et des golfes, entre des terrains que la nature a parés de la plus riche fécondité.

Avec le lever du soleil la plaine prit un aspect plus animé. Le bétail, qui avoit été couché la nuit le long des mares, ou sous des groupes de *Murichi* et de Rhopala, se réunissoit en troupeaux; et ces solitudes se peuploient de chevaux, de mulets et de bœufs qui vivent ici, nous ne dirons pas en animaux sauvages, mais en animaux libres, sans habitations fixes, dédaignant les soins et la protection de l'homme. Dans ces climats chauds, les bœufs, quoique de race espagnole, comme ceux des plateaux froids de Quito, sont d'un tempérament plus doux. Un voyageur ne risque pas d'être attaqué et poursuivi, comme nous l'avons souvent été dans nos excursions sur le dos des Cordillères, où le climat est rude et sujet à de violentes tempêtes, où l'aspect du pays est plus sauvage, la nourriture moins abondante. En approchant de Calabozo, nous vîmes des troupeaux de chevreuils qui paissoient paisiblement au milieu des chevaux et des bœufs. On les appelle *Matacani*: leur chair est très-bonne. Ils sont un peu plus grands que nos chevreuils, et ressemblent à des daims à pelage très-lisse, fauve-brun et moucheté de blanc. Leurs bois me paroissoient à dagues simples. Ils étoient peu effrayés de la présence de l'homme, et, dans des troupeaux de 30 à 40, nous observâmes plusieurs individus tout blancs. Cette variété, assez commune parmi les grands cerfs des climats froids des

Andes, avoit de quoi nous surprendre dans ces plaines basses et brûlantes. J'ai appris depuis que même le Jaguar des régions chaudes du Paraguay offre quelquefois des variétés *albinos*, dont la robe est d'une blancheur si uniforme, qu'on ne distingue les taches ou les anneaux qu'au reflet du soleil. Le nombre des *Matacani*, ou petits daims [1], est si considérable dans les *Llanos*, qu'on pourroit faire le commerce [2] de leurs peaux. Un chasseur habile en tueroit plus de vingt par jour. Mais la paresse des habitans est telle, qu'on ne se donne souvent pas la peine d'en prendre la peau. Il en est de même de la chasse des Jaguars, ou grands tigres américains, dont la peau n'est payée, dans les steppes de Varinas, qu'une piastre, tandis qu'on la paie à Cadix quatre ou cinq piastres.

Les steppes que nous traversâmes sont principalement couvertes de graminées, de Kyllingia, de Cenchrus et de Paspalum [3].

---

[1] *Venados de tierra caliente.*

[2] On fait ce commerce, mais très en petit, à Carora et à Barquesimeto.

[3] Kyllingia monocephala, K. odorata, Cenchrus *pi-*

CHAPITRE XVII. 87

Ces graminées atteignoient dans cette saison, près de Calabozo et de Saint-Jérôme del Pirital, à peine 9 ou 10 pouces. Près des rives de l'Apure et de la Portuguesa elles s'élèvent jusqu'à 4 pieds de hauteur, de sorte que le Jaguar peut s'y cacher pour sauter sur les mulets et les chevaux qui traversent la plaine. Aux graminées se trouvent mêlées quelques herbes de la classe des Dicotyledonées, comme des Turnera, des Malvacées, et, ce qui est bien remarquable, de petites Mimoses [1] à feuilles irritables, que les Espagnols appellent *Dormideras*. Cette même race de vaches, qui, en Espagne, s'engraisse de sainfoin et de trèfle, trouve ici une excellente nourriture dans les Sensitives herbacées. On vend plus cher les pacages où ces Sensitives abondent particulièrement. A l'est, dans les *Llanos* du Cari et de Barcelona, le Cypura et le Craniolaria [2],

---

losus, Vilfa tenacissima, Andropogon *plumosus*, Panicum *micranthum*, Poa *reptans*, Paspalum *leptostachyum*, P. conjugatum, Aristida *recurvata*. *Voyez* nos *Nova Genera et Spec.*, Tom. I, p. 84-243.

[1] Turnera gujanensis, Mimosa pigra, M. *Dormiens*.
[2] Cypura *graminea*, Craniolaria annua (la *scorzonera* des indigènes).

dont la belle fleur blanche a 6-8 pouces de long, s'élèvent isolés parmi les graminées. Les paturages sont les plus gras, non seulement autour des rivières sujettes aux inondations, mais aussi par-tout où les troncs des palmiers sont plus rapprochés. Les lieux entièrement dépourvus d'arbres sont les moins fertiles, et les essais qu'on feroit pour les soumettre à la culture seroient presque infructueux. On ne peut attribuer cette différence à l'abri que donnent les palmiers, en empêchant les rayons du soleil de dessécher et de brûler le sol. J'ai vu, il est vrai, dans les forêts de l'Orénoque, des arbres de cette famille qui offroient un feuillage touffu, mais ce n'est pas du palmier des *Llanos*, de la *Palma de Cobija* [1], qu'on peut vanter l'ombrage : ce palmier n'a que très peu de feuilles plissées et palmées comme celles du Chamærops, et dont les inférieures sont constamment desséchées. Nous avons été surpris de voir que presque tous ces troncs de Corypha étoient d'une même grandeur. Ils avoient 20 à 24 pieds de haut, et

---

[1] *Palmier de toiture* (ou couverture), Corypha *tectorum*. *Voyez* plus haut, p. 226.

8 à 10 pouces de diamètre au bas du tronc. Il y a peu d'espèces de palmiers dont la nature ait produit un nombre aussi prodigieux. Sur des milliers de troncs surchargés de fruits en forme d'olive, nous en trouvâmes à-peu-près un centième sans fruit. Y auroit-il quelques pieds à fleurs purement monoïques, mêlés à des pieds à fleurs hermaphrodites? Les *Llaneros*, ou habitans des plaines, pensent que tous ces arbres si peu élevés ont un âge de plusieurs siècles. Leur accroissement est presque insensible; on s'en aperçoit à peine dans l'espace de 20 ou 30 ans. D'ailleurs, le bois de la *Palma de Cobija* est excellent pour la construction. Sa dureté est telle, qu'on a de la peine à y faire entrer un clou. On emploie les feuilles plissées en éventail pour couvrir les toits des cabanes éparses dans les *Llanos*, et ces toits durent plus de 20 ans. On fixe les feuilles, en courbant l'extrémité des pétioles que l'on a frappés préalablement entre deux pierres, afin qu'ils se plient sans se briser.

Outre les troncs isolés de ce palmier, on trouve aussi çà et là dans la steppe quelques groupes de palmiers, de vrais bosquets

(*Palmares*), dans lesquels le Corypha est mêlé à un arbre de la famille des Proteacées, que les indigènes appellent *Chaparro*, et qui est une nouvelle espèce de Rhopala[1] à feuilles dures et résonnantes. Les petits bosquets de Rhopala s'appellent *Chaparrales*, et l'on conçoit que, dans une vaste plaine, où l'on ne trouve que deux ou trois espèces d'arbres, le *Chaparro*, qui donne de l'ombre, est regardé comme un végétal très-précieux. Le Corypha s'étend dans les Llanos de Caracas, depuis la Mesa de Paja jusqu'au Guayaval : plus au nord et au nord-ouest, il est remplacé, près de Guanare et de San-Carlos, par une autre espèce du même genre, à feuilles également palmées, mais plus grandes. On l'appelle la *Palma real de los Llanos*[2]. Au sud du Guayaval dominent d'autres palmiers, sur-tout le *Piritu* à feuilles pen-

---

[1] Près d'Embothrium, dont nous n'avons trouvé aucune espèce dans le Nouveau-Continent. Les Embothrium sont représentés, dans la végétation américaine, par les genres Lomatia et Oreocallis. *Voyez* nos *Nov. Gen.*, Tom. II, p. 154.

[2] Il ne faut pas confondre ce palmier des plaines avec la *Palma real* de Caracas et de Curiepe, à feuilles pennées. *Nov. Gen.*, Tom. I, p. 305.

nées¹, et le *Murichi (Moriche)*, célèbre par les éloges que le Père Gumilla en a faits, sous le nom d'*arbol de la vida* ². C'est le sagoutier de l'Amérique, qui fournit « victum et amictum ³ » de la farine, du vin, du fil, pour tisser des hamacs, des paniers, des filets et des vêtemens. Ses fruits, en forme de cônes de pin, et couverts d'écailles, sont parfaitement semblables à ceux du Calamus Rotang. Ils ont un petit goût de pomme. Parvenus à la maturité, leur couleur est jaune en dedans et rouge au dehors. Les singes Araguates en sont très-avides, et la nation des Guaraons, dont toute l'existence, pour ainsi dire, est étroitement liée à celle du palmier *Murichi*, en retire une liqueur fermentée acidule et très-rafraîchissante. Ce palmier, à grandes feuilles luisantes et plissées en éventail, conserve une belle verdure à l'époque des plus grandes sécheresses. Sa vue seule produit une agréable sensation de fraîcheur,

---

1 Peut-être un Aiphanes.
2 Muriche ou Quiteve, Mauritia flexuosa. *Voyez* plus haut, Tom. III, Chap. ix, p. 345. (*Gumilla, Orinoco illustrado*, 1745, Tom. I, p. 162-172. *Gili, Storia Americ.*, Tom. I, p. 168.)
3 *Plin., lib.* XII, *c.* VII.

et le *Murichi*, chargé de fruits écailleux, contraste singulièrement avec le triste aspect de la *Palma de Cobija*, dont le feuillage est toujours gris et couvert de poussière. Les *Llaneros* croient que le premier attire les vapeurs de l'air [1], et que pour cette raison on trouve constamment de l'eau à son pied, si l'on creuse à une certaine profondeur. On confond l'effet et la cause. Le *Murichi* croît de préférence dans les lieux humides, et l'on pourroit dire plutôt que c'est l'eau qui attire l'arbre. Par un raisonnement analogue, les indigènes de l'Orénoque admettent que les grands serpens contribuent à entretenir l'humidité dans un canton. «On chercheroit en vain des serpens d'eau, nous disoit gravement un vieux Indien de Javita, là où il n'y a pas de marécages. C'est que l'eau ne se rassemble point, lorsqu'on tue imprudemment les serpens qui l'attirent.»

Nous souffrîmes beaucoup de la chaleur en traversant la *Mesa* de Calabozo. La tem-

---

[1] Si la tête du Murichi étoit plus garnie de feuilles qu'elle ne l'est généralement, on pourroit plutôt admettre que c'est par l'influence de son ombrage que le sol autour de l'arbre conserve son humidité.

pérature de l'air augmenta sensiblement chaque fois que le vent commençoit à souffler. L'air étoit chargé de poussière, et pendant ces bouffées le thermomètre s'élevoit à 40° et 41°. Nous avancions lentement, car il auroit été dangereux d'abandonner les mulets qui portoient nos instrumens. Nos guides nous conseilloient de remplir nos chapeaux de feuilles de Rhopala, pour diminuer l'action des rayons du soleil sur les cheveux et sur le sommet de la tête. Nous nous sentîmes soulagés par ce moyen, qui nous a paru sur-tout excellent, lorsqu'on peut se procurer des feuilles de Pothos ou de quelque autre Aroïdée.

Il est impossible de traverser ces plaines brûlantes sans se demander si elles ont toujours été dans le même état, ou si, par quelque révolution de la nature, elles ont été privées de leur végétation. La couche de terreau, que l'on y trouve aujourd'hui, est, en effet, très-mince. Les indigènes pensent que les *Palmares* et les *Chaparales* (les petits bosquets de Palmiers et de Rhopala) ont été plus fréquens et plus étendus avant l'arrivée des Espagnols. Depuis que les *Llanos* sont habités et peuplés de bétail devenu sauvage, on met souvent le feu à la savane pour améliorer le pacage. Avec les graminées on détruit accidentellement les groupes d'arbres épars. Les plaines étoient sans doute moins nues au quinzième siècle qu'elles ne le sont aujourd'hui ; cependant les premiers *Conquistadores*, qui venoient de Coro, les décrivent déja comme des savanes, dans lesquelles on n'aperçoit que le ciel et le gazon, qui sont généralement dépourvues d'arbres, et difficiles à traverser, à cause de la réverbération du sol. Pourquoi la grande forêt de l'Orénoque ne s'étend-elle pas au nord sur la rive gauche du fleuve ? Pourquoi ne remplit-elle pas le vaste espace qui s'étend jusqu'à la Cordillère du littoral, et qui est fertilisé par de nombreuses rivières ? Cette question se lie à tout ce qui a rapport à l'histoire de notre planète. Si, en se livrant à des rêves géologiques, on suppose que, par une irruption de l'Océan, les steppes de l'Amérique et le désert de Sahara ont été dépouillés de toute leur végétation, ou qu'ils ont été primitivement le fond d'un lac intérieur, on conçoit que des milliers d'années n'ont pas suffi pour que des bords des forêts, du rivage des plaines nues ou couvertes de gazon, les arbres et les arbustes aient pu avancer vers le centre, et couvrir de leur ombrage un si vaste espace. Il est plus difficile d'expliquer l'origine des savanes nues, enclavées dans les forêts, que de reconnoître les causes qui maintiennent dans leurs anciennes limites les forêts et les savanes, comme les continens et les mers.

Nous trouvâmes à Calabozo l'hospitalité la plus franche dans la maison de l'administrateur de la *Real Hacienda*, Don Miguel Cousin. La ville, située entre les rives du Guarico et de l'Uritucu, n'avoit encore à cette époque que 5000 habitans, mais tout y annonçoit une prospérité croissante. La richesse de la plupart des habitans consiste en troupeaux régis par des fermiers qu'on appelle *Hateros*, du mot *Hato*, qui signifie, en espagnol, une maison ou ferme placée au milieu des pâturages. Comme la population dispersée des *Llanos* s'accumule sur de certains points, principalement autour des villes, Calabozo compte déja dans ses environs cinq villages ou missions. On suppose que le nombre des bestiaux qui errent dans les pacages les plus rapprochés de la ville, s'élève à 98,000 têtes. Il est très-difficile de se former une idée exacte des troupeaux que renferment les *Llanos* de Caracas, de Barcelone, de Cumana et de la Guyane espagnole. M. Depons, qui a habité la ville de Caracas plus long-temps que moi, et dont les données statistiques sont généralement exactes, compte dans ces vastes plaines, depuis les bouches de l'Orénoque jusqu'au lac de Maracaybo, 1,200,000 bœufs, 180,000 chevaux, et 90,000 mulets. Il évalue à 5,000,000 de francs le produit des troupeaux, en ajoutant à la valeur de l'exportation le prix des cuirs consommés dans le pays [1]. Dans les Pampas de Buénos-Ayres il y a, à ce que l'on croit, 12,000,000 de vaches et 3,000,000 de chevaux, sans comprendre dans cette énumération les bestiaux qui sont censés n'avoir pas de propriétaires [2].

Je ne hasarderai point de ces évaluations

[1] Depons, *Voyage à la Terre-Ferme*, Tom. I, p. 10.
[2] Azzara, *Voyage au Paraguay*, Tom. I, p. 30.

générales, trop incertaines par leur nature; mais je ferai observer que, dans les *Llanos* de Caracas, les propriétaires des grands *Hatos* ignorent totalement le nombre de têtes qu'ils possèdent. Ils ne connoissent que celui des jeunes bestiaux qui sont marqués, tous les ans, d'une lettre ou d'un signe propre à chaque troupeau. Les plus riches propriétaires marquent jusqu'à 14,000 bestiaux chaque année, et en vendent jusqu'à cinq ou six mille. D'après des documens officiels[1], l'exportation des cuirs de toute la *Capitania general* s'élevoit annuellement, pour les seules îles Antilles, à 174,000 cuirs de bœufs et 11,500 cuirs de chèvres. Or, quand on se rappelle que ces documens ne se fondent que sur les registres des douanes, qui ne font aucunement mention de l'extraction frauduleuse des cuirs, on est tenté de croire que l'évaluation de 1,200,000 bœufs errant dans les *Llanos*, depuis le Rio Carony et le Guarapiche jusqu'au lac de Maracaybo, est de beaucoup trop foible. Le seul port de la Guayra a exporté, de 1789 à 1792,

[1] *Informe del Conde de Casa-Valencia*, manuscrit que nous avons déjà cité plusieurs fois.

annuellement 70,000 à 80,000 cuirs enregistrés sur les livres de la douane, dont à peine $\frac{1}{5}$ pour l'Espagne. A la fin du dix-huitième siècle, l'exportation de Buenos-Ayres étoit, d'après Don Felix d'Azzara, de 800,000 cuirs. On préfère, dans la péninsule, les cuirs de Caracas à ceux de Buenos-Ayres, parce que ces derniers, à cause du transport plus long, souffrent un déchet de 12 pour cent dans le tannage. La partie méridionale des savanes, appelée vulgairement *Llanos de arriba*, est très-productive en mulets et en bœufs; mais, comme les pâturages y sont en général moins bons, on est obligé d'envoyer les animaux en d'autres plaines pour les engraisser avant de les vendre. Le *Llano de Monaï* et tout le *Llano de abaxo* sont moins abondans en troupeaux, mais les pacages y sont si fertiles qu'ils fournissent des viandes d'excellente qualité à l'approvisionnement des côtes. Les mulets, qui ne sont propres au travail qu'à la cinquième année et qui portent alors le nom de *mulas de saca*, s'achètent déjà, sur les lieux, au prix de 14 et de 18 piastres. Ils valent, rendus au port de l'embarquement, 25 piastres; tandis qu'aux îles Antilles leur prix s'élève souvent de 60 à 80 piastres. Les chevaux des *Llanos*, descendant de la belle race espagnole, ne sont pas d'une grande taille. Ils ont généralement une couleur uniforme, bai-brune, comme la plupart des animaux sauvages. Souffrant tour-à-tour de la sécheresse et des inondations, tourmentés par la piqûre des insectes et la morsure des grandes chauve-souris, ils mènent une vie dure et inquiète. C'est après qu'ils ont reçu, pendant quelques mois, les soins de l'homme que leurs bonnes qualités se développent, et deviennent sensibles. Un cheval sauvage vaut dans les *Pampas* de Buenos-Ayres $\frac{1}{2}$ à 1 piastre; dans les *Llanos* de Caracas, 2 à 3 piastres; mais le prix du cheval augmente dès qu'il est dompté et propre aux travaux de l'agriculture. Il n'y a pas de brebis: nous n'en avons vu des troupeaux que sur le plateau de la province de Quito.

Les *Hatos* de bœufs ont considérablement souffert, dans ces derniers temps, par les bandes de vagabonds qui parcourent les steppes en tuant les animaux, simplement pour, en vendre la peau. Ce brigandage a augmenté depuis que le commerce avec le Bas-Orénoque est devenu plus florissant. Pendant un demi-siècle, les rives de ce grand fleuve, depuis l'embouchure de l'Apure jusqu'à l'Angostura, n'étoient connues qu'aux moines missionnaires. L'exportation des bestiaux ne se faisoit que par les ports de la côte septentrionale, par Cumana, Barcelone, Burburata et Porto-Cabello. Aujourd'hui cette dépendance de la côte a beaucoup diminué. La partie méridionale des plaines a établi des rapports intimes avec le Bas-Orénoque, et ce commerce est d'autant plus actif que ceux qui s'y livrent échappent facilement aux dispositions des lois prohibitives.

Les troupeaux les plus grands qui existent dans les *Llanos* de Caracas sont ceux des *Hatos* de Merecure, La Cruz, Belen, Alta Gracia et Pavon. C'est de Coro et du Tocuyo que le bétail espagnol est venu dans les plaines. L'histoire a conservé le nom du colon qui le premier a eu l'idée heureuse de peupler ces pâturages dans lesquels ne paissoient alors que des daims et une grande espèce d'Aguti, Cavia Capybara, appelée dans ces contrées *Chiguire*. Christoval Rodriguez envoya les premières bêtes à cornes dans les *Llanos* [1] vers l'année 1548. C'étoit un habitant de la ville de Tocuyo qui avoit long-temps séjourné dans la Nouvelle-Grenade.

Lorsqu'on entend parler de cette « innombrable quantité » de bœufs, de chevaux et de mulets répandus dans les plaines de l'Amérique, on oublie assez généralement que, dans l'Europe civilisée, sur des terrains beaucoup moins étendus, chez des peuples agriculteurs, il en existe des quantités également prodigieuses. La France nourrit, d'après M. Peuchet, 6 millions de gros bétail à cornes, dont 3,500,000 bœufs travaillant la terre. Dans la monarchie autrichienne, le nombre de bœufs, de vaches et de veaux est évalué, par M. Lichtenstern, à 13,400,000 têtes. Paris seul consomme annuellement 155,000 bêtes à cornes [2].

---

[1] *Fray Pedro Simon*, Not. 5, Cap. 14, n° 2, p. 371.
[2] Dont 72,000 bœufs, 9,000 vaches, 74,000 veaux d'après le relevé officiel de 1817, la population de Paris étant de 713,765 individus. Paris consomme en outre

L'Allemagne reçoit par an 150,000 bœufs de Hongrie. Les animaux domestiques réunis en troupeaux peu nombreux sont considérés, chez des nations agricoles, comme un objet secondaire de la richesse de l'état. Aussi frappent-ils beaucoup moins l'imagination que ces bandes errantes de bœufs et de chevaux qui remplissent seuls les landes incultes du Nouveau-Monde. La civilisation et l'ordre social favorisent également les progrès de la population et la multiplication des animaux utiles à l'homme.

Nous trouvâmes à Calabozo, au milieu des *Llanos*, une machine électrique à grands disques, des électrophores, des batteries, des électromètres, un appareil presque aussi complet que le possèdent nos physiciens en Europe. Tous ces objets n'avaient point été achetés aux États-Unis; ils étoient l'ouvrage d'un homme qui n'avoit jamais vu aucun instrument, qui ne pouvoit consulter personne, qui ne connoissoit les phénomènes de l'électricité que par la lecture du *Traité de Sigaud de La Fond* et des *Mémoires de*

328,000 moutons et 74,000 porcs, en tout 77,300,000 livres de viande.

Francklin. M. Carlos del Pozo (c'est le nom de cet homme estimable et ingénieux) avoit commencé à faire des machines électriques à cylindre, en employant de grandes jarres de verre dont il avoit coupé le goulot. Ce n'est que depuis quelques années qu'il avoit pu se procurer, par la voie de Philadelphie, deux plateaux pour construire une machine à disques et pour obtenir des effets d'électricité plus considérables. Il est facile de juger quelles difficultés M. Pozo eut à combattre depuis que les premiers ouvrages sur l'électricité étoient tombés entre ses mains, et qu'il résolut courageusement de se procurer, par sa propre industrie, tout ce qu'il voyoit décrit dans les livres. Il n'avoit joui jusqu'alors que de l'étonnement et de l'admiration que produisoient ses expériences sur des personnes dépourvues de toute instruction, et qui n'avoient jamais quitté la solitude des *Llanos*. Notre séjour à Calabozo lui fit éprouver une satisfaction toute nouvelle. On conçoit qu'il devoit mettre quelque prix aux suffrages de deux voyageurs qui pouvoient comparer ses appareils à ceux qu'on construit en Europe. J'avois avec moi des électromètres à paille, à boule de sureau, et à lames d'or battu, de même qu'une petite bouteille de Leyde, qu'on pouvoit charger par frottement, d'après la méthode d'Ingenhouss, et qui me servoit pour des expériences physiologiques. M. Pozo ne put contenir sa joie, en voyant, pour la première fois, des instrumens qu'il n'avoit pas faits, et qui paroissoient copiés sur les siens. Nous lui montrâmes aussi l'effet du contact des métaux hétérogènes sur les nerfs des grenouilles. Les noms de Galvani et de Volta n'avoient point encore retenti dans ces vastes solitudes.

Après les appareils électriques, ouvrage de l'industrieuse sagacité d'un habitant des *Llanos*, rien ne pouvoit plus fixer notre intérêt à Calabozo que les Gymnotes, qui sont des appareils électriques animés. Occupé journellement, depuis un grand nombre d'années, des phénomènes de l'électricité galvanique; livré à cet enthousiasme qui excite à chercher, mais empêche de bien voir ce que l'on a découvert; ayant construit, sans m'en douter, de véritables *piles*, en plaçant des disques métalliques les uns sur les autres, et en les faisant alterner avec des morceaux de chair musculaire, ou avec d'autres substances humides[1], j'étois impatient, dès mon arrivée à Cumana, de me procurer des anguilles électriques. On nous en avoit promis souvent, et toujours on avoit trompé nos espérances. L'argent perd de son prix à mesure qu'on s'éloigne des côtes; et comment vaincre le phlegme imperturbable du peuple, lorsque le désir du gain ne l'excite point!

Les Espagnols confondent sous le nom de *Tembladores* (*qui font trembler*, proprement *trembleurs*), tous les poissons électriques. Il y en a dans la mer des Antilles, sur les côtes de Cumana. Les Indiens Guayqueries, qui sont les pêcheurs les plus habiles et les plus industrieux de ces parages, nous apportèrent un poisson qui, à ce qu'ils disoient, leur engourdissoit les mains. Ce poisson remonte la petite rivière du Manzanares. C'étoit une nouvelle espèce de Raie, dont les taches latérales sont peu visibles, et qui ressemble assez à la Torpille

[1] *Voyez* mes *Expériences sur la fibre irritable*, Tom. I, p. 74, Tab. III; IV, V de l'édition allemande.

de Galvani. Les Torpilles, pourvues d'un organe électrique qui est visible au-dehors, à cause de la transparence de la peau, forment un genre ou sous-genre différent des Raies proprement dites [1]. La Torpille de Cumana étoit très-vive, très-énergique dans ses mouvemens musculaires, et cependant les commotions électriques qu'elle nous donnoit étoient infiniment foibles. Elles devinrent plus fortes en *galvanisant* l'animal par le contact du zinc et de l'or. D'autres *Tembladores*, de véritables Gymnotes, ou anguilles électriques, habitent le Rio Colorado, le Guarapiche, et plusieurs petits ruisseaux qui traversent les missions des Indiens Chaymas. Ils abondent de même dans les grands fleuves de l'Amérique, l'Orénoque, l'Amazone et le Meta; mais la force du courant et la profondeur

---

[1] *Cuvier*, *Règne animal*, Tom. II, p. 136. La Méditerranée a, d'après M. Risso, quatre espèces de Torpilles électriques, qui jadis étoient toutes confondues sous le nom de Raia Torpedo, savoir : Torpedo narke, T. unimaculata, T. Galvanii, et T. marmorata. La Torpille du cap de Bonne-Espérance, sur laquelle M. Todd a fait récemment des expériences, est sans doute une espèce non décrite.

des eaux empêchent les Indiens de les prendre. Ils voient ces poissons moins souvent qu'ils n'en sentent les commotions électriques, en nageant ou en se baignant dans la rivière. C'est dans les *Llanos*, sur-tout dans les environs de Calabozo, entre les métairies du Morichal et les missions *de arriba* et *de abaxo*, que les bassins d'eau stagnante et les affluens de l'Orénoque (le Rio Guarico, les *Caños* du Rastro, de Berito et de la Paloma) sont remplis de Gymnotes. Nous désirions d'abord faire nos expériences dans la maison même que nous habitions à Calabozo; mais la crainte des commotions électriques du Gymnote est si grande et si exagérée parmi le peuple, que pendant trois jours nous ne pûmes nous en procurer, quoique la pêche en soit très-facile, et que nous eussions promis aux Indiens deux piastres pour chaque poisson bien grand et bien vigoureux. Cette crainte des Indiens est d'autant plus extraordinaire, qu'ils ne tentent pas d'employer un moyen dans lequel ils assurent avoir beaucoup de confiance. Ils ne manquent jamais de dire aux blancs, lorsqu'on les interroge sur l'effet des *Tembladores*, qu'on peut les toucher impunément lorsqu'on mâche du tabac. Cette fable de l'influence du tabac sur l'électricité animale est aussi répandue sur le continent de l'Amérique méridionale, que l'est parmi les matelots la croyance de l'effet de l'ail et du suif sur l'aiguille aimantée.

Impatientés par une longue attente, et n'obtenant que des résultats très-incertains sur un Gymnote vivant, mais très-affoibli, qu'on nous avoit apporté, nous nous rendîmes au Caño de Bera pour faire nos expériences en plein air au bord de l'eau même. Nous partîmes, le 19 mars, de grand matin, pour le petit village de *Rastro de abaxo*: de là les Indiens nous conduisirent à un ruisseau qui, dans le temps des sécheresses, forme un bassin d'eau bourbeuse entouré de beaux arbres [1], de Clusia, d'Amyris et de Mimoses à fleurs odoriférantes. La pêche des Gymnotes avec des filets est très-difficile, à cause de l'extrême agilité de ces poissons qui s'enfoncent dans

[1] Amyris *lateriflora*, A. *coriacea*, Laurus *Pichurin*, Myroxylon *secundum*, Malpighia *reticulata*.

la vase comme des serpens. On ne voulut point employer le *Barbasco*, c'est-à-dire les racines du Piscidia Erithryna, du Jacquinia armillaris, et quelques espèces de Phyllanthus qui, jetées dans une mare, enivrent ou engourdissent les animaux. Ce moyen auroit affoibli les Gymnotes. Les Indiens nous disoient qu'ils alloient *pêcher avec des chevaux, embarbascar con cavallos* [1]. Nous eûmes de la peine à nous faire une idée de cette pêche extraordinaire ; mais bientôt nous vîmes nos guides revenir de la savane, où ils avoient fait une battue de chevaux et de mulets non domptés. Ils en amenèrent une trentaine, qu'on força d'entrer dans la mare.

Le bruit extraordinaire, causé par le piétinement des chevaux, fait sortir les poissons de la vase, et les excite au combat. Ces anguilles jaunâtres et livides, semblables à de grands serpens aquatiques, nagent à la surface de l'eau, et se pressent sous le ventre des chevaux et des mulets. Une lutte entre des animaux d'une organisation

---

[1] Proprement *endormir*, ou *enivrer* les poissons par le moyen des chevaux.

si différente offre le spectacle le plus pittoresque. Les Indiens, munis de harpons et de roseaux longs et minces, ceignent étroitement la mare ; quelques-uns d'entre eux montent sur les arbres, dont les branches s'étendent horizontalement au-dessus de la surface de l'eau. Par leurs cris sauvages et la longueur de leurs joncs, ils empêchent les chevaux de se sauver, en atteignant la rive du bassin. Les anguilles, étourdies du bruit, se défendent par la décharge réitérée de leurs batteries électriques. Pendant long-temps elles ont l'air de remporter la victoire. Plusieurs chevaux succombent à la violence des coups invisibles qu'ils reçoivent de toute part dans les organes les plus essentiels à la vie; étourdis par la force et la fréquence des commotions, ils disparoissent sous l'eau. D'autres, haletant, la crinière hérissée, les yeux hagards, et exprimant l'angoisse, se relèvent et cherchent à fuir l'orage qui les surprend. Ils sont repoussés par les Indiens au milieu de l'eau : cependant un petit nombre parvient à tromper l'active vigilance des pêcheurs. On les voit gagner la rive, broncher à chaque pas, s'étendre dans le sable excédés de fatigue et les membres engourdis par les commotions électriques des Gymnotes.

En moins de cinq minutes deux chevaux étoient noyés. L'anguille ayant cinq pieds de long, et se pressant contre le ventre des chevaux, fait une décharge de toute l'étendue de son organe électrique. Elle attaque à la fois le cœur, les viscères, et le *plexus cœliacus* des nerfs abdominaux. Il est naturel que l'effet qu'éprouvent les chevaux soit plus puissant que celui que le même poisson produit sur l'homme, lorsqu'il ne le touche que par une des extrémités. Les chevaux ne sont probablement pas tués, mais simplement étourdis. Ils se noient, étant dans l'impossibilité de se relever, par la lutte prolongée entre les autres chevaux et les Gymnotes.

Nous ne doutions que la pêche ne se terminât par la mort successive des animaux qu'on y emploie. Mais peu à peu l'impétuosité de ce combat inégal diminue; les Gymnotes fatigués se dispersent. Ils ont besoin d'un long repos[1] et d'une nourriture

[1] Les Indiens assurent que, si l'on fait courir les

abondante pour réparer ce qu'ils ont perdu de force galvanique. Les mulets et les chevaux parurent moins effrayés ; ils ne hérissoient plus la crinière, leurs yeux exprimoient moins l'épouvante. Les Gymnotes s'approchoient timidement du bord du marais, où on les prit au moyen de petits harpons attachés à de longues cordes. Lorsque les cordes sont bien sèches, les Indiens, en soulevant le poisson dans l'air, ne ressentent pas de commotions. En peu de minutes nous eûmes cinq grandes anguilles, dont la plupart n'étoient que légèrement blessées. D'autres furent prises vers le soir par les mêmes moyens.

La température des eaux, dans lesquelles vivent habituellement les Gymnotes, est de 26° à 27°. On assure que leur force électrique diminue dans des eaux plus froides;

---

chevaux deux jours de suite dans une mare remplie de Gymnotes; aucun cheval n'est tué le second jour. *Voyez*, sur la pêche des Gymnotes et sur le détail des expériences faites à Calabozo, un mémoire particulier que j'ai publié dans mes *Observations de Zoologie*, Tom. I, p. 59-92, et mes *Tableaux de la Nature*, Tom. I, p. 53-57. J'ai pu ajouter ici des considérations nouvelles, fondées sur une connoissance plus intime de l'action des appareils électro-moteurs.

et il est assez remarquable en général, comme l'a déja observé un physicien célèbre, que les animaux doués d'organes électro-moteurs, dont les effets deviennent sensibles à l'homme, ne se rencontrent pas dans l'air, mais dans un fluide conducteur de l'électricité. Le Gymnote est le plus grand des poissons électriques; j'en ai mesuré qui avoient de cinq pieds à cinq pieds trois pouces de long. Les Indiens assuroient en avoir vu de plus grands encore. Nous avons trouvé qu'un poisson qui avoit trois pieds dix pouces de long pesoit douze livres. Le diamètre transversal du corps étoit (sans compter la nageoire anale, qui est prolongée en forme de carène) de trois pouces cinq lignes. Les Gymnotes du *Caño de Bera* sont d'un beau vert d'olive. Le dessous de la tête est jaune, mêlé de rouge. Deux rangées de petites taches jaunes sont placées symétriquement le long du dos, depuis la tête jusqu'au bout de la queue. Chaque tache renferme une ouverture excrétoire. Aussi la peau de l'animal est-elle constamment couverte d'une matière muqueuse qui, comme Volta l'a prouvé, conduit l'électricité 20 à 30 fois mieux que l'eau pure. Il est, en général, assez remarquable qu'aucun des poissons électriques, découverts jusqu'ici[1] dans les différentes parties du monde, ne soit couvert d'écailles.

Le Gymnote, comme nos anguilles, se plaît à avaler et à respirer de l'air à la surface de l'eau. Il ne faut pas en conclure, avec M. Bajon, que le poisson périroit s'il

[1] On ne connoît encore avec quelque certitude que sept poissons électriques : Torpedo narke Risso, T. unimaculata, T. marmorata, T. Galvanii, Silurus electricus, Tetraodon electricus, Gymnotus electricus. Il paroît incertain si le Trichiurus indicus a des propriétés électriques (*Cuvier, Règne animal*, Tom. II, p. 247). Mais le genre Torpedo, très-différent de celui des *Raies* proprement dites, a de nombreuses espèces dans les mers équatoriales, et il est probable qu'il existe plusieurs Gymnotes spécifiquement différens. Les Indiens nous ont parlé d'une espèce très-noire et très-énergique qui habite les marécages de l'Apure et qui n'atteint jamais plus de deux pieds de longueur. Nous n'avons pas pu nous la procurer. Le *Raton* du Rio de la Magdalena, que j'ai décrit sous le nom de Gymnotus æquilabiatus (*Observ. de Zoologie*, Tom. I, Pl. X, fig. 1), forme un sous-genre particulier. C'est un Carape non écailleux sans organe électrique. Cet organe manque aussi entièrement aux Carapo du Brésil et à toutes les Raies, que M. Cuvier a bien voulu examiner de nouveau à ma prière.

ne pouvoit venir respirer l'air. Nos anguilles se promènent une partie de la nuit dans l'herbe, tandis que j'ai vu mourir à sec un Gymnote très-vigoureux qui s'étoit élancé hors du baquet. Nous avons prouvé, M. Provençal et moi, par notre travail sur la respiration des poissons, que leurs branchies humides peuvent servir à la double fonction de décomposer l'air atmosphérique, et de s'approprier l'oxygène dissous dans l'eau. Ils ne suspendent pas leur respiration dans l'air, mais ils absorbent l'oxygène gazeux, comme fait un reptile muni de poumons. Il est connu qu'on engraisse des carpes en les nourrissant hors de l'eau, et en leur mouillant de temps en temps les ouies avec de la mousse humide pour empêcher qu'elles ne se dessèchent. Les poissons écartent leurs opercules dans le gaz oxygène plus que dans l'eau. Cependant leur température ne s'élève pas, et ils vivent également long-temps dans de l'air vital et dans un mélange de 90 parties d'azote et de 10 d'oxygène. Nous avons trouvé que des tanches (Cyprinus tinca), placées sous des cloches remplies d'air, absorbent dans une heure de temps un demi-centimètre cube d'oxygène. Cette action a lieu dans les ouïes seules, car les poissons auxquels on adapte des colliers de liége, et dont la tête reste hors du bocal rempli d'air, n'agissent pas sur l'oxygène [1] par le reste de leur corps.

La vessie natatoire du Gymnote, dont M. Bloch a nié l'existence, a deux pieds cinq pouces de long dans un individu de trois pieds dix pouces [2]. Elle est séparée de la peau extérieure par une masse de graisse, et repose sur les organes électriques qui remplissent plus de deux tiers de l'animal. Les mêmes vaisseaux qui s'insinuent entre les lames ou feuillets de ces organes, et qui les couvrent de sang, lorsqu'on les coupe transversalement, donnent aussi de nombreux rameaux à la surface extérieure de la

[1] *Mémoires de la Société d'Arcueil*, Tom. II, p. 398. La respiration dans l'air se fait-elle par l'intermède d'une lame d'eau infiniment mince qui humecte les ouïes ?

[2] M. Cuvier m'a fait voir, depuis mon retour en Europe, qu'il existe dans le Gymnotus electricus, outre la grande vessie natatoire, une autre vessie antérieure et plus petite. Elle ressemble à la vessie natatoire bicorne, que j'ai dessinée dans le Gymnotus æquilabiatus.

vessie. J'ai trouvé dans cent parties de l'air de la vessie natatoire 4 d'oxygène et 96 d'azote. La substance médullaire du cerveau n'offre qu'une foible analogie avec la matière albumineuse et gélatineuse des organes électriques ; mais ces deux substances ont de commun la grande quantité de sang artériel qu'elles reçoivent, et qui s'y désoxyde. Nous remarquerons à cette occasion de nouveau qu'une extrême activité dans les fonctions du cerveau fait refluer plus abondamment le sang vers la tête, comme l'énergie du mouvement des muscles accélère la désoxydation du sang artériel. Quel contraste entre la multitude et le diamètre des vaisseaux sanguins du Gymnote et le petit volume qu'occupe son système musculaire ! Ce contraste rappelle à l'observateur que trois fonctions de la vie animale, qui paroissent d'ailleurs assez hétérogènes, les fonctions du cerveau, celles de l'organe électrique, et celles des muscles, requièrent toutes l'affluence et le concours du sang artériel ou oxygéné.

On ne s'expose pas témérairement aux premières commotions d'un Gymnote très-grand et fortement irrité. Si, par hasard, on reçoit un coup avant que le poisson soit blessé, ou fatigué par une longue poursuite, la douleur et l'engourdissement sont si violens, qu'il est impossible de prononcer sur la nature du sentiment qu'on éprouve. Je ne me souviens pas d'avoir jamais reçu, par la décharge d'une grande bouteille de Leyde, une commotion plus effrayante que celle que j'ai ressentie en plaçant imprudemment les deux pieds sur un Gymnote que l'on venoit de retirer de l'eau. Je fus affecté le reste du jour d'une vive douleur dans les genoux et presque dans toutes les jointures. Pour s'assurer de la différence assez marquante qui existe entre la sensation produite par la pile de Volta et les poissons électriques, il faut toucher ces derniers lorsqu'ils sont dans un état de foiblesse extrême. Les Gymnotes et les Torpilles causent alors un tressaillement [1] qui se propage depuis la partie appuyée sur les organes électriques jusqu'au coude. On croit sentir à chaque coup une vibration interne qui dure deux

---

[1] *Subsultus tendinum.*

à trois secondes, et qui est suivie d'un engourdissement douloureux. Aussi les Indiens Tamanaques, dans leur langue expressive, appellent le *Temblador*, *Arimna*, c'est-à-dire *qui prive de mouvement.*

La sensation que causent les foibles commotions d'un Gymnote m'a paru très-analogue au tressaillement douloureux dont j'ai été saisi à chaque contact de deux métaux hétérogènes appliqués sur des plaies que je m'étois faites au dos par le moyen des cantharides [1]. Cette différence de sensation, entre les effets des poissons électriques et ceux de la pile ou d'une bouteille de Leyde foiblement chargée, a frappé tous les observateurs; elle n'est cependant aucunement contraire à la supposition de l'identité de l'électricité et de l'action galvanique des poissons. L'électricité peut être la même, mais ses effets seront diversement modifiés par la disposition des appareils électriques, par l'intensité du fluide, par la rapidité du courant, par un mode d'action particulier.

[1] *Versuche über die gereizte Muskelfaser*, Vol. I, p. 323-329.

Dans la Guyane hollandoise, par exemple à Démérary, on a employé jadis les Gymnotes pour guérir les paralytiques. Dans un temps où les médecins d'Europe avoient une grande confiance dans les effets de l'électricité, un chirugien d'Essequibo, M. Van der Lott, publia en Hollande un mémoire sur les propriétés médicales des Gymnotes. Ces *cures électriques* se retrouvent parmi les sauvages de l'Amérique comme parmi les Grecs. Scribonius Largus, Galien et Dioscoride nous apprennent que les Torpilles guérissent les maux de tête, les migraines et la goutte. Je n'ai point entendu parler de ce genre de traitement dans les colonies espagnoles que j'ai parcourues; mais je puis assurer que, après avoir fait des expériences pendant quatre heures consécutives avec des Gymnotes, nous éprouvâmes, M. Bonpland et moi, jusqu'au lendemain, une débilité dans les muscles, une douleur dans les jointures, un malaise général qui étoit l'effet d'une forte irritation du système nerveux.

Les Gymnotes ne sont ni des conducteurs chargés, ni des batteries, ni des appareils électro-moteurs, dont on reçoit la commotion chaque fois qu'on les touche d'une main, ou en appliquant les deux mains pour former l'arc conducteur entre des pôles hétérogènes. L'action électrique du poisson dépend uniquement de sa volonté, soit qu'il ne tienne pas toujours chargés ses organes électriques, soit qu'il puisse, par la sécrétion de quelque fluide, ou par un autre moyen également mystérieux pour nous, diriger au-dehors l'action de ses organes. On tente souvent, isolé ou non isolé, de toucher le poisson sans sentir la moindre commotion. Lorsque M. Bonpland le tenoit par la tête ou le milieu du corps, tandis que je le tenois par la queue, et que, placés sur le sol humide, nous ne nous donnions pas la main, l'un de nous recevoit des secousses que l'autre ne sentoit pas. Il dépend du Gymnote de n'agir que vers le point dans lequel il se croit le plus fortement irrité. La décharge se fait alors par un seul point, et non par le point voisin. De deux personnes qui touchent de leur doigt le ventre du poisson à un pouce de distance, et qui appuient simultanément, c'est tantôt l'une, tantôt l'autre, qui reçoit le coup. De même, lorsqu'une personne isolée tient la queue d'un Gymnote vigoureux, et qu'une autre le pince aux ouïes et à la nageoire pectorale, c'est souvent la première seule qui éprouve la commotion. Il ne nous a guère paru qu'on pût attribuer ces différences à la sécheresse ou à l'humidité de nos mains, à leur inégale conductibilité. Le Gymnote sembloit diriger ses coups, tantôt par toute la surface de son corps, tantôt par une seule partie. Cet effet indique moins une décharge partielle de l'organe composé d'une innombrable quantité de feuillets, que de la faculté qu'à l'animal (peut-être par la sécrétion instantanée d'un fluide qui se répand dans le tissu cellulaire) de n'établir la communication de ses organes avec la peau que dans un espace très-limité.

Rien ne prouve plus la faculté qu'a le Gymnote (par l'influence du cerveau et des nerfs) de lancer et de diriger son coup à volonté, que les observations faites à Philadelphie, et récemment à Stockholm [1], sur

---

[1] Par MM. Williamson et Fahlberg. Voici ce que rapporte ce dernier dans une note intéressante publiée dans les *Vetensk. Acad. ny. Handl. Quart.* 2 (1801),

des Gymnotes extrêmement apprivoisés. Lorsqu'on les avoit fait jeûner long-temps, ils tuoient de loin de petits poissons qu'on plaçoit dans le baquet. Ils agissoient à distance, c'est-à-dire leur coup électrique traversoit une couche d'eau très-épaisse. Il ne faut pas être surpris qu'on ait pu observer,

p. 122-156. « Le Gymnote qui a été envoyé de Surinam à Stockholm à M. Norderling, a vécu plus de quatre mois dans un état de parfaite santé. Il avoit 27 pouces de long, et les commotions qu'il donnoit étoient si violentes, sur-tout dans l'air, que je ne trouvois presque aucun moyen de m'en préserver par des corps non conducteurs, en transportant le poisson d'un endroit à l'autre. Son estomac étant très-petit, il mangeoit peu à-la-fois, mais souvent. Il s'approchoit des poissons vivans en leur lançant (de loin) un coup dont l'énergie étoit proportionnée à la grandeur de la proie. Rarement le Gymnote se trompoit *dans son jugement*; un seul coup étoit presque toujours suffisant pour vaincre la résistance (les obstacles que les couches d'eau plus ou moins épaisses, selon la distance, opposoient au courant électrique). Lorsqu'il étoit très-pressé par la faim, il lançoit aussi quelquefois des coups à celui qui journellement lui donnoit à manger de la viande cuite ou non assaisonnée. Les personnes affectées de maux rhumatiques venoient le toucher dans l'espoir de guérir. On le prenoit à-la-fois par le col et la queue; les commotions étoient, dans ce cas, plus fortes que lorsqu'on le touchoit d'une seule main. Il perdit presque entièrement sa force électrique peu de temps avant sa mort. »

en Suède, sur un seul Gymnote, ce que nous n'avons pu voir sur un grand nombre d'individus dans leur pays natal. Comme l'action électrique des animaux est une *action vitale*, et soumise à la volonté, elle ne dépend pas uniquement de leur état de santé et de vigueur. Un Gymnote, qui fait le trajet de Surinam à Philadelphie et à Stockholm, s'accoutume à la prison à laquelle il est réduit: il reprend peu-à-peu, dans le baquet, les mêmes habitudes qu'il avoit dans les rivières et les mares. On nous porta, à Calabozo, une anguille électrique prise dans un filet, et n'ayant par conséquent aucune blessure. Elle mangea de la viande, et effraya cruellement de petites tortues et des grenouilles qui, ne connoissant pas le danger, voulurent se placer avec confiance sur le dos du poisson. Les grenouilles ne reçurent le coup qu'au moment où elles touchèrent le corps du Gymnote. Revenues à elles-mêmes, elles se sauvèrent hors du baquet; et, lorsqu'on les replaça près du poisson, sa seule vue les effraya. Nous n'observâmes alors rien qui indiquât une *action à distance*; mais aussi notre Gymnote, nouvellement

CHAPITRE XVII.

pris, n'étoit guère assez apprivoisé pour vouloir attaquer et dévorer des grenouilles. En approchant le doigt, ou des pointes métalliques, à une demi-ligne de distance des organes électriques, aucune commotion ne se fit sentir. L'animal ne s'apercevoit peut-être pas du voisinage d'un corps étranger, ou, s'il s'en apercevoit, il faut croire que la timidité qu'il conserve dans le premier temps de sa captivité, le porte à ne lancer des coups énergiques que lorsqu'il se sent fortement irrité par un contact immédiat. Le Gymnote étant plongé dans l'eau, j'ai approché la main, armée ou non armée de métal, à peu de lignes de distance des organes électriques; les couches d'eau ne m'ont transmis aucune secousse, tandis que M. Bonpland irritoit fortement l'animal par un contact immédiat, et en recevoit des coups très-violens. Si j'avois plongé les électroscopes les plus sensibles que nous connoissions, des grenouilles préparées, dans les couches d'eau voisines, elles auroient sans doute éprouvé des contractions au moment où le Gymnote sembloit diriger son coup autre part. Placées immédiatement sur le corps d'une Torpille, les grenouilles préparées ressentent, selon Galvani, de fortes contractions chaque fois que le poisson se décharge.

L'organe électrique des Gymnotes n'agit que sous l'influence immédiate du cerveau et du cœur. En coupant un poisson très-vigoureux par le milieu du corps, la partie antérieure seule m'a donné des commotions. Les coups sont également forts dans quelque partie du corps que l'on touche le poisson; cependant il est plus disposé à les lancer, lorsqu'on lui pince la nageoire pectorale, l'organe électrique, les lèvres, les yeux et les ouïes. Quelquefois l'animal se débat fortement contre celui qui le tient par la queue, sans communiquer la moindre commotion. Je n'en éprouvai pas non plus, lorsque je fis une légère incision près de la nageoire pectorale du poisson, et que je *galvanisai* la plaie par le simple contact de deux armatures de zinc et d'argent. Le Gymnote se recourba convulsivement; il leva sa tête hors de l'eau, comme effrayé par une sensation toute nouvelle; mais je ne sentis aucun frémissement dans les mains qui tenoient les armatures. Les mouvemens musculaires les plus violens ne sont pas toujours accompagnés de décharges électriques.

L'action du poisson sur les organes de l'homme est transmise et interceptée par les mêmes corps qui transmettent et interceptent le courant électrique d'un conducteur chargé d'une bouteille de Leyde ou d'une pile de Volta. Quelques anomalies que nous avons cru observer s'expliquent aisément, lorsqu'on se rappelle que même les métaux (comme le prouve leur incandescence par la pile) opposent un léger obstacle au passage de l'électricité, et qu'un mauvais conducteur anéantit pour nos organes l'effet d'une électricité foible, tandis qu'il nous transmet l'effet d'une électricité très-forte. La force répulsive qu'exercent entre eux le zinc et l'argent étant de beaucoup supérieure à celle de l'or et de l'argent, j'ai reconnu que, lorsqu'on *galvanise* sous l'eau une grenouille, préparée et armée d'argent, l'arc conducteur de zinc produit des commotions, dès qu'une de ses extrémités approche des muscles à 3 lignes de distance, tandis qu'un arc d'or n'excite pas les organes dès que la couche d'eau, entre l'or et le muscle, a plus d'une demi-ligne d'épaisseur. De même, en employant un arc conducteur, composé de deux morceaux de zinc et d'argent soudés l'un au bout de l'autre, et en appuyant, comme auparavant, une des extrémités de l'arc métallique sur le nerf ischiatique, il faut, pour produire des contractions, approcher l'autre extrémité de l'arc conducteur de plus en plus près des muscles, à mesure que l'irritabilité des organes diminue. Vers la fin de l'expérience, la plus mince couche d'eau empêche le passage du courant électrique, et ce n'est qu'au contact immédiat de l'arc avec le muscle que les contractions ont lieu. J'insiste sur ces circonstances dépendantes de trois *variables* : de l'énergie de l'appareil électro-moteur, de la conductibilité des milieux, et de l'irritabilité des organes qui reçoivent les impressions. C'est pour n'avoir pas suffisamment multiplié les expériences, selon ces trois élémens variables, qu'on a pris, dans l'action des Gymnotes électriques et des Torpilles, des conditions accidentelles pour des conditions sans lesquelles des commotions électriques ne se font pas sentir.

Dans des Gymnotes blessés, qui donnent

des commotions foibles, mais très-égales, ces commotions nous ont paru constamment plus fortes en touchant le corps du poisson d'une main armée de métal que de la main nue. Elles sont plus fortes aussi, lorsque, au lieu de toucher par une main nue ou non armée d'un métal, on appuie à-la-fois les deux mains nues ou armées. Ces différences, je le répète, ne deviennent sensibles que lorsqu'on a assez de Gymnotes à sa disposition pour pouvoir choisir les plus foibles, et que l'égalité extrême des décharges électriques permet de distinguer entre les sensations qu'on éprouve alternativement par la main nue ou armée d'un métal, par une ou deux mains nues, par une main armée ou deux mains armées de métal. C'est aussi seulement dans le cas des petites commotions foibles et uniformes, que les coups sont plus sensibles en touchant le Gymnote d'une main (sans former de chaîne) avec du zinc qu'avec du cuivre ou du fer.

Les substances résineuses, le verre, le bois très-sec, la corne, et même les os, que l'on croit généralement bons conducteurs, empêchent l'action des Gymnotes d'être transmise à l'homme. J'ai été surpris de ne pas sentir la moindre commotion, en pressant contre les organes du poisson des bâtons de cire d'Espagne mouillés, tandis que le même individu me porta les coups les plus violens en l'excitant au moyen d'une tige métallique. M. Bonpland reçut des commotions en portant un Gymnote sur deux cordes de fibres de palmier qui nous parurent très-sèches. Une forte décharge se fraie un chemin à travers des conducteurs très-imparfaits. Peut-être aussi l'obstacle qu'oppose l'arc conducteur rend-il l'explosion plus douloureuse. J'ai touché sans effet le Gymnote avec un pot d'argile brune humectée, et j'ai reçu de violentes commotions lorsque je portois le Gymnote dans ce même pot, parce que le contact étoit plus grand.

Lorsque deux personnes isolées, ou non isolées, se tiennent par la main, et que seulement une d'elles touche le poisson de la main nue ou armée de métal, les commotions se font le plus souvent sentir aux deux personnes à-la-fois. Il arrive cependant aussi que, dans les coups les plus douloureux, la personne seule qui entre en contact immédiat avec le poisson, éprouve le choc. Quand le Gymnote épuisé, ou dans un état d'excitabilité très-foible, ne veut absolument plus lancer de coups en l'irritant d'une seule main, les commotions se sentent très-vivement en formant la chaîne et en employant les deux mains. Cependant, même dans ce cas, le choc électrique n'a lieu que par la volonté de l'animal. Deux personnes, dont l'une tient la queue et l'autre la tête, ne peuvent pas forcer le Gymnote à lancer le coup, lorsqu'elles se donnent la main et qu'elles forment une chaîne.

En employant de mille manières des électromètres très-sensibles, en les isolant sur une plaque de verre, et en recevant des commotions très-fortes qui passoient par l'électromètre, je n'ai jamais pu découvrir aucun phénomène d'attraction et de répulsion. La même observation a été faite à Stockholm par M. Fahlberg. Ce physicien cependant a vu une étincelle électrique, comme avant lui Walsh et Ingenhouss à Londres, en plaçant le Gymnote dans l'air, et en interrompant la chaîne conductrice par deux feuillets d'or collés sur du verre et éloignés d'une ligne. Personne au contraire n'a jamais aperçu une étincelle sortant du corps même du poisson. Nous l'avons irrité long-temps de nuit, à Calabozo, dans une parfaite obscurité; mais nous n'avons observé aucun phénomène lumineux. En disposant quatre Gymnotes d'une force inégale, de manière que je reçusse les commotions du poisson le plus vigoureux *par communication*, c'est-à-dire en ne touchant qu'un des autres poissons, je n'ai pas vu ceux-ci s'agiter au moment où le courant passoit par leur corps. Peut-être le courant ne s'établit-il que par la surface humide de leur peau. Nous n'en conclurons pas cependant que les Gymnotes sont insensibles à l'électricité, et qu'ils ne peuvent combattre les uns contre les autres au fond des mares. Leur système nerveux doit être soumis aux mêmes agens que les nerfs des autres animaux. J'ai vu, en effet, qu'en mettant les nerfs à nu, ils éprouvent des contractions musculaires au simple contact de deux métaux hétérogènes; et M. Fahlberg, à Stockholm, a trouvé que son Gymnote s'agitoit convulsivement, lorsqu'il étoit placé dans un baquet de cuivre, et que de foibles décharges d'une bouteille de Leyde traversoient sa peau.

Après les expériences que j'avois faites sur les Gymnotes, il étoit d'un grand intérêt pour moi, à mon retour en Europe, de connoître avec précision les diverses circonstances dans lesquelles un autre poisson électrique, la Torpille de nos mers, donne ou ne donne pas de commotion. Quoique ce poisson ait été examiné par un grand nombre de physiciens, je trouvai extrêmement vague tout ce qui a été publié sur ses effets électriques. On a supposé très-arbitrairement qu'elle agit, comme une bouteille de Leyde qu'on décharge à volonté, en la touchant des deux mains; et cette supposition paroît avoir induit en erreur les observateurs qui se sont livrés à ce genre de recherches. Pendant notre voyage en Italie, nous avons, M. Gay-Lussac et moi, fait un grand nombre d'expériences sur des Torpilles prises dans le golfe de Naples. Ces expériences offrent plusieurs résultats assez différens de ceux que j'ai recueillis sur les Gymnotes. Il est probable que la cause de ces anomalies tient plutôt à l'inégalité du pouvoir électrique dans les deux poissons, qu'à la disposition différente de leurs organes [1].

Quoique la force de la Torpille ne soit pas à comparer à celle des Gymnotes, elle est suffisante pour causer des sensations très-douloureuses. Une personne, accoutumée aux commotions électriques, ne tient qu'avec peine entre les mains une Torpille de 12 à 14 pouces de long, et qui jouit de toute sa vigueur. Lorsque l'animal ne donne plus que des coups très-foibles sous l'eau, les commotions deviennent plus sensibles si on l'élève au-dessus de la surface de l'eau. J'ai souvent observé ce même phénomène en *galvanisant* des grenouilles.

La Torpille remue convulsivement les nageoires pectorales chaque fois qu'elle lance le coup; et ce coup est plus ou moins douloureux, selon que le contact immédiat se fait par une surface plus ou moins large. Nous avons observé plus haut que le Gymnote donne les commotions les plus fortes, sans faire aucun mouvement des yeux, de

[1] Geoffroy de Saint-Hilaire dans les *Ann. du Museum*, Tom. I, p. 392-407.

CHAPITRE XVII.

la tête ou des nageoires [1]. Cette différence est-elle causée par la position de l'organe électrique, qui n'est pas double dans les Gymnotes? ou le mouvement des nageoires pectorales de la Torpille prouve-t-il directement que le poisson rétablit l'équilibre électrique par sa propre peau, qu'il se décharge par son propre corps, et que nous n'éprouvons généralement que l'effet d'un choc latéral?

On ne peut décharger à volonté ni une Torpille ni un Gymnote, comme on décharge à volonté une bouteille de Leyde ou une pile de Volta. On ne sent pas toujours de commotion, même lorsqu'on touche des deux mains un poisson électrique; il faut l'irriter pour qu'il donne la commotion. Cette action, dans les Torpilles, comme dans les Gymnotes, est une action vitale; elle ne dépend que de la volonté de l'animal, qui peut-être ne tient pas toujours chargés ses organes électriques, ou qui n'emploie pas toujours l'action de ses nerfs pour éta-

[1] Il n'y a que la nageoire anale des Gymnotes qui remue sensiblement, lorsqu'on excite ces poissons sous le ventre, là où se trouve placé l'organe électrique.

blir la chaîne entre les pôles positifs et négatifs. Ce qui est certain, c'est que la Torpille peut donner avec une célérité étonnante, une longue suite de commotions, soit que les lames ou feuillets de ses organes ne soient pas toujours épuisés en entier, soit que le poisson les recharge instantanément.

Le coup électrique se fait sentir, quand l'animal est disposé à le lancer, que l'on touche d'un seul doigt une seule surface des organes, ou que l'on applique les deux mains aux deux surfaces, à la supérieure et à l'inférieure à la fois. Dans l'un et l'autre cas, il est tout-à-fait indifférent que la personne qui touche le poisson, d'un doigt ou des deux mains, soit isolée ou qu'elle ne le soit pas. Tout ce qu'on a dit de la nécessité d'une communication par le sol humide, pour établir une chaîne, est fondé sur des observations inexactes.

M. Gay-Lussac a fait l'observation importante, que lorsqu'une personne isolée touche la Torpille d'un seul doigt, il est indispensable que le contact soit immédiat. On touche impunément le poisson avec une clef ou avec tout autre instrument métallique, aucune commotion ne se faisant sentir, dès qu'un corps conducteur ou non conducteur est interposé entre le doigt et l'organe électrique de la Torpille. Cette circonstance offre une grande différence entre la Torpille et le Gymnote, le dernier lançant ses coups à travers une barre de fer de plusieurs pieds de longueur.

Lorsqu'on place la Torpille sur un plateau métallique de très-peu d'épaisseur, de manière que le plateau touche la surface inférieure des organes, la main qui soutient ce plateau ne sent jamais de commotion, quoiqu'une autre personne isolée excite l'animal, et que le mouvement convulsif des nageoires pectorales annonce les décharges les plus fortes et les plus réitérées.

Si, au contraire, une personne soutient la Torpille, placée sur un plateau métallique, de la main gauche, comme dans l'expérience précédente, et si cette même personne touche la surface supérieure de l'organe électrique de la main droite, alors une forte commotion se fait sentir dans les deux bras. La sensation qu'on éprouve est la même lorsque le poisson est placé entre deux plateaux métalliques dont les bords ne se touchent pas, et lorsqu'on appuie les deux mains à-la-fois sur ces plateaux. L'interposition d'une lame métallique empêche la communication, si on touche cette lame d'une seule main, tandis que l'interposition de deux lames métalliques cesse d'empêcher la commotion dès qu'on applique les deux mains. Dans ce dernier cas, on ne sauroit douter que la circulation du fluide s'établit par les deux bras.

Si, dans la même position du poisson entre deux plateaux, il existe quelque communication immédiate entre les bords des deux plateaux, toute commotion cesse. La chaîne entre les deux surfaces de l'organe électrique est formée alors par les plateaux, et la nouvelle communication que l'on établit par le contact des deux mains avec les deux plateaux reste sans effet. Nous avons porté impunément la Torpille entre deux plats de métal, et nous n'avons senti les coups qu'elle lançoit qu'au moment où les plats ne se touchoient pas par leurs bords.

Dans la Torpille, comme dans le Gymnote, rien n'annonce que l'animal modifie la tension électrique des corps qui l'entourent. L'électromètre le plus sensible n'est aucunement affecté, de quelque manière qu'on l'emploie, soit en l'approchant des organes, soit en isolant le poisson, en le couvrant d'un plateau métallique, et en faisant communiquer ce plateau par un fil conducteur avec le condensateur de Volta. Nous avons mis beaucoup de soin à varier ces expériences, par lesquelles on cherche à rendre sensible la tension électrique dans les organes de la Torpille. Elles ont toujours été sans effet, et confirment parfaitement ce que nous avions observé, M. Bonpland et moi, sur les Gymnotes pendant notre séjour dans l'Amérique méridionale.

Les poissons électriques, lorsqu'ils sont très-vigoureux, agissent avec la même énergie sous l'eau et dans l'air. Cette observation nous a mis à même d'examiner la propriété conductrice de l'eau; et nous avons trouvé que, lorsque plusieurs personnes font la chaîne entre la surface supérieure et la surface inférieure des organes de la Torpille, la commotion ne se fait sentir que dans le cas où ces personnes se sont mouillé les mains. L'action n'est point interceptée, si deux personnes, qui de leurs mains droites soutiennent la Torpille, au lieu de se donner la main gauche, enfoncent chacune un stylet métallique dans une goutte d'eau placée sur un corps isolant. En substituant la flamme à la goutte d'eau, la communication est interceptée, et ne se rétablit, comme dans les Gymnotes, que lorsque les deux stylets se touchent immédiatement dans l'intérieur de la flamme.

Nous sommes bien loin, sans doute, d'avoir dévoilé tous les secrets de l'action électrique des poissons, qui est modifiée par l'influence du cerveau et des nerfs; mais les expériences que nous venons de rapporter suffisent pour prouver que ces poissons agissent par une électricité *dissimulée*, et par des appareils électro-moteurs d'une composition particulière, qui se rechargent avec une extrême rapidité. M. Volta admet que, dans les Torpilles et les Gymnotes, la décharge des électricités opposées se fait par leur propre peau, et que, dans le cas où nous ne les touchons que d'une main ou au moyen d'une pointe métallique, nous sentons l'effet d'un *choc latéral*, le courant électrique ne se dirigeant pas uniquement par le chemin le plus court. Lorsqu'on place une bouteille de Leyde sur un drap mouillé, qui est mauvais conducteur, et qu'on décharge la bouteille, de manière que le drap fasse partie de l'arc, des grenouilles préparées, placées à différentes distances, annoncent par leurs contractions que le courant se répand dans le drap entier par mille routes diverses. D'après cette analogie, le coup le plus fort que le Gymnote lance au loin, ne seroit qu'une foible partie du coup qui rétablit l'équilibre dans l'intérieur du poisson [1]. Comme le Gym-

[1] Les pôles hétérogènes des organes électriques doubles doivent se trouver dans *chaque* organe. M. Todd a constaté récemment, par des expériences faites sur des Torpilles du cap de Bonne-Espérance, que l'animal continue à donner de fortes commotions lorsqu'on extirpe un des organes. Au contraire, on arrête toute action électrique, et ce point déja éclairci par Galvani est de la plus haute importance, soit en faisant une forte lésion au cerveau, soit en coupant les nerfs qui se répandent dans les feuillets des organes électriques. Dans ce dernier cas, les nerfs étant coupés sans léser le cerveau, la Torpille continue de vivre et d'exercer tous les mouvemens musculaires. Un poisson, fatigué

note dirige son fluide où il veut, il faut admettre aussi que la décharge ne se fait pas par toute la peau à-la-fois, mais que l'animal, excité peut-être au moyen de la sécrétion d'un fluide versé dans une partie du tissu cellulaire, établit à volonté la communication entre ses organes et tel ou tel point de sa peau. On conçoit qu'un coup latéral hors de la chaîne doit devenir insensible dans les deux conditions d'une décharge très-foible ou d'un obstacle très-grand qu'opposent la nature et la longueur du conducteur. Malgré ces considérations, il me paroît bien surprenant que, dans la Torpille, des commotions très-fortes en apparence ne se soient pas propagées à la main, lorsqu'un plateau très-mince de métal est interposé entre la main et le poisson.

Le docteur Schilling avait annoncé que le Gymnote s'approchoit involontairement de l'aimant. Nous fûmes étonnés de voir

---

par de trop nombreuses décharges électriques, étoit beaucoup plus souffrant qu'un poisson dans lequel on avoit intercepté, par la section des nerfs, la communication entre le cerveau et les organes électro-moteurs. *Phil. Trans.*, 1816, P. I, p. 120.

CHAPITRE XVII. 143

cette même idée adoptée par M. Pozo. Nous avons essayé de mille manières cette prétendue influence de l'aimant sur les organes électriques, et nous n'avons jamais observé aucun effet sensible. Le poisson ne s'approchoit pas plus d'un aimant que d'un barreau non aimanté. La limaille de fer jetée sur son dos resta immobile.

Les Gymnotes, sujets de la prédilection et du plus vif intérêt des physiciens d'Europe, sont à-la-fois redoutés et détestés par les indigènes. Ils offrent, il est vrai, dans leur chair musculaire, un aliment assez bon ; mais l'organe électrique occupe la plus grande partie du corps, et cet organe est baveux et désagréable au goût ; aussi le sépare-t-on avec soin du reste du corps. On regarde d'ailleurs la présence des Gymnotes comme la cause principale du manque de poissons dans les étangs et les mares des *Llanos*. Ils en tuent beaucoup plus qu'ils n'en mangent, et les Indiens nous ont dit que, lorsque, dans des filets très-forts, on prend à-la-fois de jeunes crocodiles et des Gymnotes, ceux-ci n'offrent jamais des traces de blessure, parce qu'ils mettent hors de combat les jeunes crocodiles avant d'être attaqués par eux. Tous les habitans des eaux redoutent la société des Gymnotes. Les lézards, les tortues et les grenouilles cherchent des mares où ils soient à l'abri de leur action. Près d'Uritucu, il a fallu changer la direction d'une route, parce que les anguilles électriques s'étoient tellement accumulées dans une rivière, qu'elles tuoient tous les ans un grand nombre de mulets de charge qui passoient la rivière à gué.

Quoique, dans l'état actuel de nos connoissances, nous puissions nous flatter d'avoir répandu quelque jour sur les effets extraordinaires des poissons électriques, il reste à faire un grand nombre de recherches physiques et physiologiques. Les résultats brillans que la chimie a obtenus par le moyen de la pile ont occupé tous les observateurs, et les ont détournés pour quelque temps de l'examen des phénomènes de la vitalité. Espérons que ces phénomènes, les plus imposans et les plus mystérieux de tous, occuperont à leur tour la sagacité des physiciens. Cet espoir sera réalisé facilement, si, dans une des grandes capitales de l'Europe, on parvient à se procurer de nouveau des Gymnotes vivans. Les découvertes que l'on fera sur les appareils électromoteurs de ces poissons, beaucoup plus énergiques [1] et plus faciles à conserver que les Torpilles, s'étendront sur tous les phénomènes du mouvement musculaire soumis

[1] Pour connoître les phénomènes des appareils électro-moteurs vivans dans toute leur simplicité, et pour ne pas prendre des circonstances qui dépendent du degré d'énergie des organes pour des conditions générales, il faut soumettre aux expériences les poissons électriques les plus faciles à apprivoiser. Si l'on ne connoissoit pas les Gymnotes, on pourroit croire, d'après les observations faites sur les Torpilles, que les poissons ne lancent pas leurs coups de loin, à travers des couches d'eau très-épaisses ou *sans chaîne*, le long d'une barre de fer. M. Williamson a senti de vives commotions lorsqu'il tenoit une seule main dans l'eau, et que cette main, sans toucher le Gymnote, étoit placée entre celui-ci et le petit poisson, vers lequel se dirigeoit le coup à 10 ou 15 pouces de distance. (*Phil. Trans.* Tom. LXV, p. 99 et 108.) Quand le Gymnote étoit affoibli (en mauvais état de santé), le *coup latéral* étoit insensible; et, pour avoir une commotion, il falloit former une chaîne et toucher le poisson des deux mains à-la-fois. Cavendish, dans ses expériences ingénieuses sur une *Torpille artificielle*, a très-bien observé ces différences, selon que la charge étoit plus ou moins énergique. (*Phil. Trans.*, 1776, p. 212.)

à la volonté. On trouvera peut-être que, dans la plupart des animaux, chaque contraction de la fibre musculaire est précédée par une décharge du nerf dans le muscle, et que le simple contact de substances hétérogènes est une source de mouvement et de vie dans tous les êtres organisés. Un peuple vif et ingénieux, les Arabes, avoient-ils deviné, depuis une haute antiquité, que la même force qui, dans les orages, enflamme la voûte du ciel, est l'arme vivante et invisible des habitans des eaux ? On assure que le poisson électrique du Nil [1] porte en Égypte un nom qui signifie le *tonnerre*.

Nous quittâmes la ville de Calabozo, le 24 mars, très-satisfaits de notre séjour et de nos expériences sur un objet si digne de l'attention des physiologistes. J'avois en outre obtenu de bonnes observations d'étoiles, et je reconnus avec surprise que

---

[1] *Annal. du Mus.*, Tom. I, p. 398. Il paroît cependant qu'il faut distinguer entre *rahd*, tonnerre, et *rahadd*, le poisson électrique : et que ce dernier mot signifie simplement, *qui fait trembler*. Silv. de Sacy, dans *Abd-Allatif*, p. 167.

CHAPITRE XVII. 147

les erreurs des cartes s'élevoient encore ici à un quart de degré en latitude. Personne, avant moi, n'avoit observé dans cet endroit; et, en exagérant, comme de coutume, les distances de la côte à l'intérieur, les géographes ont reculé outre mesure tous les points vers le sud [1].

[1] J'ai trouvé Calabozo, que la carte d'Arrowsmith appelle *Calabaco*, par des hauteurs méridiennes de Canopus, à 8° 56′ 8″ de latitude, et par le transport du temps de Caracas, à 70° 10′ 40″ de longitude, c'est-à-dire 0° 16′ 56″ à l'est de Guacâra. D'Anville place Calabozo par 8° 33′; La Cruz, par 8° 43′. (Voyez mon *Recueil d'Obs. astr.*, Vol. I, p. 212-215.) L'inclinaison magnétique étoit, à Calabozo, de 38°, 70 div. cent. L'aiguille oscilloit 222 fois en 10′ de temps, ce qui fait 10 oscillations de moins qu'à Caracas. J'ai obtenu, pour la déclinaison magnétique (le 18 mars 1800) 4° 54′ 10″ N. E. Hauteur de Calabozo au-dessus du niveau de l'Océan 53 toises. (Le *Nivellement barométrique* indique par erreur 94 toises. Le Journal portoit « Bar. 333^{li}, 7, mais 40 pieds au-dessus du Rio Guarico. » On a pris les pieds pour des toises.) Je consignerai ici les observations suivantes, dont la plupart n'ont point encore été publiées. A Hacienda de Cura, mon baromètre indiquoit à 5^h (Th. cent. 27°, 6) 320^{li}, 5 : à Guacara, à 10^h (Th. 25) 321^{li}, 5 : à Nueva-Valencia, à 14^h (Th. 26°, 4) 320^{li}, 4 : à Guigue, à 2^h (Th. 30°, 3) 321^{li}, 2 : à Villa de Cura, à 6^h (Th. 26°, 3) 317^{li}, 6 : à San-Juan, à 1^h (Th. 25°, 2 cent.) 322^{li}, 8 : à Parapara, à 23^h (Th. 27°, 2) 331^{li}, 5 : au Cayman, dans

En avançant dans la partie méridionale des *Llanos*, nous trouvâmes le sol plus poudreux, plus dépourvu d'herbes, plus crevassé par l'effet d'une longue sécheresse. Les palmiers disparoissoient peu-à-peu. Le Thermomètre se soutenoit, depuis 11 heures jusqu'au coucher du soleil, à 34° ou 35°. Plus l'air paroissoit calme à 8 ou 10 pieds de hauteur, plus nous étions enveloppés de ces trombes de poussière, causées par les petits courans d'air qui rasent le sol. Vers les 4 heures du soir, nous rencontrâmes étendue dans la savane une jeune fille indienne. Elle étoit toute nue, couchée sur le dos, et ne paroissoit avoir que douze à treize ans. Exténuée de fatigue et de soif, les yeux, les narines et la bouche remplis de poussière,

le Llano, à 14^h (Th. 28°, 3) 333^{li}, 3 : à Colabozo, 5 toises au-dessus du Rio Guarico, à 23^h (Th. 31°, 2) 333^{li}, 7 : à San-Geronimo del Guayaval, à 21^h (Th. 32°) 3 toises au-dessus du Rio Guarico 336^{li}, 4 : à San-Fernando de Apure, 5 toises au-dessus du niveau des eaux de l'Apure, à 23^h (Th. 31°, 4) 335^{li}, 6. Ces nombres donnent des *différences de hauteur relative* : on n'a pas appliqué la correction de la cuvette pour réduire le baromètre au niveau de la mer, à 337^{li}, 8. Pour les *hauteurs absolues*, voyez mes *Obs. astr.*, Vol. I, p. 297 et 367.

elle respiroit en râlant, et ne pouvoit répondre à nos questions. Une cruche renversée, à-demi remplie de sable, étoit placée à côté d'elle. Heureusement nous avions avec nous un mulet qui portoit de l'eau. Nous retirâmes la jeune fille de cet état léthargique en lui lavant la figure et en la forçant de boire quelques gouttes de vin. Elle fut d'abord effrayée de se voir entourée de tant de monde ; mais elle se rassura peu-à-peu, et s'entretint avec nos guides. Elle jugeoit, d'après la position du soleil, qu'elle devoit être restée pendant plusieurs heures dans cet état d'assoupissement. Nous ne pûmes obtenir d'elle de monter sur une de nos bêtes de somme. Elle ne voulut pas retourner à Uritucu. Elle avoit servi dans une ferme voisine, et ses maîtres l'avoient abandonnée parce qu'à la suite d'une longue maladie on l'avoit trouvée moins propre au travail qu'auparavant. Nos menaces et nos prières furent inutiles : insensible aux souffrances comme le reste de sa race, occupée du présent sans craindre le danger futur, elle persistoit dans sa résolution de se rendre à une des *missions* indiennes qui entourent la ville de Calabozo. Nous fîmes sortir le sable de sa cruche pour la remplir d'eau. Elle poursuivit son chemin dans la steppe avant que nous fussions remontés à cheval. Bientôt une nuée de poussière nous sépara d'elle.

Nous passâmes, la nuit, à gué, *le Rio Uritucu* [1], qui est rempli d'une race de crocodiles très-remarquables par leur férocité. On nous conseilla d'empêcher nos chiens d'aller boire à la rivière; car il arrive assez souvent que les crocodiles d'Uritucu sortent de l'eau et poursuivent les chiens jusque sur la plage. Cette intrépidité est d'autant plus frappante, qu'à 6 lieues de là les crocodiles du Rio Tisnao sont assez timides et peu dangereux. Les mœurs des animaux varient, dans la même espèce, selon des circonstances locales difficiles à approfondir. On nous montra une cabane, ou plutôt une espèce de hangard, dans lequel notre hôte de Calabozo, don Miguel Cousin, avoit été témoin de la scène la plus extraordinaire. Couché avec un de ses amis sur un banc couvert de cuir, don Miguel est éveillé de

[1] *Passo de Uritucu.*

grand matin par de violentes secousses et par un bruit épouvantable. Des mottes de terre sont lancées au milieu de la cabane. Bientôt un jeune crocodile de deux à trois pieds de long sort au-dessous du lit, se jette sur un chien qui couchoit sur le seuil de la porte, le manque dans l'impétuosité de son élan, et se sauve vers la plage pour y gagner la rivière. En examinant l'endroit où la *barbacoa*, ou couchette, étoit placée, on reconnut facilement la cause d'une aventure si bizarre. On trouva la terre remuée à une grande profondeur. C'étoit de la boue desséchée, qui avoit couvert le crocodile dans cet état de léthargie ou de *sommeil d'été* qu'éprouvent, au milieu des *Llanos*, plusieurs individus de cette espèce pendant l'absence des pluies. Le bruit des hommes et des chevaux, peut-être même l'odeur du chien, l'avoient réveillé. La cabane étant placée au bord d'une mare, et inondée pendant une partie de l'année, le crocodile étoit entré sans doute, lors de l'inondation des savanes, par la même ouverture par laquelle M. Pozo le vit sortir. Souvent les Indiens trouvent d'énormes *Boa*, qu'ils appellent *Uji*, ou *serpens d'eau* [1], dans le même état d'engourdissement. Il faut, dit-on, les irriter, ou les mouiller d'eau, pour les ranimer. On tue les *Boa* pour les plonger dans des ruisseaux, et en tirer par la putréfaction, les parties tendineuses des muscles dorsaux, dont on fait à Calabozo d'excellentes cordes de guitare, préférables à celles que donnent les boyaux des singes Alouates.

Nous venons de voir que, dans les *Llanos*, la sécheresse et la chaleur agissent sur les animaux et les plantes comme le froid. Hors des tropiques, les arbres perdent leurs feuilles dans un air très-sec. Les reptiles, sur-tout les crocodiles et les boa, ayant des habitudes extrêmement paresseuses, quittent avec peine les bassins dans lesquels ils ont trouvé de l'eau à l'époque des grandes inondations. A mesure que les mares se dessèchent, ces animaux s'enfoncent dans la boue pour y chercher le degré d'humidité qui donne de la flexibilité à leur peau et à leurs tégumens. C'est dans cet état de repos que l'engourdissement les prend : ils con-

[1] *Culebras de agua, Traga-Venado* (qui avale les cerfs). Le mot *Uji* est tamanaque.

servent peut-être une communication avec l'air extérieur; et, quelque petite que soit cette communication, elle peut suffire pour entretenir la respiration d'un Saurien qui, muni d'énormes sacs pulmonaires, ne fait pas de mouvement musculaire, et dans lequel presque toutes les fonctions vitales sont suspendues [1]. Il est probable que la température moyenne de la vase desséchée, et exposée aux rayons du soleil, est de plus de 40°. Lorsque le nord de l'Égypte, où le mois le moins chaud [2] ne baisse pas au-dessous de 13°,4, nourrissoit encore des crocodiles, ils s'y trouvoient souvent engourdis par le froid. Ils étoient sujets à un *sommeil d'hiver*, comme nos grenouilles, nos salamandres, nos hirondelles de rivage, et nos marmottes. Si l'*engourdissement hivernal* s'observe à-la-fois chez des animaux à sang chaud et à sang froid, on sera moins étonné d'apprendre que ces deux classes offrent

[1] *Voyez* mes expériences sur la respiration des jeunes crocodiles dans les *Obs. de Zoologie*, T. I, p. 258.

[2] C'est la température moyenne du mois de février au Caire, par les 30° 2' de latitude; vers Thèbes, l'abaissement de la température est naturellement plus petit.

également des exemples d'un *sommeil d'été*. De même que les crocodiles de l'Amérique méridionale, les *Tenrecs* [1], ou hérissons de Madagascar, passent, au milieu de la zone torride, trois mois de l'année en léthargie.

Le 25 mars, nous traversâmes la partie la plus unie des steppes de Caracas, la *Mesa de Pavones*. Elle est entièrement dépourvue de palmiers Corypha et Muriche. Aussi loin que porte la vue, on ne découvre pas un objet qui ait quinze pouces de hauteur. L'air étoit pur et le ciel d'un bleu extrêmement foncé, mais l'horizon reflétoit une lumière livide et jaunâtre, causée sans doute par la masse de sable suspendue dans l'atmosphère. Nous rencontrâmes de grands troupeaux, et avec eux des bandes d'oiseaux noirs à reflet olivâtre, du genre Crotophaga, qui suivent le bétail. Nous les avons vus souvent assis sur le dos des vaches pour y chercher des taons et d'autres insectes [2]. Comme plusieurs oiseaux de ces

---

[1] Centenes, Illiger. (Erinaceus ecaudatus, Lin.)
[2] Les colons espagnols appellent le Crotophaga Ani *Zamurito* (petit Vultur aura) ou *Garapatero*, *qui mange des garapatas*, insectes de la famille des *Acarides*.

lieux déserts, ils craignent si peu l'approche de l'homme, que les enfans les prennent souvent avec la main. Dans les vallées d'Aragua, où ils sont très-fréquens, nous les avons vus perchés sur nos hamacs tandis que nous nous y reposions en plein jour.

Entre Calabozo, Uritucu et la *Mesa de Pavones*, on reconnoît, par-tout où les hommes ont fait des excavations de quelques pieds de profondeur, la constitution géologique des *Llanos*. Une formation de *grès rouge* [1] (ou conglomérat ancien) couvre une étendue de plusieurs milliers de lieues quarrées. Nous la retrouverons dans la suite dans les vastes plaines de l'Amazone, sur le bord oriental de la province de Jaën de Bracamoros. Cette prodigieuse extension du grès rouge dans les terrains bas qui s'étendent à l'est des Andes, est un des phénomènes les plus frappans que m'ait offert l'étude des roches dans les régions équinoxiales.

Le grès rouge des *Llanos* de Caracas est

[1] *Rothes totes Liegende* ou *ältester Flözsandstein* de l'école de Freyberg; *Poudingue psammitique* de MM. Brongniard et Bonnard.

disposé en *gisement concave* [1] entre les montagnes primitives du littoral et de la Parime. Il s'adosse, au nord, aux schistes de transition [2]; au sud, il repose immédiatement sur les granites de l'Orénoque. Nous y avons reconnu des fragmens arrondis de quartz, de *kieselschiefer* et de pierre lydienne, cimentés par une argile ferrugineuse brun-olivâtre. C'est absolument la même formation que le *tote liegende* de la Thuringe. Le ciment est quelquefois d'un rouge si vif, que les gens du pays le prennent pour du cinabre. Nous avons trouvé à Calabozo un religieux capucin qui faisoit de vains efforts pour retirer du mercure de ce grès rouge. Cette roche renferme, dans la *Mesa de Paja*, des strates d'un autre grès quartzeux et à grains très-fins : plus au sud, il enchâsse des masses de fer brun et des fragmens de bois pétrifié de la famille des Monocotyledonées; mais nous n'y avons pas vu de coquilles. Le grès rouge, que les *Llaneros* appellent *Piedra de arrecifes* [3], est par-tout

1 *Muldenförmige Lagerung.*
2 A Malpasso et Piedras azules. *Voyez* plus haut, Chap. XVII.
3 *Pierre de rivage, ou d'écueils.*

couvert d'une couche d'argile. Durcie et séchée au soleil, cette argile se divise en pièces séparées prismatiques à 5 ou 6 pans. Appartient-elle à la formation trapéenne de Parapara? Elle devient plus épaisse, et mélangée de sable, à mesure qu'on s'approche du Rio Apure: car, près de Calabozo, elle a une toise; près de la Mission du Guayaval, cinq toises d'épaisseur, ce qui pourroit faire croire que les strates du grès rouge sont inclinés vers le sud. Dans la *Mesa de Pavones*, nous avons recueilli de petits rognons de *fer azuré* [1] disséminés dans l'argile.

Sur le grès rouge repose, entre Tisnao et Calabozo, un *calcaire* dense gris-blanchâtre, à cassure unie, assez analogue à la *formation de Caripe* [2], et par conséquent à celle du Jura; sur plusieurs autres points (par exemple dans la *Mesa de San-Diego*, et entre Ortiz et la *Mesa de Paja* [3]), on trouve,

[1] *Blaue Eisenerde*, fer phosphaté bleu.

[2] *Voyez* plus haut, Chap. VI; Chap. VIII, et Chap. XI. Cette formation de calcaire secondaire des *Llanos* renferme-t-elle de la galène? On en a trouvé dans des couches marneuses noires à Barbacoa, entre Truxillo et Barquesimeto, au nord-ouest des *Llanos*.

[3] Aussi près de Cachipe et San-Juacquim, dans les

au-dessus du calcaire, du *gypse* lamelleux alternant avec des couches de marne. On envoie des quantités considérables de ce gypse à Caracas[1], situé au milieu de montagnes primitives.

Ce gypse ne forme généralement que de petits dépôts, et il est mêlé de beaucoup de gypse fibreux. Seroit-il de la même formation que celui de Guire, sur la côte de Paria, qui renferme du soufre? ou les masses de cette dernière substance trouvées dans la vallée du Buen-Pastor, et sur les rives de l'Orénoque, appartiennent-elles, avec le gypse argileux des *Llanos*, à un terrain secondaire beaucoup plus récent[2]? Ces questions sont d'un grand intérêt pour l'étude de *l'ancienneté relative* des roches, qui est la base principale de la géognosie. Je ne connois pas de formations de muriate de soude dans les *Llanos*. Les bêtes à cornes prospèrent ici sans ces fameux *bareros*, ou terrains muriatifères, qui abondent dans les Pampas de Buénos-Ayres.

Llanos de Barcelona.

[1] Ce commerce se fait à Parapara. Une *charge* de 8 *arobas* se vend à Caracas 24 piastres.

[2] *Voyez* plus haut, sur l'ensemble de ces formations. Chap. II, VI et XIV.

CHAPITRE XVII.

Après avoir erré long-temps, et toujours sans traces de chemin, dans les savanes désertes de la *Mesa de Pavones*, nous fûmes agréablement surpris de trouver une ferme isolée, l'*Hato de Alta Gracia*, environnée de jardins et de bassins d'eau limpide. Des haies d'*Azedarac* entouroient des groupes d'*Icaques* chargés de fruits. Plus loin, nous passâmes la nuit près du petit village de *San-Geronymo del Guayaval*, fondé par des missionnaires capucins. Il est situé près des bords du Rio Guarico, qui se jette dans l'Apure. Je visitai le religieux qui n'avoit d'autre habitation que l'église, n'ayant point encore construit de presbytère. C'étoit un jeune homme qui nous reçut de la manière la plus prévenante, et nous donna tous les renseignemens que je desirois. Son village, ou, pour employer le mot consacré parmi les moines, sa *mission*, n'étoit pas aisée à gouverner. Le fondateur, qui n'avoit pas hésité d'établir à son profit une *pulperia*, c'est-à-dire de vendre dans l'église même des bananes et du *guarapo*, s'étoit montré tout aussi peu délicat dans le choix des nouveaux colons. Beaucoup de vagabonds des *Llanos* s'étoient fixés au Guayaval, parce que les habitans d'une *mission* échappent au bras séculier. Ici, comme à la Nouvelle-Hollande, on ne peut s'attendre à former de bons colons que dans la seconde et la troisième génération.

Nous passâmes le Rio Guarico, et nous bivouaquâmes dans les savanes au sud du Guayaval. D'énormes chauves-souris, sans doute de la tribu des Phyllostomes, planoient, comme à l'ordinaire, pendant une grande partie de la nuit, au-dessus de nos hamacs. On croit à chaque instant qu'elles vont se cramponner sur la figure. De grand matin nous continuâmes notre route par des terrains bas et souvent inondés. Dans la saison des pluies, on peut naviguer en canot, comme dans un lac, entre le Guarico et l'Apure. Nous fûmes accompagnés d'un homme qui avoit parcouru toutes les fermes (*hatos*) des Llanos pour acheter des chevaux. Il avoit donné 2200 piastres pour 1000 chevaux. On conçoit que les prix[1]

---

[1] Dans les *Llanos* de Calabozo et du Guayaval, un jeune taureau de deux à trois ans coûte une piastre. S'il est châtré (opération assez dangereuse dans un

baissent à mesure que les achats sont plus considérables. Nous arrivâmes, le 27 mars, à la *de Villa San-Fernando*, chef-lieu des missions des capucins dans la province de Varinas. C'étoit le terme de notre voyage dans les *plaines*, car les trois mois d'avril, de mai et de juin nous les passâmes sur les rivières.

climat excessivement chaud), on le vend pour 5 à 6 piastres. Un cuir de bœuf séché au soleil vaut deux réaux et demi de *plata* (1 peso = 8 réales); une poule, 2 réaux; un mouton, à Barquesimeto et à Truxillo, car il n'y en a pas à l'est de ces villes, 3 réaux. Comme ces prix varieront nécessairement à mesure que les colonies espagnoles augmenteront en population, il m'a paru intéressant de consigner ici des données qui peuvent servir un jour de bases à des recherches d'économie politique.

CHAPITRE XVIII.

San-Fernando de Apure. — Entrelacemens et bifurcations des rivières d'Apure et d'Arauca. — Navigation sur le Rio Apure.

Jusqu'à la seconde moitié du dix-huitième siècle, les noms des grandes rivières d'Apure, de Payara, d'Arauca et de Meta étoient à peine connus en Europe; ils l'étoient moins encore que dans les deux siècles précédens, lorsque le vaillant Felipe de Urre et les conquérans du Tocuyo traversoient les *Llanos* pour chercher au-delà de l'Apure la grande cité du Dorado et le riche pays de Omeguas, le Tombouctou du Nouveau-Continent. Des expéditions si audacieuses ne pouvoient se faire qu'avec tout l'appareil de la guerre. Aussi les armes, qui ne devoient servir que pour la défense des nouveaux colons, furent dirigées sans cesse contre les malheureux indigènes. Lorsque des temps plus paisibles succédèrent à ces temps de violence et de calamités publiques, deux puissantes tribus indiennes, les Cabres et les Caribes de l'Orénoque se rendirent maîtres de ce même pays que les *Conquistadores* avoient cessé de dévaster. Alors il n'étoit plus permis qu'à de pauvres moines de s'avancer au sud des steppes. Un monde inconnu commençoit pour les colons espagnols au-delà de l'Uritucu, et les descendans de ces intrépides guerriers, qui avoient poussé leurs conquêtes du Pérou aux côtes de la Nouvelle-Grenade et à l'embouchure de l'Amazone, ignoroient les chemins qui conduisent du Coro au Rio Meta. Le littoral de Venezuela resta isolé, et les conquêtes lentes des jésuites missionnaires n'eurent de succès qu'en longeant les rives de l'Orénoque. Ces pères avoient déja pénétré au-delà des grandes cataractes d'Aturès et de Maypures, lorsque les capucins andalous étoient à peine parvenus depuis la côte et les vallées d'Aragua jusque dans les plaines de Calabozo. Il seroit difficile d'expliquer ces contrastes par le régime d'après lequel sont gouvernés les divers ordres monastiques : c'est l'aspect du pays qui contribue puissamment aux progrès plus ou moins rapides des missions. Elles s'étendent avec lenteur dans l'intérieur des terres, dans des montagnes ou des steppes, par-tout où elles ne suivent pas le cours d'une même rivière. On a de la peine à croire que la Villa de San-Fernando de Apure, qui n'est éloignée en ligne droite que de 50 lieues de la partie la plus anciennement habitée de la côte de Caracas, n'ait été fondée qu'en 1789. On nous montra un parchemin, rempli de belles peintures, qui renfermoit le privilége de cette petite ville. Ce parchemin étoit arrivé de Madrid, à la sollicitation des moines, lorsqu'on ne voyoit encore que quelques cabanes de roseaux autour d'une grande croix élevée au centre du hameau. Comme les missionnaires et les gouverneurs séculiers sont également intéressés à exagérer en Europe ce qu'ils ont fait pour augmenter la culture et la population dans les provinces d'outre-mer, il arrive souvent que les noms de ville et de village sont placés, long-temps avant leur fondation, dans le tableau des *conquêtes* nouvelles. Nous en indiquerons sur les bords de l'Orénoque et du Cassiquiare qui, long-temps projetés, n'ont jamais eu d'autre existence que dans les cartes des missions gravées à Rome et à Madrid.

La position de San-Fernando sur une grande rivière navigable, près de l'embouchure d'une autre rivière, qui traverse la province entière de Varinas, est extrêmement avantageuse pour le commerce. Toutes les productions de cette province, les cuirs, le cacao, le coton et l'indigo de Mijagual, qui est de première qualité, refluent par cette ville vers les bouches de l'Orénoque. Pendant la saison des pluies, de grands bâtimens remontent depuis l'Angostura jusqu'à San-Fernando de Apure, et par le Rio Santo-Domingo jusqu'à Torunos, le port de la ville de Varinas. A cette même époque, les inondations des rivières, qui forment un dédale d'embranchemens entre l'Apure, l'Arauca, le Capanaparo et le Sinaruco, couvrent un pays de près de 400 lieues quarrées. C'est le point où l'Orénoque, infléchi dans son cours, non par des montagnes voisines, mais par le relèvement des contre-pentes, se dirige vers l'est au lieu de suivre son ancienne direction dans le sens d'un méridien. En considérant la surface du globe comme un polyèdre formé de plans diversement inclinés [1], on conçoit, par la simple inspection des cartes, qu'entre San-Fernando de Apure, Caycara et l'embouchure du Meta, l'intersection de trois pentes, relevées vers le nord, vers l'ouest et le sud [2], a dû causer une dépression considérable. Dans ce bassin, les savanes se couvrent de 12 à 14 pieds d'eau, et offrent, à l'époque des pluies, l'aspect d'un grand lac. Les villages et les fermes, placés sur des espèces de hauts-fonds, s'élèvent à peine de 2 ou 3 pieds au-dessus de la surface des eaux. Tout rappelle ici les inondations de la Basse-Égypte et la Laguna de Xarayes, jadis si célèbre parmi les géographes, quoiqu'elle

[1] Voyez le mémoire sur l'art de projeter des canaux, par MM. Dupuis-Torcy et Brissot, dans le *Journal de l'École polytechnique*, Tom. VII, p. 265.

[2] Les relèvemens vers le nord et vers l'ouest se rattachent à deux *lignes de faîtes*, aux montagnes de Villa de Cura et de Merida. La troisième pente dirigée du nord vers le sud, est celle du *détroit terrestre* entre les Andes et la chaîne de la Parime. Elle détermine l'inclinaison générale de l'Orénoque, depuis la bouche du Guaviare jusqu'à celle de l'Apure.

n'existe que pendant quelques mois de l'année. Les crues des rivières de l'Apure, du Meta et de l'Orénoque, sont également périodiques. Dans la saison des pluies, les chevaux, qui errent dans la savane, et qui n'ont pas eu le temps d'atteindre les plateaux, ou parties bombées des *Llanos*, périssent par centaines. On voit les jumens, suivies de leurs poulains [1], nager une partie de la journée pour se nourrir d'herbes dont les pointes seules se balancent au-dessus des eaux. Dans cet état, ils sont poursuivis par les crocodiles, et il n'est pas rare d'en trouver qui portent à leurs cuisses l'empreinte des dents de ces reptiles carnassiers. Les cadavres de chevaux, de mulets et de vaches attirent une innombrable quantité de vautours. Les *Zamuros* [2] sont les Ibis, ou plutôt les Percnoptères de ce pays. Ils ont tout le port de la *Poule de Pharaon*, et rendent les mêmes services aux habitans

---

[1] Les poulains se noient par-tout en grand nombre, parce qu'ils se lassent plus facilement à la nage et qu'ils s'efforcent à suivre leurs mères là où ces dernières seules peuvent prendre pied.

[2] Vultur aura, L.

des *Llanos* que le Vultur Percnopterus aux habitans de l'Égypte.

On ne peut réfléchir sur les effets de ces inondations, sans admirer la prodigieuse flexibilité de l'organisation des animaux que l'homme a soumis à son empire. En Groënland, le chien mange les débris de la pêche; et, quand le poisson manque, il se nourrit d'algue marine. L'âne et le cheval, originaires des plaines froides et arides de la haute Asie, suivent l'homme au Nouveau-Monde, y rentrent dans l'état sauvage, et mènent, sous le climat brûlant des tropiques, une vie inquiète et pénible. Pressés tour-à-tour par l'excès de la sécheresse et de l'humidité, tantôt ils cherchent, pour étancher leur soif, une mare au milieu d'une terre nue et poudreuse, tantôt ils fuient l'eau et les débordemens des rivières, comme menacés par un ennemi qui les cerne de toutes parts. Harcelés, pendant le jour, par les taons et les moustiques, les chevaux, les mulets et les vaches se voient attaqués, pendant la nuit, par d'énormes chauves-souris qui se cramponnent à leur dos, et leur causent des plaies d'autant plus dangereuses, qu'elles se remplissent d'Acarides et d'autres insectes malfaisans. Dans le temps des grandes sécheresses, les mulets rongent jusqu'au *Melocactus* [1] hérissé d'épines, pour en boire le suc rafraîchissant et pour y puiser comme à une source végétale. Ces mêmes animaux, pendant les grandes inondations, vivent en véritables amphibies, entourés de crocodiles, de serpens d'eau et de lamantins. Cependant (telles sont les lois immuables de la nature) leurs races se conservent dans la lutte des élémens, au milieu de tant de souffrances et de dangers. Lorsque les eaux se retirent, et que les fleuves rentrent dans leur lit, la savane se couvre d'une herbe fine et odoriférante; et, dans le centre de la zone torride, les animaux de la vieille Europe et de la haute Asie semblent jouir, comme dans leur pays natal, du renouvellement printanier de la végétation.

Pendant le temps des grandes crues, les habitans de ces contrées, pour éviter la force

---

[1] Les ânes sont sur-tout très-adroits à profiter de l'humidité que renferme le Cactus Mélocactus. Ils écartent les épines avec leurs pieds : on en voit qui restent boiteux à la suite de cette opération.

des courans, et le danger des troncs d'arbres que ces courans charient, ne remontent pas avec leurs canots dans le lit des rivières; mais ils traversent les savanes. Pour aller de San-Fernando aux villages de San-Juan de Payara, de San-Raphael de Atamaica ou de San-Francisco de Capanaparo, on se dirige droit vers le sud, comme si l'on traversoit une seule rivière de 20 lieues de large. Les confluens du Guarico, de l'Apure, du Cabullare et de l'Arauca avec l'Orénoque, forment, à 160 lieues des côtes de la Guyane, une espèce de *Delta intérieur*, dont l'hydrographie offre peu d'exemples dans l'Ancien-Monde. D'après la hauteur du mercure dans le baromètre, les eaux de l'Apure, à San-Fernando, n'ont que 34 toises de chûte jusqu'à la mer. C'est une chûte également petite que l'on observe, depuis les bouches de l'Ossage et du Missoury jusqu'à la barre du Mississipi. Les savanes de la basse Louisiane rappellent par-tout les savanes du bas Orénoque.

Nous restâmes trois jours à la petite ville de San-Fernando. Nous logeâmes chez le missionnaire capucin, qui jouissoit d'une grande aisance. Nous lui étions recommandés par l'évêque de Caracas, et il eut pour nous les attentions les plus obligeantes. Il me consulta sur les travaux qu'on avoit entrepris pour empêcher le fleuve de miner le rivage sur lequel la ville a été construite. L'entrée de la Portuguesa dans l'Apure donne à celui-ci une impulsion vers le sud-est ; et, au lieu de procurer un cours plus libre à la rivière, on avoit tenté de la contenir par des digues et des jetées. Il étoit facile de prédire que ces ouvrages seroient d'autant plus rapidement détruits lors des grandes crues, qu'on avoit affoibli le rivage en enlevant, derrière la digue, les terres employées dans les constructions hydrauliques.

San-Fernando est célèbre par l'excessive chaleur qui y règne la majeure partie de l'année ; et, avant de commencer le récit de notre longue navigation sur les rivières, je vais rapporter ici quelques faits propres à jeter du jour sur la météorologie des tropiques. Nous nous transportâmes, munis de thermomètres, dans la plage qui avoisine la rivière de l'Apure, et qui est couverte de sable blanc. A deux heures de l'après-midi, je trouvai ce sable, par-tout où il est exposé au soleil [1], à 52°,5. A 18 pouces de hauteur au-dessus du sable, l'instrument marquoit 42°,8; à 6 pieds de hauteur, 38°,7. La température de l'air, à l'ombre d'un Ceiba, étoit de 36°,2. Ces observations furent faites pendant un *calme plat*. Dès que le vent commençoit à souffler, la température de l'air s'élevoit de 3°: cependant nous n'étions pas enveloppés d'un *vent de sable*. C'étoient des couches d'air qui avoient été en contact avec un sol plus fortement échauffé, ou à travers lesquelles des *trombes de sable* avoient passé. Cette partie occidentale des *Llanos* est la plus chaude, parce qu'elle reçoit l'air qui a déja traversé le reste de la steppe aride. On a observé la même différence, entre les parties orientales et occidentales des déserts de l'Afrique, là où soufflent les vents alisés.

La chaleur augmente sensiblement dans les *Llanos* pendant le temps des pluies, surtout au mois de juillet, lorsque le ciel est couvert, et qu'il renvoie la chaleur rayonnante vers la terre. Pendant ce temps, la

[1] A 42° R.

brise cesse entièrement; et, d'après de bonnes observations thermométriques faites par M. Pozo, le thermomètre monte, à l'ombre [1], à 39° et 39°,5, quoiqu'on le tienne éloigné du sol de plus de 15 pieds. A mesure que nous approchâmes des rives de la Portuguesa, de l'Apure et de l'Apurito, la fraîcheur de l'air augmenta, à cause de l'évaporation d'une masse d'eau si considérable. Cet effet devient sur-tout sensible dès le coucher du soleil; pendant le jour, les plages des rivières, couvertes de sables blancs, reflètent la chaleur d'une manière insupportable, plus que les terrains argileux, bruns-jaunâtres de Calabozo et de Tisnao.

Le 28 mars, au lever du soleil, je me trouvai sur la plage pour mesurer la largeur de l'Apure, qui est de 206 toises. Le tonnerre grondoit de toutes parts. C'étoit le premier orage et la première pluie de la saison. La rivière étoit soulevée par le vent d'est, mais bientôt le calme se rétablit, et dès-lors de grands Cétacées, de la famille des *Souffleurs*, ressemblant entièrement aux marsouins [2] de nos mers, commencèrent à

[1] A 31°,2 ou 31°,6 R.
[2] Delphinus phocæna, L.

jouer en longues files à la surface des eaux. Les crocodiles, lents et paresseux, semblent craindre le voisinage de ces animaux bruyans et impétueux dans leurs évolutions. Nous les vîmes plonger, quand les *Souffleurs* approchoient d'eux. C'est un phénomène bien extraordinaire, que de trouver des Cétacées à cette distance des côtes. Les Espagnols des missions les désignent, comme les marsouins de l'Océan, par le nom de *Toninas*. Leur nom indien est *Orinucna* [1]. Ils ont 3 à 4 pieds de long, et laissent voir, en courbant le dos et en appuyant de la queue sur les couches d'eau inférieures, une partie du dos et de la nageoire dorsale. Je n'ai pas réussi à m'en procurer, quoique j'eusse souvent engagé les Indiens à tirer sur eux avec des flèches. Le père Gili assure que les Guamos en mangent la chair. Ces Cétacées sont-ils propres aux grandes rivières de l'Amérique méridionale, comme le Lamantin qui, d'après les recherches anatomiques de M. Cuvier, est aussi un *Cétacée d'eau douce*, ou faut-il admettre qu'ils ont remonté contre le courant depuis la mer, comme fait quelquefois, dans les rivières de

[1] En langue tamanaque.

l'Asie, le Delphinaptère Beluga ? Ce qui me feroit douter de cette dernière supposition, c'est que nous avons vu des Toninas, au-dessus des grandes cataractes de l'Orénoque, dans le Rio Atabapo. Auroient-ils pénétré dans le centre de l'Amérique équinoxiale, de la bouche de l'Amazone par les communications de ce fleuve avec le Rio Negro, le Cassiquiare et l'Orénoque ? On les y trouve dans toutes les saisons, et rien ne semble annoncer qu'ils font des voyages périodiques comme les saumons.

Tandis que déja le tonnerre grondoit autour de nous, le ciel ne montroit encore que des nuages épars qui avançoient lentement vers le zénith et dans un sens opposé. L'hygromètre de Deluc marquoit 53°, le thermomètre [1] centigrade 23°,7. L'électromètre, armé d'une mèche fumante, ne donna aucun signe d'électricité. A mesure que l'orage se formoit, le bleu du ciel se changea d'abord en azur foncé et puis en gris. La vapeur vésiculaire devint visible, et le thermomètre s'éleva de 3°, comme c'est presque toujours le cas, sous les tro-

[1] Hygr. de Sauss. 87°,5, Th. 19° R.

piques, par un ciel couvert qui renvoie la chaleur rayonnante du sol. Il pleuvoit à verse. Étant assez habitués au climat pour ne plus craindre l'effet de la pluie des tropiques, nous restâmes sur la plage pour bien observer la marche de l'électromètre. Je le tins plus de 20 minutes en main, à 6 pieds de hauteur du sol, et je vis que généralement les boules de sureau ne s'écartoient que de peu de secondes avant l'éclair. L'écartement étoit de 4 lignes. La charge électrique resta la même pendant plusieurs minutes ; et, comme nous avions le temps d'essayer la nature de l'électricité, en approchant un bâton de cire d'Espagne, je vis ici dans la plaine, comme je l'ai souvent observé, pendant l'orage, sur le dos des Andes, que l'électricité de l'atmosphère étoit d'abord positive, puis zéro, et puis négative. Ces oscillations du positif au négatif (de l'état vitreux à l'état résineux) se répétoient souvent. Cependant l'électromètre, un peu avant l'éclair, ne marquoit constamment que *zéro* E. ou + E., jamais — E. Vers la fin de l'orage, le vent d'ouest devint très-impétueux. Les nuages se dissipèrent, et le thermomètre baissa à 22°, à cause de l'évaporation du sol et du rayonnement plus libre vers le ciel.

Je suis entré dans ces détails sur la charge électrique de l'atmosphère, parce que les voyageurs se sont généralement bornés à décrire l'impression que produit sur un Européen nouvellement arrivé le spectacle imposant d'un orage des tropiques. Dans un pays où l'année se divise en deux grandes saisons de sécheresse et d'humidité, ou, comme disent les Indiens dans leur langue expressive,, de *soleil*[1] et de *pluie*[2], il est d'un grand intérêt de suivre la marche des phénomènes météorologiques dans le passage d'une saison à l'autre. Déja, depuis les 18 et 19 février, nous avions vu, dans les vallées d'Aragua, se former des nuages à l'entrée de la nuit. Au commencement du mois de mars, l'accumulation de vapeurs

[1] En maypure *camoti*, proprement *l'ardeur resplendissante* (du soleil). Les Tamanaques appellent le temps des sécheresses *uamu*, le temps des *cigales*.

[2] En tamanaque *canepo*. L'année est désignée, chez diverses nations, par le nom d'une des deux saisons. Les Maypures disent *tant de soleils* (ou plutôt *tant d'ardeurs de soleil*;) les Tamanaques, *tant de pluies*.

vésiculaires visibles à l'œil, et avec elles des signes d'électricité atmosphérique, augmentoient de jour en jour. Nous vîmes des éclairs de chaleur au sud, et l'électromètre de Volta montra constamment, au coucher du soleil, de l'électricité vitrée. L'écartement des petites boules de moëlle de sureau, nul pendant le reste du jour, étoit de 3 à 4 lignes vers l'entrée de la nuit, ce qui est le triple de ce que, avec le même instrument, j'avois généralement observé en Europe [1] par un temps serein. Enfin, depuis le 26 mai, l'équilibre électrique de l'atmosphère sembloit rompu. Pendant des heures entières l'électricité étoit *zéro*, puis elle devenoit très-forte, de 4 à 5 lignes : bientôt après elle étoit insensible de nouveau. L'hygromètre de Deluc continuoit à indiquer une grande sécheresse [2] de 33° à 35°, et cependant

[1] A Salzbourg, à Bareith et à Jena en Allemagne, dans la plaine Saint-Denis près de Paris, et dans le plateau des Castilles. *Voyez* le tableau de mes expériences sur l'électricité de l'atmosphère dans le *Journal de Physique*, Tom. XLVIII, p. 193.

[2] De 68° à 70°,8 de l'hygromètre de Saussure par 23° à 26° Réaum., ce qui prouve la sécheresse de l'air dans la zone équinoxiale.

l'atmosphère ne paroissoit plus la même. Au milieu de ces variations perpétuelles de la charge électrique de l'air, les arbres, dépouillés de leurs feuilles, commençoient déja à en développer de nouvelles, et à pressentir pour ainsi dire l'approche du printemps.

Les variations que nous venons de décrire ne sont pas propres à une seule année. Dans la zone équinoxiale tout se succède avec une merveilleuse uniformité, parce que les forces vives de la nature se limitent et se balancent d'après des lois faciles à reconnoître. Voici la marche des phénomènes atmosphériques, dans l'intérieur des terres, à l'est des cordillères de Merida et de la Nouvelle-Grenade, dans les *Llanos* de Venezuela et du Rio Meta, des 4 aux 10 degrés de latitude boréale, par-tout où les pluies sont continuelles de mai en octobre, et embrassent par conséquent l'époque des plus grandes chaleurs, qui est en juillet et en août[1].

---

[1] Sur les côtes, au contraire, à Cumana, à la Guayra, et dans l'île voisine de la Marguerite, le *maximum* de la chaleur ne se fait sentir qu'au mois de septembre; et les pluies, si l'on peut nommer ainsi

Rien n'égale la pureté de l'atmosphère depuis le mois de décembre jusqu'au mois de février. Le ciel est alors constamment sans nuages; et, s'il en paroît un, c'est un phénomène qui occupe toute l'attention des habitans. La brise de l'est et de l'est-nord-est souffle avec violence. Comme elle amène toujours de l'air d'une même température, les vapeurs ne peuvent devenir visibles par refroidissement. Vers la fin de février et le commencement de mars, le bleu du ciel est moins intense, l'hygromètre indique peu-à-peu une plus grande humidité, les étoiles sont quelquefois voilées par une légère couche de vapeurs, leur lumière n'est plus tranquille et planétaire : on les voit scintiller de temps en temps à 20° de hauteur au-dessus de l'horizon. A cette époque, la brise devient moins forte, moins régulière; elle est plus souvent interrompue par des *calmes plats*. Des nuages s'accumulent vers le sud-sud-est. Ils paroissent comme des montagnes lointaines, à contours fortement prononcés. De temps en

quelques gouttes d'eau qui tombent par intervalles, ne s'observent qu'aux mois d'octobre et de novembre.

temps on les voit se détacher de l'horizon, et parcourir la voûte céleste avec une rapidité qui ne répond guère à la foiblesse du vent qui règne dans les couches inférieures de l'air. A la fin de mars, la région australe de l'atmosphère est éclairée par de petites explosions électriques. Ce sont comme des lueurs phosphorescentes circonscrites dans un seul groupe de vapeurs. Dès-lors la brise passe de temps en temps, et pour plusieurs heures, à l'ouest et au sud-ouest. C'est là un signe certain de l'approche de la saison des pluies, qui commence à l'Orénoque vers la fin d'avril. Le ciel commence à se voiler, l'azur disparaît, et une teinte grise se répand uniformément. En même temps la chaleur de l'atmosphère s'accroît progressivement; bientôt ce ne sont plus des nuages, ce sont des vapeurs condensées qui couvrent toute la voûte céleste. Les singes hurleurs commencent à faire entendre leurs cris plaintifs long-temps avant le lever du soleil. L'électricité atmosphérique qui, pendant le temps des grandes sécheresses, de décembre en mars, avoit été presque constamment, le jour, de 1,7 à 2 lignes de l'électromètre de Volta, devient, dès le mois de mars, extrêmement variable. Pendant des journées entières elle paroît nulle; puis, pour quelques heures, les boules de sureau de l'électromètre de Volta divergent de 3 à 4 lignes. L'atmosphère, qui est généralement dans la zone torride comme dans la zone tempérée dans un état d'électricité vitrée, passé alternativement, pendant 8 à 10 minutes, à l'état d'électricité résineuse. La saison des pluies est la saison des orages, et cependant un grand nombre d'expériences, faites pendant trois ans, m'ont prouvé que c'est justement dans cette saison des orages que l'on trouve une plus petite tension électrique dans les basses régions de l'atmosphère. Les orages sont-ils l'effet de cette charge inégale des différentes couches superposées de l'air? Qu'est-ce qui empêche l'électricité de descendre vers la terre dans un air devenu plus humide depuis le mois de mars? A cette époque, l'électricité, au lieu d'être répandue dans toute l'atmosphère, paroît accumulée sur l'enveloppe extérieure, à la surface des nuages. C'est, selon M. Gay-Lussac, la formation du nuage même qui porte le fluide vers la surface. L'orage s'élève dans les plaines deux heures après le passage du soleil par le méridien, par conséquent peu de temps après le moment du *maximum* de la chaleur diurne sous les tropiques. Il est extrêmement rare, dans l'intérieur des terres, d'entendre gronder le tonnerre pendant la nuit ou dans la matinée. Les orages de nuit ne sont propres qu'à de certaines vallées de rivières qui ont un climat particulier.

Or, quelles sont les causes de cette rupture d'équilibre dans la tension électrique de l'air, de cette condensation continuelle des vapeurs en eau, de cette interruption des brises, de ce commencement et de cette durée de la saison des pluies ? Je doute que l'électricité influe sur la formation des vapeurs vésiculaires. C'est plutôt là formation de ces vapeurs qui augmente et qui modifie la tension électrique. Au nord et au sud de l'équateur, les orages ou grandes explosions ont lieu en même temps dans la zone tempérée et dans la zone équinoxiale. Y a-t-il une action qui se propage, à travers le grand Océan aérien, de la première de ces zones vers les tropiques ? Comment concevoir que, sous cette zone, où le soleil s'élève constamment à une si grande hauteur au-dessus de l'horizon, le passage de cet astre par le zénith puisse avoir une influence marquante sur les variations météorologiques ? Je pense que la cause qui détermine le commencement des pluies sous les tropiques n'est pas locale, et qu'une connoissance plus intime des courans d'air supérieurs éclairciroit ces problêmes si compliqués en apparence. Nous ne pouvons observer que ce qui se passe dans les couches inférieures de l'atmosphère. Les Andes sont à peine habitées au-delà de 2000 toises de hauteur, et, à cette hauteur, la proximité du sol et les masses de montagnes, qui sont les *hauts-fonds* de l'Océan aérien, influent sensiblement sur l'air ambiant. Ce que l'on observe sur le plateau d'Antisana n'est pas ce que l'on éprouveroit à la même hauteur dans un aérostat, si l'on planoit au-dessus des *Llanos* ou de la surface de l'Océan.

Nous venons de voir que la saison des pluies et des orages, dans la zone équinoxiale boréale, coïncide avec les passages du soleil par le zénith[1] du lieu, avec la cessation des brises ou vents du nord-est, avec la fréquence des calmes et des *Bendavales*, qui sont des vents du sud-est et sud-ouest orageux et accompagnés d'un ciel couvert[2]. Je pense que, en réfléchissant sur les lois générales de l'équilibre des masses gazeuses qui constituent notre atmosphère, on trouve, dans l'interruption du courant qui souffle d'un pôle *homonyme*, dans le manque de renouvellement de l'air sous la zone torride, et dans l'action continue du courant ascendant humide, une cause très-simple de la coïncidence de ces phénomènes. Pendant qu'au nord de l'équateur la brise du nord-est souffle dans toute sa force, elle empêche l'atmosphère qui recouvre les terres et les mers équinoxiales, de se saturer de vapeurs. L'air chaud et humide de la zone torride

[1] Ces passages ont lieu par les 5° et 10° de latitude nord, entre le 3 et le 16 avril, et entre le 27 août et le 8 septembre.
[2] Comparez mon *Essai politique sur la Nouvelle-Espagne*, Tom. II, p. 382, 712 et 767.

s'élève et se déverse vers les pôles, tandis que des courans polaires inférieurs, amenant des couches plus sèches et plus froides, remplacent à chaque instant les colonnes d'air ascendantes. Par ce jeu constant de deux courans opposés, l'humidité, loin de s'accumuler dans la région équatoriale, est emportée vers les régions froides et tempérées. Pendant ce temps des brises, qui est celui où le soleil est dans les signes méridionaux, le ciel reste constamment serein dans la zone équinoxiale boréale. Les vapeurs vésiculaires ne se condensent pas, parce que l'air, sans cesse renouvelé, est loin du point de sa saturation. A mesure que le soleil, en entrant dans les signes septentrionaux, s'élève vers le zénith, la brise du nord-est *mollit* et cesse peu-à-peu entièrement. La différence de température, entre les tropiques et la zone tempérée boréale, est alors la plus petite possible. C'est l'été du pôle boréal; et si la température moyenne des hivers, sous les 42° et 52° de latitude nord, est de 20° à 26° du thermomètre centigrade moindre que la chaleur équatoriale, cette différence en été est

CHAPITRE XVIII.

à peine de 4° à 6°. Le soleil se trouvant au zénith, et la brise venant de cesser, les causes qui produisent l'humidité, et qui l'accumulent dans la zone équinoxiale boréale, deviennent à-la-fois plus actives. La colonne d'air qui repose sur cette zone se sature de vapeurs, parce qu'elle n'est plus renouvelée par le courant polaire. Les nuages se forment dans cet air saturé et refroidi par les effets combinés du rayonnement et de la dilatation de l'air ascendant. Cet air augmente de capacité pour la chaleur à mesure qu'il se raréfie. Avec la formation et l'agroupement des vapeurs vésiculaires, l'électricité s'accumule dans les hautes régions de l'atmosphère. La précipitation des vapeurs est continuelle pendant le jour. Elle cesse généralement pendant la nuit, et souvent même déja au coucher du soleil. Les ondées sont régulièrement les plus fortes, et accompagnées d'explosions électriques, peu de temps après le *maximum* de la chaleur diurne. Cet état de choses reste le même jusqu'à ce que le soleil entre dans les signes méridionaux. C'est le commencement du froid dans la zone tempérée boréale. Dès-lors le courant du pôle nord se rétablit, parce que la différence entre les chaleurs des régions équinoxiale et tempérée augmente de jour en jour. La brise du nord-est souffle avec force, l'air des tropiques se renouvelle et ne peut plus atteindre le degré de saturation. Les pluies cessent par conséquent, la vapeur vésiculaire se dissout, le ciel reprend toute sa pureté et sa teinte azurée. Les explosions électriques ne se font plus entendre, sans doute parce que l'électricité ne trouve plus, dans les hautes régions de l'air, de ces groupes de vapeurs vésiculaires, j'aurois presque dit de ces enveloppes de nuages sur lesquelles le fluide puisse s'accumuler.

Nous venons de considérer la cessation des brises comme la cause principale [1] des pluies équatoriales. Ces pluies ne durent, dans chaque hémisphère, qu'aussi long-temps que le soleil a une déclinaison ho-

---

[1] J'ai exclu à dessein, dans cette discussion, les hypothèses hasardées sur les combinaisons de l'oxygène avec l'hydrogène, et sur la propriété attribuée à l'électricité de former et de précipiter des vapeurs vésiculaires.

monyme avec l'hémisphère. Il est nécessaire
de faire observer ici qu'au manque de brise
ne succède pas toujours un calme plat,
mais que le calme est souvent interrompu,
sur-tout le long des côtes occidentales
de l'Amérique, par des *Bendavales*, ou
vents du sud-ouest et du sud-est. Ce phénomène paroît démontrer que les colonnes
d'air humide, qui s'élèvent dans la zone
équatoriale boréale, se déversent quelquefois vers le pôle austral. En effet, les pays
situés sous la zone torride, au nord et au
sud de l'équateur, offrent, pendant leur
été, tandis que le soleil passe par leur zénith, le *maximum* de différence de température avec l'air du pôle *hétéronyme*. La
zone tempérée australe a son hiver, pendant qu'il pleut au nord de l'équateur, et
qu'il y règne une chaleur moyenne de 5°
à 6° plus grande que dans les temps de
sécheresse, où le soleil est le plus bas[1]. La

[1] Depuis l'équateur jusqu'à 10° de latitude boréale,
les températures moyennes des mois d'été et d'hiver
diffèrent à peine de 2° à 3°; mais sur les limites de la
zone torride, vers le tropique du cancer, les différences
s'élèvent à 8° et 9°.

continuation des pluies, pendant que les *Bendavales* soufflent, prouvent que les courans du pôle le plus éloigné n'agissent pas, dans la zone équinoxiale boréale, comme les courans du pôle le plus voisin, à cause de la plus grande humidité du courant polaire austral. L'air qu'amène ce courant vient d'un hémisphère presque entièrement aquatique. Il traverse, pour parvenir au parallèle de 8° de latitude nord, toute la zone équatoriale australe; il est par conséquent moins sec, moins froid, moins propre à agir comme *contre-courant*, à renouveler l'air équinoxial, et à empêcher sa saturation, que le courant polaire boréal ou la brise du nord-est [1]. On peut croire que les *Bendavales* sont des vents impétueux sur quelques côtes, par exemple sur celles du Guatimala, parce qu'ils ne sont pas l'effet d'un déversement régulier et progressif de l'air des tropiques vers le pôle

---

[1] Dans les deux zones tempérées, l'air perd sa transparence chaque fois que le vent souffle du pôle *hétéronyme*, c'est-à-dire du pôle qui n'a pas la même dénomination que l'hémisphère dans lequel le vent se fait sentir.

austral, mais qu'ils alternent avec des calmes, qu'ils sont accompagnés d'explosions électriques, et qu'en véritables rafales, ils indiquent un refoulement, une rupture brusque et instantanée de l'équilibre dans l'Océan aérien.

Nous avons discuté ici un des phénomènes les plus importans de la météorologie des tropiques en le considérant dans sa plus grande généralité. De même que les limites des vents alisés ne forment pas des cercles parallèles à l'équateur [1], l'action des courans polaires se fait aussi diversement sentir sous des méridiens différens. Dans le même hémisphère, les chaînes de montagnes et le littoral ont souvent des saisons opposées. Nous aurons occasion de citer dans la suite plusieurs exemples de ces anomalies ; mais, pour découvrir les lois de la nature, il faut, avant d'examiner les causes des perturbations locales, connoître *l'état moyen* de l'atmosphère et le type constant de ses variations.

L'aspect du ciel, la marche de l'électricité,

[1] *Voyez* plus haut, Tom. II, p. 3 et 93, et mon *Mémoire sur les lignes isothermes,* p. 114.

et l'ondée du 28 mars, annonçoient l'entrée de la saison des pluies : on nous conseilloit cependant encore de nous rendre de San-Fernando de Apure par San-Francisco de Capanaparo, par le Rio Sinaruco, et l'Hato de San-Antonio, au village des Otomaques, récemment fondé près des rives du Meta, et de nous embarquer sur l'Orénoque un peu au-dessus de Carichana. Ce chemin de terre traverse un pays malsain et fiévreux. Un vieux fermier, don Francisco Sanchez, nous offroit obligeamment de nous conduire. Son costume indiquoit la grande simplicité de mœurs qui règne dans ces pays éloignés. Il avoit acquis une fortune de plus de 100,000 piastres, et cependant il montoit à cheval les pieds nus et armés de grands éperons d'argent. Nous connoissions, par une expérience de plusieurs semaines, la triste uniformité de la végétation des *Llanos*, et nous préférâmes la route plus longue qui conduit par le Rio Apure à l'Orénoque. Nous choisîmes une de ces pirogues très-larges, que les Espagnols appellent *lanchas*. Un pilote[1] et quatre Indiens suffisoient pour la

---

[1] *El patron.*

gouverner. On construisit vers la poupe, dans l'espace de peu d'heures, une cabane couverte de feuilles de Corypha. Elle étoit si spacieuse, qu'elle pouvoit renfermer une table et des bancs. C'étoient des cuirs de bœuf fortement tendus et cloués sur des espèces de châssis en bois de brésillet. Je cite ces circonstances minutieuses, pour prouver que notre existence sur le Rio Apure étoit bien différente de celle à laquelle nous fûmes réduits dans les canots étroits de l'Orénoque. Nous chargeâmes la pirogue de vivres pour un mois. On trouve en abondance, à San-Fernando[1], des poules, des œufs, des bananes, de la cassave et du cacao. Le bon père capucin[2] nous donna du vin de Xerez, des oranges, et des fruits de tamarin pour faire des limonades rafraîchissantes. Nous pouvions prévoir qu'un toit construit en feuilles de palmier devoit s'échauffer excessivement dans

---

[1] Nous payâmes pour nous conduire de San-Fernando de Apure à Carichana sur l'Orénoque (distance de 8 journées), 10 piastres pour la *lancha*, et en outre le prix de la journée, qui est d'une demi-piastre ou de 4 réaux pour le pilote, et de 2 réaux pour chaque rameur indien.

[2] Fray Jose Maria de Malaga.

Relat. hist. T. 6.

le lit d'une large rivière, où l'on est presque toujours exposé aux rayons perpendiculaires du soleil. Les Indiens comptoient moins sur les vivres que nous avions achetés, que sur leurs hameçons et leurs filets. Nous emportâmes aussi quelques armes à feu, dont nous trouvâmes l'usage assez commun jusqu'aux cataractes ; car, plus au sud, l'énorme humidité de l'air empêche les missionnaires de se servir de fusils. Le Rio Apure abonde en poissons, en lamentins et en tortues, dont les œufs offrent un aliment plus nourrissant qu'agréable. Ses rives sont peuplées d'une innombrable quantité d'oiseaux, parmi lesquels le Pauxi et la Guacharaca, qu'on pourroit appeler les dindons et les faisans de ces contrées, nous ont été les plus utiles. Leur chair m'a paru plus dure et moins blanche que celle de nos Gallinacés d'Europe, parce qu'ils se donnent plus de mouvement musculaire[1]. On n'oublia

---

[1] La contraction musculaire (la décharge du nerf dans le muscle) est accompagnée d'un changement chimique des élémens. Il y a absorption de l'oxygène du sang artériel, et, pendant cette absorption, la fibre musculaire se noircit et se carbonise.

CHAPITRE XVIII. 195

point de joindre aux provisions, aux instrumens pour la pêche et aux armes, quelques barriques d'eau-de-vie pour nous servir comme moyen d'échange avec les Indiens de l'Orénoque.

Nous partîmes de San-Fernando[1], le 30 mars, à 4 heures du soir, par un temps excessivement chaud ; le thermomètre s'élevoit, à l'ombre, à 34°, quoique la brise soufflât très-fort du sud-est. Par ce vent contraire, nous ne pûmes déployer les voiles. Nous fûmes accompagnés, dans tout ce voyage sur l'Apure, l'Orénoque et le Rio Negro, par le beau-frère du gouverneur de la province de Varinas, don Nicolas Sotto, qui,

---

[1] J'ai trouvé, par des hauteurs méridiennes de α de la Croix du sud, la latitude de la ville de San-Fernando de Apure (maison du missionnaire) 7° 53′ 12″. (*Obs. astr.*, Tom. I, p. 216). La longitude chronométrique étoit 70° 21′ 10″, l'inclinaison de l'aiguille aimantée 36°, 71 (div. centés.). L'intensité des forces magnétiques se manifestoit, comme à Calabozo, par 222 oscillations en 10 minutes de temps. Le nom de San-Fernando ne se trouve point encore sur les cartes modernes, par exemple sur les belles cartes de MM. Arrowsmith et Brué, quoique depuis douze ans j'en aie publié la position astronomique dans le *Conspectus longitudinum et latitudinum Americæ æquinoctialis.*

13.

récemment arrivé de Cadix, avoit fait une excursion à San-Fernando. Voulant visiter des contrées si dignes de la curiosité d'un Européen, il n'hésita pas de s'enfermer avec nous, pendant 74 jours, dans un canot étroit et rempli de *mosquitos*. Son esprit aimable et son humeur enjouée ont souvent contribué à nous faire oublier les souffrances d'une navigation qui n'a pas été exempte de quelques dangers. Nous passâmes la bouche de l'Apurito, et longeâmes l'île de ce nom, qui est formée par l'Apure et le Guarico. Cette île n'est au fond qu'un terrain très-bas bordé par deux grandes rivières qui se jettent toutes deux, à peu de distance l'une de l'autre, dans l'Orénoque, après s'être réunies au-dessous de San-Fernando par une première bifurcation de l'Apure. L'*Isla* del Apurito a 22 lieues de long et 2 à 3 lieues de large. Elle est divisée, par le *Caño* de la Tigrera et le *Caño* del Manati, en trois parties, dont les deux extrêmes portent les noms d'*Islas* de Blanco et de las Garzitas. J'entre dans ces détails, parce que toutes les cartes publiées jusqu'à ce jour défigurent, de la manière la plus bizarre, le cours et les embranchemens des rivières entre le Guarico et le Meta[1]. Au-dessous de l'Apurito, la rive droite de l'Apure est un peu plus cultivée que la rive gauche, où les Indiens Yaruros (ou Japuin) ont construit quelques cabanes en roseaux et en pétioles de feuilles de palmier. Ils vivent de la chasse et de la pêche; et, comme ils sont très-adroits à tuer les Jaguars, ce sont principalement eux qui portent les peaux, connues en Europe sous le nom de peaux de tigre, dans les villages espagnols. Une partie de ces Indiens ont reçu le baptême, mais ils ne visitent jamais les églises des chrétiens. On les regarde comme sauvages, parce qu'ils veulent être indépendans. D'autres tribus de Yaruros vivent, sous le régime des missionnaires, dans le village d'Achaguas, situé au sud du Rio Payara. Les individus de cette nation que j'ai eu occasion de voir à l'Orénoque, ont quelques traits de la physionomie qu'on appelle faussement tartare, et qui appartient à des rameaux de la race mongole. Ils ont le regard sévère, l'œil très-allongé, les pommettes saillantes, mais le nez proéminent dans toute sa longueur. Ils sont

[1] *Voyez* mon *Atlas géogr.*, Pl. XVIII.

plus grands, plus bruns, et moins trapus que les Indiens Chaymas. Les missionnaires font l'éloge des dispositions intellectuelles des Yaruros, qui formoient jadis une nation puissante et nombreuse sur les bords de l'Orénoque, sur-tout dans les environs de Caycara, au-dessous de l'embouchure du Guarico. Nous passâmes la nuit au *Diamante*, petite plantation de cannes à sucre placée vis-à-vis l'île de ce nom.

Je me suis astreint, pendant tout mon voyage de San-Fernando à San-Carlos del Rio Negro, et de là à la ville de l'Angostura, à écrire jour par jour, soit dans le canot, soit au bivouac, ce qui me paroissoit digne de remarque. De fortes pluies, et la prodigieuse quantité de *mosquitos* dont l'air est rempli sur les bords de l'Orénoque et du Cassiquiare, ont causé nécessairement des lacunes dans ce travail. J'y ai suppléé par des notes rédigées peu de jours plus tard. Les pages suivantes sont l'extrait de mon journal. Tout ce qui est écrit à la vue des objets que l'on dépeint porte un caractère de vérité (j'oserois presque dire d'*individualité*) qui donne de l'attrait aux choses les moins importantes. Pour éviter les répétitions inutiles, j'ai quelquefois ajouté à ce journal les notions qui me sont parvenues dans la suite sur les objets que j'avois décrits. Plus la nature se montre grande et imposante dans les forêts traversées par d'immenses rivières, plus il faut conserver aux tableaux de la nature ce caractère de simplicité qui fait le mérite principal, et souvent le seul, des premières ébauches.

Le 31 mars. Le vent contraire nous força de rester sur le rivage jusqu'à midi. Nous vîmes une partie des *pièces* de canne à sucre dévastées par l'effet d'un incendie qui s'étoit propagé d'une forêt voisine. Les Indiens nomades mettent le feu à la forêt par-tout où ils ont campé la nuit; et, pendant le temps des sécheresses, de vastes provinces seroient en proie à ces incendies, si l'extrême dureté du bois n'empêchoit pas les arbres de se consumer entièrement. Nous trouvâmes des troncs de Desmanthus et d'Acajou (*cahoba*) qui étoient à peine charbonnés à deux pouces de profondeur.

C'est depuis le *Diamante* que l'on entre dans un terrain qui n'est habité que par des tigres, des crocodiles et des *Chiguire*, grande espèce du genre Cavia de Linné. Nous y vîmes des bandes d'oiseaux serrés les uns contre les autres, se projeter sur le ciel, comme un nuage noirâtre qui change de forme à chaque instant. Le fleuve s'élargit peu-à-peu. Une des rives est généralement aride et sablonneuse par l'effet des inondations; l'autre est plus élevée, et couverte d'arbres de haute futaie. Quelquefois le fleuve est bordé de forêts des deux côtés, et forme un canal droit de 150 toises de large. La disposition des arbres est très-remarquable. On trouve d'abord des buissons de *Sauso*[1], qui forment comme une haie de quatre pieds de haut : on les croiroit taillés par la main de l'homme. Derrière cette haie s'élève un taillis de Cedrela, de Brésillet et de Gayac. Les palmiers sont assez rares : on ne voit que des troncs épars de Corozo et de Piritu épineux. Les grands quadrupèdes de ces régions, les tigres, les tapirs et les sangliers Pecari, ont fait des ouvertures dans la haie

---

[1] Hermesia castaneifolia. C'est un nouveau genre près de l'Alchornea de Swartz. (*Voyez* nos *Plantes équinox.*, Tom I, p. 163, Pl. XLVI).

de *Sauso* que nous venons de décrire. C'est par-là que sortent les animaux sauvages, lorsqu'ils viennent boire à la rivière. Comme ils craignent peu l'approche d'un canot on a le plaisir de les voir longer lentement le rivage, jusqu'à ce qu'ils diparoissent dans la forêt en entrant par un des passages étroits que laissent les buissons de distance en distance. J'avoue que ces scènes, qui se répètent souvent, ont toujours conservé le plus grand attrait pour moi. Le plaisir que l'on éprouve n'est pas dû seulement à l'intérêt que prend le naturaliste aux objets de son étude, il tient à un sentiment commun à tous les hommes qui sont élevés dans les habitudes de la civilisation. On se voit en contact avec un monde nouveau, avec une nature sauvage et indomptée. Tantôt c'est le Jaguar, belle panthère de l'Amérique, qui paroît sur le rivage; tantôt c'est le Hocco[1] à plumes noires et à tête huppée, qui se promène lentement le long des *Sauso*. Les animaux de classes les plus différentes se succèdent les uns aux autres. « *Es como en el Paraiso*[2] »,

[1] Crax alector, C. Pauxi.
[2] « C'est comme au Paradis. »

disoit notre pilote, vieux Indien des missions. En effet, tout rappelle ici cet état du monde primitif dont d'antiques et vénérables traditions ont retracé à tous les peuples l'innocence et le bonheur; mais, en observant avec soin les rapports des animaux entre eux, on voit qu'ils s'évitent et se craignent mutuellement. L'âge d'or a cessé, et, dans ce paradis des forêts américaines, comme par-tout ailleurs, une triste et longue expérience a enseigné à tous les êtres que la douceur se trouve rarement unie à la force.

Lorsque les plages ont une largeur considérable, la rangée de *Sauso* reste éloignée du fleuve. C'est dans ce terrain intermédiaire que l'on voit des crocodiles, souvent au nombre de 8 ou 10, étendus sur le sable. Immobiles, les mâchoires ouvertes à angle droit, ils reposent les uns à côté des autres sans se donner aucune de ces marques d'affection que l'on observe chez d'autres animaux qui vivent en société. La troupe se sépare dès qu'elle quitte le rivage. Il est probable cependant qu'elle est composée d'un seul mâle et de beaucoup de femelles; car, comme M. Descourtils, qui a tant étudié les crocodiles de Saint-Domingue, l'a observé avant moi, les mâles sont assez rares, parce qu'ils se tuent en combattant entre eux dans le temps de leurs amours. Ces reptiles monstrueux se sont tellement multipliés, que, pendant tout le cours de la rivière, nous en avons eu presque à chaque instant cinq ou six en vue. Cependant on commençoit à peine à cette époque à s'apercevoir de la crue du Rio Apure, et par conséquent des centaines de crocodiles se trouvoient encore ensevelis dans la vase des savanes. Vers les 4 heures du soir nous nous arrêtâmes pour mesurer un crocodile mort que la rivière avoit jeté sur la plage. Il n'avoit que 16 pieds 8 pouces de long; quelques jours plus tard M. Bonpland en trouva un autre (c'étoit un mâle), dont la longueur étoit de 22 pieds 3 pouces. Sous toutes les zones, en Amérique comme en Égypte, cet animal atteint la même taille. De plus, l'espèce qui est si abondante dans l'Apure, l'Orénoque[1] et le Rio de la Magdalena, n'est pas un *cayman*

[1] C'est l'*Aruè* des Indiens Tamanaques, l'*Amana* des Indiens Maypures, le Crocodilus acutus de M. Cuvier.

ou alligator, mais un véritable crocodile à pieds dentelés aux bords externes, analogue à celui du Nil. Quand on se rappelle que le mâle n'entre dans l'âge de puberté qu'à dix ans, et que sa longueur est alors de 8 pieds, on peut admettre que le crocodile mesuré par M. Bonpland avoit au moins 28 ans. Les Indiens nous disoient qu'à San-Fernando il se passe à peine une année sans que deux ou trois personnes adultes, sur-tout des femmes qui puisent de l'eau à la rivière, ne soient dévorées par ces lézards carnassiers. On nous a raconté l'histoire d'une jeune fille d'Uritucu qui, par une intrépidité et une présence d'esprit extraordinaires, s'étoit sauvée de la gueule d'un crocodile. Dès qu'elle se sentit saisie, elle chercha les yeux de l'animal, et y enfonça les doigts avec une telle violence, que la douleur força le crocodile de la lâcher après lui avoir coupé l'avant-bras gauche. L'Indienne, malgré l'énorme quantité de sang qu'elle perdit, arriva heureusement au rivage, en nageant de la main qui lui restoit. Dans ces pays déserts, où l'homme est toujours en lutte avec la nature, on s'entretient journellememt des moyens que l'on peut employer pour échapper à un tigre, à un boa ou *Traga-Venado*, à un crocodile; chacun se prépare, pour ainsi dire, au danger qui l'attend. « Je savois, disoit froidement la jeune fille d'Uritucu, que le cayman lâche prise si on lui enfonce les doigts dans les yeux. » Long-temps après mon retour en Europe, j'ai appris que, dans l'intérieur de l'Afrique, les nègres connoissent et emploient le même moyen. Qui ne se rappelleroit pas, avec un vif intérêt, *Isaaco*, le guide de l'infortuné Mungo-Park, saisi deux fois (près de Boulinkombou) par un crocodile, et échappant deux fois de la gueule de ce monstre [1], parce qu'il réussit, sous l'eau, à lui placer les doigts dans les deux yeux! L'Africain *Isaaco* et la jeune Américaine durent leur salut à la même présence d'esprit, à une même combinaison d'idées.

Le crocodile de l'Apure a les mouvemens brusques et rapides quand il attaque, tandis qu'il se traîne avec la lenteur d'une salamandre lorsqu'il n'est point excité par la colère ou la faim. L'animal en courant fait entendre un bruit sec, qui paroît provenir

[1] *Mungo-Park's last Mission to Africa*, 1815, p. 89.

du frottement qu'exercent les plaques de sa peau les unes contre les autres. Dans ce mouvement, il courbe le dos, et paroît plus haut sur ses jambes que lorsqu'il est en repos. Nous avons souvent entendu de très-près sur les plages ce bruit des plaques; mais il n'est pas vrai, comme disent les Indiens, que, semblables aux Pangolins, les vieux crocodiles puissent « dresser leurs écailles et toutes les parties de leur armure. » Le mouvement de ces animaux est sans doute généralement en ligne droite, ou plutôt comme celui d'une flèche qui changeroit de direction de distance en distance. Cependant, malgré le petit appareil des fausses-côtes qui lient les vertèbres du col, et qui semblent gêner le mouvement latéral, les crocodiles tournent très-bien s'ils le veulent. J'ai trouvé souvent des petits qui se mordoient la queue; d'autres observateurs ont vu faire cette manœuvre aux crocodiles adultes. Si leurs mouvemens paroissent presque toujours rectilignes, c'est que, semblables à nos petits lézards, ils les exécutent par élans. Les crocodiles sont excellens nageurs; ils remontent facilement contre le courant le plus rapide. Il m'a paru cependant qu'en descendant la rivière, ils ont de la peine à tourner vîte sur eux-mêmes. Un jour qu'un grand chien, qui nous accompagnoit dans le voyage de Caracas au Rio Negro, fut poursuivi en nageant par un énorme crocodile prêt à l'atteindre, le chien n'échappa à son ennemi qu'en virant de bord et en se dirigeant tout d'un coup contre le courant. Le crocodile exécuta le même mouvement, mais avec beaucoup plus de lenteur que le chien qui gagna heureusement le rivage.

Les crocodiles de l'Apure trouvent une nourriture abondante dans les *Chiguire*[1] (les Cabiais des naturalistes), qui vivent par troupeaux de 50 à 60 individus sur les rives du fleuve. Ces malheureux animaux, grands comme nos cochons, n'ont aucune arme

---

[1] Cavia Capybara, Lin. Le mot *Chiguire* est de la langue des Palenques et des Cumanagotes. (*Relation hist.*, Tom. III, Chap. ix, p. 35.) Les Espagnols appellent cet animal *Guardatinaja*, les Caribes *Capigua*, les Tamanaques *Cappiva*, les Maypures *Chiato*. Selon Azzara, on le désigne à Buénos-Ayres par les noms indiens de *Capiygua* et *Capiguara*. Ces diverses dénominations offrent une analogie bien frappante entre les langues de l'Orénoque et celles du Rio de La Plata.

pour se défendre; ils nagent un peu mieux qu'ils ne courent. Cependant sur l'eau ils deviennent la proie des crocodiles, comme à terre ils sont mangés par les tigres. On a de la peine à concevoir comment, persécutés par deux ennemis puissans, ils peuvent être si nombreux; mais ils se propagent avec la même rapidité que les Cobayes, ou petits cochons d'Inde, qui nous sont venus du Brésil.

Au-dessous de la bouche du *Caño* de la Tigrera, dans une sinuosité qu'on appelle la *Vuelta del Joval*, nous nous arrêtâmes pour mesurer la vîtesse de l'eau à sa surface; elle n'étoit que de 3,2 pieds[1] par seconde, ce qui donne 2,56 pieds de vîtesse moyenne. Les hauteurs barométriques, en faisant attention aux effets des petites variations horaires, indiquoient à peine une pente de 17 pouces par mille (de 950 toises). La vîtesse est l'effet simultané de la pente du terrain et de l'accumu-

---

[1] Pour déterminer la vîtesse superficielle des rivières, j'ai mesuré généralement sur la plage une base de 250 pieds, et j'ai marqué, au chronomètre, le temps qu'un corps flottant abandonné au fil de l'eau, employoit pour parcourir la même distance.

lation des eaux par les crues dans les parties supérieures de la rivière. Nous étions de nouveau entourés de *Chiguire*, qui nagent comme des chiens en élevant la tête et le cou au-dessus de l'eau. Sur la plage opposée nous vîmes avec surprise un grand crocodile, immobile, et dormant au milieu de ces animaux rongeurs. Il s'éveilla lorsque nous approchâmes avec notre pirogue, et chercha lentement l'eau sans que les *Chiguire* en fussent effrayés. Nos Indiens expliquoient cette indifférence par la stupidité de l'animal ; il est plus probable que les *Chiguire* savent, par une longue expérience, que le crocodile de l'Apure et de l'Orénoque n'attaque pas sur terre, à moins que l'objet qu'il veut saisir ne se trouve immédiatement sur son chemin au moment où il se jette à l'eau.

Près du *Joval*, la nature prend un caractère imposant et sauvage. C'est là que nous vîmes le tigre le plus grand que nous ayons jamais rencontré. Les indigènes même étoient étonnés de sa longueur prodigieuse; elle surpassoit celle de tous les tigres de l'Inde que j'ai vus dans nos ménageries d'Europe. L'animal étoit étendu à l'ombre d'un grand

Zamang[1]. Il venoit de tuer un *Chiguire*; mais il n'avoit point encore touché à sa proie, sur laquelle il tenoit appuyée une de ses pattes. Les *Zamuros*, espèce de vautours que nous avons comparés plus haut aux Percnoptères de la Basse-Égypte, s'étoient assemblés par bandes pour dévorer ce qui resteroit du repas du Jaguar. Ils offroient le spectacle le plus curieux, par un singulier mélange d'audace et de timidité. Ils s'avançoient jusqu'à deux pieds de distance du Jaguar, mais le moindre mouvement de celui-ci les faisoit reculer. Pour observer de plus près les mœurs de ces animaux, nous nous mîmes dans le petit canot qui accompagnoit notre pirogue. Il est très-rare que le tigre attaque des canots en les atteignant à la nage, et ce n'est toujours que lorsque sa férocité est exaltée par une longue privation de nourriture. Le bruit que faisoient nos rames porta l'animal à se lever lentement pour se cacher derrière les broussailles de *Sauso* qui bordent le rivage. Les vautours voulurent profiter de ce moment d'absence pour dévorer le *Chiguire*. Mais le tigre, malgré la proximité de

[1] Espèce de Mimosa.

notre canot, se jeta au milieu d'eux; et, dans un accès de colère que sembloient exprimer sa démarche et le mouvement de sa queue, il emporta sa proie dans la forêt. Les Indiens se plaignoient de n'être pas pourvus de leurs lances pour mettre pied à terre et attaquer le tigre. Ils sont accoutumés à cette arme, et ils avoient raison de ne pas compter sur nos fusils qui, dans un air si prodigieusement humide, refusoient souvent de faire feu.

En continuant de descendre la rivière, nous rencontrâmes le grand troupeau de *Chiguire* que le tigre avoit mis en fuite, et dans lequel il avoit choisi sa proie. Ces animaux nous virent débarquer tranquillement. Les uns étoient assis et sembloient nous fixer, en remuant, à la manière des lapins, la lèvre supérieure. Ils ne sembloient pas craindre l'homme, mais la vue de notre grand chien les mit en déroute. Comme leur train de derrière surpasse celui de devant, ils courent au petit galop, mais avec si peu de vîtesse, que nous parvînmes à en prendre deux. Le *Chiguire*, qui nage avec la plus grande agilité, pousse un petit gémissement en courant, comme s'il avoit la respiration gênée. C'est le plus grand animal de la famille des Rongeurs; il ne se défend qu'à la dernière extrémité, quand il est cerné et blessé. Comme ses dents mâchelières [1], surtout les postérieures, sont extrêmement fortes et assez longues, il peut, par sa morsure, déchirer la patte d'un tigre ou la jambe d'un cheval. Sa chair a une odeur de musc assez désagréable. On en fait cependant des jambons dans le pays, ce qui justifie presque le nom de *cochon d'eau* que quelques anciens naturalistes ont donné au *Chiguire*. Les moines missionnaires n'hésitent pas de manger de ces jambons pendant le carême. D'après leur classification zoologique, ils placent le *Tatou*, le *Chiguire* et le *Lamantin*, près des tortues; le premier, parce qu'il est couvert d'un test dur, d'une espèce de co-

---

[1] Nous avons compté de chaque côté 18 lames. Aux pieds de derrière, au haut du métatarse, il y a une callosité de 3 pouces de long et $\frac{3}{4}$ de pouce de large; elle est dépourvue de poils. L'animal assis repose sur cette partie. Il n'y a pas de queue visible au-dehors; mais, en repliant le poil, on découvre un tubercule, une masse de chair nue et ridée qui a une forme conique et $\frac{1}{2}$ pouce de long.

quille; les deux autres, parce qu'ils sont amphibies. Sur les bords des fleuves Santo-Domingo, Apure et Arauca, dans les marais et les savanes inondées [1] des Llanos, les *Chiguires* se trouvent en si grand nombre, que les pâturages s'en ressentent. Ils broutent l'herbe qui engraisse le plus les chevaux, et qui porte le nom de *Chiguirero* (herbe de Chiguire). Ils se nourrissent aussi de poisson; et nous avons vu avec étonnement qu'effrayé par l'approche d'un canot, l'animal, en plongeant, reste 8 à 10 minutes sous l'eau.

Nous passâmes la nuit, comme toujours, à la belle étoile, quoique dans une *plantation* dont le propriétaire s'occupoit de la chasse des tigres. Il étoit presque nu, et brun-noirâtre comme un *Zambo* : cela ne l'empêchoit pas de se croire de la caste des blancs. Il appeloit sa femme et sa fille, qui étoient aussi nues que lui, Doña Isabela et Doña Manuela. Sans avoir jamais quitté les rives de l'Apure, il prenoit un vif intérêt « aux nouvelles de Madrid, à ces guerres qui ne

---

[1] Près d'Uritucu, dans le *Caño* del Ravanal, nous avons vu un troupeau de 80 à 100 individus.

finissoient point, et à toutes les choses de là-bas (*todas las cosas de allà*). » Il savoit que le roi d'Espagne viendroit bientôt visiter « les grandeurs du pays de Caracas ; » toutefois, ajouta-t-il plaisamment, « comme les gens de la cour ne savent manger que du pain de froment, ils ne voudront jamais dépasser la ville de la Victoria, et nous ne les verrons pas ici. » J'avois porté avec moi un *Chiguire*, que je comptois faire rôtir; mais notre hôte nous assuroit que *nos otros cavalleros blancos*, des hommes blancs comme lui et moi, n'étoient pas faits pour manger de ce « gibier indien. » Il nous offrit du cerf qu'il avoit tué la veille avec une flèche, car il n'avoit ni poudre ni armes à feu.

Nous supposâmes qu'un petit bois de bananiers nous cachoit la cabane de la ferme; mais cet homme, si fier de sa noblesse et de la couleur de sa peau, ne s'étoit pas donné la peine de construire un ajoupa en feuilles de palmier. Il nous invitoit à faire tendre nos hamacs près des siens, entre deux arbres; et il nous assuroit, avec un air de satisfaction, que si nous remontions la rivière pendant la saison des pluies, nous le trouverions *sous un toit* [1]. Nous eûmes bientôt lieu de nous plaindre d'une philosophie qui favorise la paresse et rend l'homme indifférent à toutes les commodités de la vie. Un vent furieux s'éleva après minuit, des éclairs sillonnoient l'horizon, le tonnerre grondoit, et nous fûmes mouillés jusqu'aux os. Pendant cet orage, un accident assez bizarre nous égaya un moment. Le chat de Doña Isabela s'étoit perché sur le Tamarin au pied duquel nous bivouaquions. Il se laissa tomber dans le hamac d'un de nos compagnons, qui, blessé par les griffes du chat, et réveillé du plus profond sommeil, se crut attaqué par une bête sauvage de la forêt. Nous accourûmes à ses cris, et nous eûmes de la peine à le faire revenir de son erreur. Tandis qu'il pleuvoit à verse sur nos hamacs et sur les instrumens que nous avions débarqués, Don Ignacio nous félicitoit de notre bonne fortune de ne pas coucher sur la plage, mais de nous trouver dans son domaine avec des blancs et des gens de condition, « *entre gente blanca y de trato.* » Mouillés comme nous l'étions, nous eûmes de la peine

[1] *Baxo techo.*

à nous persuader les avantages de notre situation, et nous écoutâmes avec quelque impatience le long récit que notre hôte nous fit de sa prétendue expédition au Rio Meta, de la valeur qu'il avoit déployée dans un combat sanglant avec les Indiens Guahibos, et « des services qu'il avoit rendus à Dieu et à son roi, en enlevant des enfans (*los Indiecitos*) à leurs parens pour les répartir dans les missions. » Quel spectacle bizarre de trouver, dans cette vaste solitude, chez un homme qui se croit de race européenne, et qui ne connoît d'autre abri que l'ombrage d'un arbre, toutes les prétentions vaniteuses, tous les préjugés héréditaires, toutes les erreurs d'une longue civilisation!

Le 1er avril. Nous quittâmes, au lever du soleil, le señor Don Ignacio et la señora Doña Isabela sa femme. Le temps s'étoit rafraîchi; car le thermomètre, qui se soutenoit généralement, le jour, à 30° ou 35°, baissoit à 24°. La température de la rivière changeoit très-peu; elle étoit constamment de 26° à 27°. Le courant entraînoit une énorme quantité de troncs d'arbres. On devroit croire que, dans un terrain entièrement uni, et où l'œil ne distingue pas la moindre colline, le fleuve, par la force de son courant, se seroit creusé un canal en ligne droite. Un coup-d'œil jeté sur la carte que j'ai tracée par des relèvemens à la boussole, prouve le contraire. Les deux rives, rongées par les eaux, n'offrent pas une égale résistance, et des inégalités de niveau presque insensibles suffisent pour produire de grandes sinuosités. Cependant, au-dessous du *Joval*, où le lit de la rivière s'élargit un peu, il forme un canal qui paroît exactement aligné, et qui est ombragé des deux côtés d'arbres très-élevés. Cette partie du fleuve s'appelle le *Caño rico*; je l'ai trouvée de 136 toises de large. Nous passâmes une île basse, et habitée par des milliers de flammans, de spatules roses, de hérons et de poules d'eau, qui offroient le mélange de couleur le plus varié. Ces oiseaux étoient tellement serrés les uns contre les autres, qu'ils sembloient ne pouvoir faire aucun mouvement. L'île qu'ils habitent s'appelle *Isla de Aves*. Plus bas nous dépassâmes le point où l'Apure envoie un bras (le Rio Arichuna) au Cabullare, en perdant un volume d'eau très-considérable Nous nous arrêtâmes, sur la rive droite, dans une petite mission indienne habitée par la peuplade des *Guamos*. Il n'y avoit encore que 16 à 18 cabanes construites en feuilles de palmier; cependant les tableaux statistiques que les missionnaires présentent annuellement à la cour, désignent cette réunion de cabanes sous le nom du *village de Santa Barbara de Arichuna*.

Les *Guamos*[1] sont une race d'Indiens très-difficile à fixer au sol. Ils ont beaucoup de rapport, dans leurs mœurs, avec les *Achaguas*, les *Guajibos*[2] et les *Otomacos*, dont ils partagent la malpropreté, l'esprit de vengeance, et le goût pour le vagabondage; mais leur langue diffère essentiellement. La plus grande partie de ces quatre tribus se nourrit de la pêche et de la chasse, dans les plaines souvent inondées et situées entre l'Apure, le Meta et le Guaviare. La nature même de ces lieux semble inviter les peuples à une vie errante.

[1] Le père Gili assure que leur nom indien est *Uamu* et *Pau*, et qu'ils habitoient originairement le Haut-Apure.

[2] Leur nom indien est *Guaiva* (prononcez *Guahiva*).

CHAPITRE XVIII. 219

Nous verrons bientôt qu'en entrant dans les *Montagnes des Cataractes* de l'Orénoque, on trouve, chez les *Piraoas*, les *Macos* et les *Maquiritares*, des mœurs plus douces, l'amour de l'agriculture, et une grande propreté dans l'intérieur des cabanes. Sur le dos des montagnes, au milieu de forêts impénétrables, l'homme est forcé de se fixer et de cultiver un petit coin de terre. Cette culture demande peu de soin; tandis que, dans un pays où il n'y a d'autres chemins que les rivières, la vie du chasseur est pénible et difficile. Les Guamos de la mission de Santa-Barbara ne purent nous donner les provisions que nous cherchions. Ils ne cultivoient qu'un peu de manioc. Ils sembloient hospitaliers; et, lorsque nous entrions dans leurs cabanes, ils nous offroient du poisson sec et de l'eau (dans leur langue *cub*). Cette eau étoit rafraîchie dans des vases poreux.

Au-delà de la *Vuelta del Cochino roto*, dans un lieu où la rivière s'étoit creusé un nouveau lit, nous passâmes la nuit sur une plage aride et très-étendue. La forêt étant impénétrable, nous eûmes la plus grande difficulté de trouver du bois sec pour allumer les feux près desquels les Indiens se croient en sûreté contre les attaques nocturnes du tigre. Notre propre expérience paroît déposer en faveur de cette opinion; mais M. d'Azzara assure que, de son temps, dans le Paraguay, un tigre est venu enlever un homme assis près d'un feu qui étoit allumé dans la savane.

La nuit étoit calme et sereine; il faisoit un beau clair de lune. Les crocodiles étoient étendus sur la plage. Ils se plaçoient de manière à pouvoir regarder le feu. Nous avons cru observer que son éclat les attire comme il attire les poissons, les écrevisses et d'autres habitans de l'eau. Les Indiens nous montroient, dans le sable, les traces de trois tigres, dont deux très-jeunes. C'étoit sans doute une femelle qui avoit conduit ses petits pour les faire boire à la rivière. Ne trouvant aucun arbre sur la plage, nous plantâmes les rames en terre pour y attacher nos hamacs. Tout se passa assez tranquillement jusqu'à 11 heures de la nuit. Alors il s'éleva dans la forêt voisine un bruit si épouvantable, qu'il étoit presque impossible de fermer l'œil. Parmi tant de voix d'animaux sauvages qui

CHAPITRE XVIII.

crioient à-la-fois, nos Indiens ne reconnoissoient que ceux qui se faisoient entendre isolément. C'étoient les petits sons flûtés des Sapajous, les gémissemens des Alouates, les cris du tigre, du Couguar, ou lion américain sans crinière, du Pecari, du Paresseux, du Hocco, du Parraqua, et de quelques autres oiseaux gallinacés. Quand les Jaguars approchèrent de la lisière de la forêt, notre chien, qui n'avoit cessé d'aboyer jusque-là, se mit à hurler et à chercher de l'abri sous nos hamacs. Quelquefois, après un long silence, le cri des tigres venoit du haut des arbres; et, dans ce cas, il étoit suivi du sifflement aigu et prolongé des singes, qui sembloient fuir le danger dont ils étoient menacés.

Je peins trait pour trait ces scènes nocturnes, parce que, embarqués récemment sur le Rio Apure, nous n'y étions point encore accoutumés. Elles se sont répétées pour nous, pendant des mois entiers, partout où la forêt se rapproche du lit des rivières. La sécurité que montrent les Indiens inspire de la confiance aux voyageurs. On se persuade avec eux que tous les tigres craignent le feu, et qu'ils n'attaquent point un homme couché dans son hamac. En effet, les cas où ces attaques ont lieu sont extrêmement rares, et, pendant un long séjour dans l'Amérique méridionale, je ne me souviens que du seul exemple d'un *Llanero* qui fut trouvé déchiré dans son hamac vis-à-vis l'île des Achaguas.

Lorsqu'on interroge les indigènes sur les causes du bruit épouvantable que font, à de certaines heures de la nuit, les animaux de la forêt, ils répondent gaiement. Ils fêtent la pleine lune.» Je pense que le plus souvent leur agitation est l'effet de quelque rixe qui s'est élevée dans l'intérieur de la forêt. Les Jaguars, par exemple, poursuivent les Pecaris et les Tapirs qui, ne se défendant que par leur nombre, fuient en bandes serrées, et renversent les buissons qu'ils rencontrent sur leur chemin. Effrayés de cette lutte, les singes, timides et défians, répondent de la cime des arbres aux cris des grands animaux. Ils réveillent les oiseaux qui vivent en société, et peu-à-peu toute la ménagerie est en mouvement. Nous verrons bientôt que ce n'est pas toujours par un beau clair de lune, mais sur-tout au moment de l'orage et des grandes averses, que ce vacarme a lieu parmi les bêtes sauvages. « Que le ciel leur accorde une nuit tranquille et du repos comme à nous autres, » disoit le moine qui nous accompagnoit au Rio Negro, lorsque, excédé de fatigues, il aidoit à établir notre bivouac! C'étoit en effet une position bien étrange que de ne pas trouver le silence au milieu de la solitude des bois. Dans les hôtelleries d'Espagne, on redoute le son aigu des guitares de l'appartement voisin; dans celles de l'Orénoque, qui sont une plage ouverte ou l'ombrage d'un arbre isolé, on craint d'être troublé dans le sommeil par des voix qui sortent de la forêt.

Le 2 avril. Nous mîmes à la voile avant le lever du soleil. La matinée étoit belle et fraîche, d'après le sentiment de ceux qui sont accoutumés aux chaleurs de ces climats. Le thermomètre à l'air ne monta qu'à 28°, mais le sable sec et blanc de la plage, malgré son rayonnement vers un ciel sans nuages, avoit conservé une température de 36°. Les marsouins (*Toninas*) sillonnoient le fleuve en longues files. Le rivage étoit couvert d'oiseaux pêcheurs.

Quelques-uns profitent des bois flottans qui descendent le fleuve, et surprennent les poissons qui préfèrent le courant du milieu. Notre canot toucha plusieurs fois dans la matinée. Ces secousses, lorsqu'elles sont très-violentes, peuvent fendre de frêles embarcations. Nous donnâmes sur la pointe de plusieurs grands arbres qui, pendant des années entières, restent dans une position oblique enfoncés dans la vase. Ces arbres descendent du Sarare à l'époque des grandes inondations. Ils remplissent tellement le lit de la rivière, que les pirogues en remontant ont quelquefois de la peine à se frayer un passage par les hauts-fonds, et partout où il y a des tournans. Nous arrivâmes dans un endroit, près de l'île des Carizales, où nous vîmes, au-dessus de la surface de l'eau, des troncs de Courbaril d'une grosseur énorme. Ils étoient couverts d'une espèce de Plotus très-voisine de l'*Anhinga*. Ces oiseaux se perchent par files, comme les faisans et les Parraquas. Ils restent des heures entières immobiles, le bec élevé vers le ciel, ce qui leur donne un air de stupidité extraordinaire.

Depuis l'île des Carizales nous fûmes

d'autant plus frappés de la diminution des eaux de la rivière qu'après la bifurcation à la *boca de Arichuna*, il n'y a aucun bras, aucun canal naturel de dérivation qui enlève de l'eau à l'Apure. Les pertes ne sont que les effets de l'évaporation et de la filtration sur des plages sablonneuses et humectées. On peut se former une idée de la grandeur de ces effets, en se rappelant que nous avons trouvé la chaleur des sables secs, à diverses heures du jour, de 36° à 52°; celle des sables couverts de trois à quatre pouces d'eau, de 32°. Le fond des rivières s'échauffe jusqu'à la profondeur où les rayons du soleil peuvent pénétrer sans avoir éprouvé une trop forte extinction dans leur passage par les couches d'eau superposées. D'ailleurs, l'effet des filtrations s'étend bien au-delà du lit du fleuve; il est pour ainsi dire latéral. Les plages qui nous paroissent arides sont imbibées d'eau jusqu'au niveau de la surface de la rivière. A cinquante toises de distance du rivage, nous avons vu jaillir l'eau chaque fois que les Indiens enfonçoient les rames dans le sol; or, ces sables humides dans la profondeur, mais secs par en haut, et exposés aux rayons du soleil, agissent comme des éponges. Ils perdent à chaque instant par vaporisation l'eau infiltrée. Les vapeurs qui se dégagent traversent la couche supérieure des sables fortement échauffés, et deviennent sensibles à l'œil lorsque l'air se refroidit vers le soir. A mesure que les plages se dessèchent, elles soutirent à la rivière de nouvelles portions d'eau ; et l'on conçoit que ce jeu continuel de vaporisation et d'*imbibition* latérale doit causer des pertes énormes, et difficiles à soumettre à un calcul exact. L'accroissement de ces pertes seroit proportionnel à la longueur du cours des fleuves, si, depuis leur source jusqu'à leur embouchure, ils étaient également entourés de plages ; mais, comme ces dernières sont le produit des attérissemens, et que les eaux, animées d'une moindre vitesse, à mesure qu'elles s'éloignent de leur source, déposent nécessairement plus dans leur cours inférieur que dans leur cours supérieur, beaucoup de rivières des climats chauds éprouvent une diminution dans le volume de leurs eaux, en s'approchant de leur embouchure. M. Barrow a observé ces effets curieux des sables, dans la partie australe de l'Afrique, sur les bords de la rivière Orange. Ils sont même devenus l'objet d'une discussion très-importante dans les diverses hypothèses que l'on a formées sur le cours du Niger.

Près de la *Vuelta de Basilio*, où nous allâmes à terre recueillir des plantes, nous vîmes, sur la cime d'un arbre, deux jolis petits singes, noirs comme du jais, de la taille du Saï, avec des queues prenantes. Leur physionomie et leurs mouvemens indiquoient assez que ce n'étoient ni le *Coaïta*, ni le *Chamek*, ni en général un *Atèle*. Nos Indiens même n'en avoient jamais vu de pareils. Ces forêts abondent en Sapajous inconnus aux naturalistes de l'Europe; et, comme les singes, sur-tout ceux qui vivent par bandes, et qui, par cette raison, sont plus entreprenans, font, à de certaines époques, de longues migrations, il arrive qu'à l'entrée de la saison des pluies, les indigènes en découvrent autour de leurs cabanes, qu'ils n'ont jamais observés auparavant. Sur cette même rive, nos guide nous montrèrent un nid de jeunes Iguanes qui n'avoient que quatre pouces de long. On aurait eu de la peine à les distinguer d'un lézard commun. Il n'y avoit encore de formé que le fanon au-dessous de la gorge. Les épines dorsales, les grandes écailles redressées, tous ces appendices qui rendent l'Iguane si monstrueuse quand elle a 3 à 4 pieds de long, étoient à peine ébauchés. La chair de ce Saurien nous a paru d'un goût agréable dans tous les pays dont le climat est très-sec : nous l'avons trouvée telle, même à des époques où nous ne manquions pas d'autre nourriture. Elle est très-blanche, et, après la chair du Tatou, ou Armadill, qu'on appelle ici *Cachicamo*, une des meilleures qu'on trouve dans les cabanes des indigènes.

Il pleuvoit vers le soir. Avant la pluie, des hirondelles, qui ressembloient entièrement aux nôtres, planoient sur la surface des eaux. Nous vîmes aussi une bande de perruches poursuivie par de petits autours non huppés. Les cris perçans de ces perruches contrastoient singulièrement avec le sifflement des oiseaux de proie. Nous passâmes la nuit, en plein air, sur la plage, près de l'île des Carizales. Il y avoit plusieurs cabanes d'Indiens entourées de plantations, dans le voisinage. Notre pilote nous fit observer d'avance que nous n'entendrions pas les cris du Jaguar, qui, lorsqu'il n'est pas très-pressé par la faim, s'éloigne des endroits où il ne domine pas seul. « Les hommes lui donnent de l'humeur, *los hombres lo enfadan*, » dit le peuple dans les missions. Expression plaisante et naïve, qui énonce un fait bien observé.

Le 3 avril. Depuis notre départ de San-Fernando, nous n'avons pas rencontré un seul canot sur cette belle rivière. Tout annonce la plus profonde solitude. Nos Indiens avoient pris, dans la matinée, à l'hameçon, le poisson que l'on désigne dans le pays sous le nom de *Caribe* ou *Caribito*, parce qu'aucun autre poisson n'est plus avide de sang. Il attaque les baigneurs et les nageurs auxquels il emporte souvent des morceaux de chair considérables. Lorsqu'on n'est que légèrement blessé, on a de la peine à sortir de l'eau avant de recevoir les blessures les plus graves. Les Indiens craignent prodigieusement les poissons *Caribes*; et plusieurs d'entre eux nous ont montré, au mollet et à la cuisse, des plaies cicatrisées, mais très-profondes, faites par ces petits animaux, que les Maypures appellent *Umati*. Ils vivent au fond des rivières; mais, dès que quelques gouttes de sang ont été répandues dans l'eau, ils arrivent par milliers à la surface. Lorsqu'on réfléchit sur le nombre de ces poissons, dont les plus voraces et les plus cruels n'ont que 4 à 5 pouces de long, sur la forme triangulaire de leurs dents tranchantes et pointues et sur l'ampleur de leur bouche rétractile, on ne doit pas être surpris de la crainte que le *Caribe* inspire aux habitans des rives de l'Apure et de l'Orénoque. Dans des endroits où la rivière étoit très-limpide, et où aucun poisson ne se montroit, nous avons jeté dans l'eau de petits morceaux de chair couverts de sang. En peu de minutes une nuée de *Caribes* est venue se disputer la proie. Ce poisson a le ventre tranchant et dentelé en scie, caractère que l'on retrouve dans plusieurs genres, les *Serra-Salmes*, les *Mylètes* et les *Pristigastres*. La présence d'une seconde nageoire dorsale adipeuse, et la forme des dents couvertes par les lèvres, éloignées les unes des autres, et plus grandes dans la mâchoire inférieure, placent le *Caribe* parmi les Serra-Salmes. Il a la bouche beaucoup plus fendue que les Mylètes de M. Cuvier. Son corps est vers le dos d'une couleur cendrée, tirant sur le vert; mais le ventre, les opercules, les nageoires pectorales, ventrales et anales, sont d'un bel orange. On compte à l'Orénoque trois espèces (ou variétés?), que l'on distingue par leur grandeur. La moyenne, ou intermédiaire, paroît identique avec l'espèce moyenne du Piraya ou Piranha de Marcgrav [1]. Je l'ai décrite et dessinée [2] sur les lieux. Le Caribito est d'un goût très-agréable. Comme on n'ose se baigner par-tout où il se trouve, on peut le regarder comme un des plus

---

[1] Salmo rhombeus, Lin.
[2] *Voyez* le mémoire sur les poissons de l'Amérique équinoxiale, que j'ai publié, conjointement avec M. Valenciennes, dans les *Obs. de Zoologie*, Vol. II, p. 145.

grands fléaux de ces climats, dans lesquels la piqûre des *Mosquitos* et l'irritation de la peau rendent l'usage des bains si nécessaire.

Nous nous arrêtâmes à midi dans un site désert appelé l'*Algodonal*. Je me séparai de mes compagnons, tandis qu'on tiroit le bateau à terre et qu'on étoit occupé à préparer notre dîner. Je me dirigeai le long de la plage pour observer de près un groupe de crocodiles qui dormoient au soleil, et qui se trouvoient placés de manière à appuyer, les uns sur les autres, leurs queues garnies de larges feuillets. De petits hérons[1], blancs comme la neige, se promenoient sur leur dos et même sur leur tête, comme s'ils marchoient sur des troncs d'arbres. Les crocodiles étoient gris-verdâtres, à demi-couverts de limon desséché; à leur

---

[1] *Garzon chico*. On croit, dans la Haute-Égypte, que les hérons affectionnent le crocodile, parce qu'ils profitent, en pêchant, de la terreur que cet animal monstrueux inspire aux poissons qu'il chasse du fond de l'eau vers la surface; mais, sur les bords du Nil, le héron reste prudemment à quelque distance du crocodile. (Geoffroy de Saint-Hilaire, dans les *Annales du Mus.*, Tom. IX, p. 384).

couleur et à leur immobilité on les eût pris pour des statues de bronze. Peu s'en fallut que cette excursion ne me devînt funeste. J'avois eu constamment les yeux tournés du côté de la rivière ; mais en ramassant des paillettes de mica agglomérées dans le sable, je découvris la trace récente d'un tigre, si facile à reconnoître par sa forme et par sa largeur. L'animal avoit marché vers la forêt. Au moment où je dirigeai mes regards de ce côté, je me trouvai à 80 pas de distance d'un Jaguar couché sous le feuillage épais d'un Ceiba. Jamais tigre ne m'avoit paru si grand.

Il est des accidens de la vie contre lesquels on chercheroit en vain à fortifier sa raison. J'étois très-effrayé, cependant assez maître de moi-même et des mouvemens de mon corps, pour pouvoir suivre les conseils que si souvent les indigènes nous avoient donnés pour de pareils cas. Je continuai de marcher sans courir ; j'évitai de remuer les bras, et je crus voir que le Jaguar portoit toute son attention sur un troupeau de *Capybara* qui traversoit le fleuve. Alors je retournai sur mes pas en décrivant un arc assez large vers le bord de l'eau. A mesure que je m'éloignai, je crus pouvoir accélérer ma marche. Que de fois je fus tenté de regarder derrière moi pour m'assurer que je n'étais pas poursuivi ! Heureusement je ne cédai que très-tard à ce desir. Le Jaguar étoit resté immobile. Ces énormes chats à robes mouchetées sont si bien nourris dans les pays qui abondent en *Capybara*, en *Pecari* et en daims, qu'ils se jettent rarement sur les hommes. J'arrivai hors d'haleine au bateau, je racontai mon aventure aux Indiens. Elle ne parut guère les émouvoir : cependant, après avoir chargé nos fusils, ils nous accompagnèrent vers le Ceiba sous lequel le Jaguar avoit été couché. Nous ne le trouvâmes plus. Il auroit été imprudent de le poursuivre dans la forêt, où il faut se disperser ou marcher en file au milieu des lianes entrelacées.

Nous passâmes, dans la soirée, la bouche du *Caño del Manati*, nommé ainsi à cause de la prodigieuse quantité de Manati ou Lamantins qu'on y prend tous les ans. Ce cétacée herbivore, que les Indiens appellent *Apcia* et *Avia*[1], atteint ici généralement 10 à 12 pieds de long. Il pèse de 500 à 800 livres[2]. Nous vîmes l'eau couverte de ses excrémens, qui sont très-fétides, mais ressemblent entièrement à ceux du bœuf. Il abonde dans l'Orénoque, au-dessous des Cataractes, dans le Rio Meta et dans l'Apure, entre les deux îles des Carrizales et de la Conserva. Nous n'avons pas trouvé des vestiges d'ongles sur la face extérieure et le bord des nageoires qui sont entièrement lisses; mais de petits rudimens d'ongles paroissoient à la troisième phalange, lorsqu'on ôte la peau des nageoires[3]. Dans un individu de 9

[1] Le premier de ces mots est de la langue tamanaque, le second de langue otomaque. Le père Gili prouve, contre Oviedo, que le mot *manati* (poisson à *mains*) n'est pas espagnol, mais des langues d'Haïti (de Saint-Domingue) et de Maypures. *Storia del Orinoco*, Tom. I, p. 84, Tom. III, p. 225. Je crois aussi que, d'après le génie de la langue espagnole, on auroit peut-être nommé l'animal *manudo* ou *manon*, mais jamais *manati*.

[2] On assure en avoir vu d'un poids de 8 milliers. (Cuvier, dans les *Ann. du Mus.*, Tom. XIII, p. 282).

[3] *Voyez*, sur le Lamantin de l'Orénoque et celui des Antilles, mon *Rec. d'Obser. de Zool.*, Tom. II, p. 170. Déja le père Caulin a dit du Manati : « *Tiene dos brazuelos sin division de dedos y sin uñas.* » (*Hist. de Nueva Andal.*, p. 49.)

pieds de longueur, que nous avons disséqué à Carichana, mission de l'Orénoque, la lèvre supérieure dépassoit la lèvre inférieure de 4 pouces. Elle est couverte d'une peau très-fine, et sert de trompe ou de sonde pour reconnoître les corps environnans. L'intérieur de la bouche, qui a une chaleur sensible dans l'animal fraîchement tué, offre une conformation très-extraordinaire. La langue est presque immobile; mais au-devant de la langue, il y a dans chaque mâchoire un bourrelet charnu et une concavité tapissée d'une peau très-dure qui s'emboîtent réciproquement. Le Lamantin arrache une telle quantité de graminées, que nous en avons trouvé également remplis, et l'estomac divisé en plusieurs poches et les intestins de 108 pieds de longueur. En ouvrant l'animal par le dos, on est frappé de la grandeur, de la forme et de la position de ses poumons. Ils ont des cellules très-larges, et ressemblent à d'immenses vessies natatoires. Leur longueur est de trois pieds. Remplis d'air, ils ont un volume de plus de mille pouces cubes. J'ai été surpris de voir qu'avec des magasins d'air aussi considérables, le *Manati* revienne si souvent à la surface de l'eau pour respirer. Sa chair, que, j'ignore par quel préjugé, on nomme malsaine, et *calenturiosa*[1], est très-savoureuse. Elle m'a paru ressembler plutôt à la chair du cochon qu'à celle du bœuf. Les Guamos et les Otomacos en sont les plus friands; ce sont ces deux nations aussi qui s'adonnent particulièrement à la pêche du Lamantin. On en conserve la chair salée et séchée au soleil, pendant toute l'année; et, comme le clergé regarde ce mammifère comme un poisson, il est très-recherché pendant le carême. Le Lamantin a la vie singulièrement dure; on le lie après l'avoir harponné, mais on ne le tue que lorsqu'on l'a déja transporté dans la pirogue. Cette manœuvre s'exécute souvent, lorsqu'il est très-grand, au milieu de la rivière, en remplissant la pirogue d'eau à deux tiers de son bord, en la glissant sous l'animal, et en la vidant au moyen d'une calebasse. La pêche est la plus facile à la fin des grandes inondations, lorsque le Lamantin a pu passer des grands fleuves dans les lacs et les marécages environnans,

[1] Qui cause la fièvre.

et que les eaux diminuent rapidement. A l'époque où les jésuites gouvernoient les missions du Bas-Orénoque, ils se réunissoient tous les ans à Cabruta, au-dessous de l'Apure, pour faire, avec les Indiens de leurs missions, une grande pêche de Lamantins au pied de la montagne qui s'appelle aujourd'hui *El Capuchino*. La graisse de l'animal, connue sous le nom de *manteca de manati*, sert pour les lampes dans les églises: on l'emploie aussi pour préparer les alimens. Elle n'a pas l'odeur fétide de l'huile de baleine ou des autres Cétacées souffleurs. Le cuir du Lamantin, qui a plus d'un pouce et demi d'épaisseur, est coupé par tranches; et il remplace, comme les bandes de cuir de bœuf, les cordages dans les *Llanos*. Plongé dans l'eau, il a le défaut d'éprouver un premier degré de putréfaction. On en fait des fouets dans les colonies espagnoles. Aussi les mots de *latigo* et de *manati* sont-ils synonymes. Ces fouets de cuir de Lamantin sont un cruel instrument de punition pour les malheureux esclaves, et même les Indiens des missions qui, d'après les lois, devroient être traités comme des hommes libres.

Nous bivouaquâmes la nuit vis-à-vis de l'île de la Conserva. En longeant le bord de la forêt, nous fûmes frappés par la vue d'un énorme tronc d'arbre de 70 pieds de haut, et hérissé d'épines rameuses. Les indigènes l'appellent *Barba de tigre*. C'étoit peut-être un arbre de la famille des Berberidées [1]. Les Indiens avoient allumé nos feux au bord de l'eau. Nous reconnûmes de nouveau que son éclat attiroit les crocodiles, et même les souffleurs (*Toninas*), dont le bruit interrompoit notre sommeil jusqu'à ce que le feu fût éteint. Nous eûmes cette nuit deux alertes. Je n'en fais mention que parce qu'elles servent à peindre le caractère sauvage de ces lieux. Un Jaguar femelle s'approcha de notre bivouac pour

---

[1] Nous avons trouvé, sur les rives de l'Apure, Ammania *apurensis*, Cordia *cordifolia*, C. *grandiflora*, Mollugo *spergeloïdes*, Myosotis *lithospermoïdes*, Spermacocce *diffusa*, Coronilla *occidentalis*, Bignonia *apurensis*, Pisonia *pubescens*, Ruellia *viscosa*, de nouvelles espèces de Jussieua, et un nouveau genre de la famille des Composées, voisin de Rolandra, le *Trichospira menthoides* de M. Kunth.

faire boire son petit à la rivière. Les Indiens parvinrent à le chasser; mais nous entendîmes long-temps les cris du petit qui miauloit comme un jeune chat. Bientôt après notre gros chien-dogue fut mordu, ou, comme disent les indigènes, *piqué* à la pointe du museau par d'énormes chauves-souris qui planoient autour de nos hamacs. Elles étoient pourvues d'une longue queue comme les Molosses : je crois cependant que c'étoient des Phyllostomes, dont la langue, garnie de papilles, est un organe de succion, et peut s'allonger considérablement. La plaie étoit très-petite et ronde. Si le chien jetoit un cri plaintif, dès qu'il se sentoit mordu, ce n'étoit pas de douleur, mais parce qu'il étoit effrayé à la vue des chauves-souris qui sortoient de dessous nos hamacs. Ces accidens sont beaucoup plus rares qu'on ne le croit dans le pays même. Quoique, pendant plusieurs années, nous ayons si souvent couché à la belle étoile, dans des climats où les vampires[1] et d'autres espèces analogues sont communs, nous n'avons jamais été blessés.

[1] Vespertilio spectrum.

D'ailleurs, la *piqûre* n'est aucunement dangereuse, et le plus souvent elle cause si peu de douleur que l'on ne s'éveille qu'après que la chauve-souris s'est retirée.

Le 4 avril. C'étoit le dernier jour que nous passâmes dans le Rio Apure. La végétation de ses rives devint toujours plus uniforme. Nous commencions depuis quelques jours, sur-tout depuis la mission d'Arichuna, à souffrir cruellement de la piqûre des insectes qui nous couvroient le visage et les mains. Ce n'étoient pas des *Mosquitos*, qui ont le port de petites mouches ou de *Simulies* [1], mais des *Zancudos* qui sont de véritables cousins très-différens de notre Culex pipiens. Ces Tipulaires ne paroissent qu'après le coucher du soleil ; elles ont le suçoir tellement allongé, que, lorsqu'elles se fixent sur la surface inférieure du hamac, elles traversent, de leur aiguillon, le hamac et les vêtemens les plus épais.

Nous voulûmes passer la nuit à la *Vuelta del Palmito* ; mais telle est la quantité de

---

[1] M. Latreille a reconnu que les Moustiques de la Caroline du sud sont du genre Simulium (Atractocera Meigen).

Jaguars dans cette partie de l'Apure, que nos Indiens en trouvèrent deux cachés derrière un tronc de Courbaril, au moment où ils voulurent tendre nos hamacs. On nous engagea à nous rembarquer, et à établir notre bivouac dans l'île d'Apurito, tout près de son confluent avec l'Orénoque. Cette portion de l'île appartient à la province de Caracas, tandis que les rives droites de l'Apure et de l'Orénoque font partie, l'une de la province de Varinas et l'autre de la Guyane espagnole. Nous ne trouvâmes pas d'arbres pour fixer nos hamacs. Il fallut coucher sur des cuirs de bœufs étendus par terre. Les canots sont trop étroits et trop remplis de *Zancudos* pour y passer la nuit.

Comme dans l'endroit où nous avions débarqué nos instrumens, les berges étoient assez rapides, nous y vîmes de nouvelles preuves de ce que j'ai appelé ailleurs la paresse des oiseaux gallinacés des tropiques. Les Hoccos et les Pauxis à pierre[1] ont l'habitude de descendre plusieurs fois par jour

[1] Le dernier (Crax Pauxi) est moins commun que le premier.

à la rivière pour s'y désaltérer. Ils boivent beaucoup et à de courts intervalles. Un grand nombre de ces oiseaux s'étoient réunis, près de notre bivouac, à une bande de faisans Parraquas. Ils eurent beaucoup de difficulté à remonter la berge inclinée. Ils le tentèrent plusieurs fois sans se servir de leurs ailes. Nous les chassions devant nous comme on chasseroit des moutons. Les vautours Zamuros se décident de même très-difficilement à s'élever de terre.

J'eus, après minuit, une bonne observation de la hauteur méridienne de α de la Croix du sud. La latitude de la bouche de l'Apure est de 7° 36′ 23″. Le père Gumilla la fixe à 5° 5′; d'Anville, à 7° 3′; Caulin, à 7° 26′. La longitude de la *boca* de l'Apure, déduite de hauteurs du soleil que j'ai prises le 5 avril au matin, est de 69° 7′ 29″, ou de 1° 12′ 41″ à l'est du méridien de San Fernando.

Le 5 avril. Nous fûmes singulièrement frappés de la petite quantité d'eau que le Rio Apure fournit dans cette saison à l'Orénoque. La même rivière qui, d'après mes mesures, avoit encore 136 toises au *Caño*

16.

ricco, n'en avoit que 60 ou 80 à son embouchure[1]. Sa profondeur, dans cet endroit, n'étoit que de 3 à 4 toises. Elle perd sans doute des eaux par le Rio Arichuna et le *Caño* del Manati, deux bras de l'Apure, qui vont au Payara et au Guarico : cependant la plus grande perte paroît causée par les filtrations sur les plages dont nous avons parlé plus haut. La vîtesse de l'Apure, près de son embouchure, n'étoit que de $3^{pi},2$ par seconde ; de sorte que je pourrois facilement calculer le volume entier de l'eau, si des sondes rapprochées m'avoient fait connoître toutes les dimensions de la section transversale. Le baromètre qui, à San Fernando, 28 pieds au-dessus des eaux moyennes de l'Apure, s'étoit soutenu à 9 heures et demie du matin, à 335,6 lignes, étoit à l'embouchure de l'Apure dans l'Orénoque, à 11 heures du matin, à 337,3 lignes [2]. En comptant la longueur totale (avec les sinuosités [3]) de

[1] Un peu moins que la largeur de la Seine au Pont-Royal, vis-à-vis le palais des Tuileries.

[2] La température de l'air étant dans les deux endroits de $31°,2$ et $32°,4$.

[3] Je les ai évaluées à $\frac{5}{4}$ de la distance.

CHAPITRE XVIII. 245

94 milles ou de 89300 toises, et en faisant attention à la petite correction provenant du mouvement horaire du baromètre, on trouve une pente moyenne de 13 pouces (exactement 1 ^{pied},51) par mille de 950 toises. La Condamine et le savant major Rennel supposent que la pente moyenne de l'Amazone et du Gange n'atteint pas même 4 à 5 pouces par mille [1].

Nous touchâmes plusieurs fois sur des bas-fonds avant d'entrer dans l'Orénoque. Les attérissemens sont immenses vers le confluent. Il fallut nous faire touer le long de la rive. Quel contraste entre cet état de la rivière, immédiatement avant l'entrée de la saison des pluies où tous les effets de la sécheresse de l'air et de l'évaporation ont atteint leur *maximum*, et cet autre état automnal où l'Apure, semblable à un bras de mer, couvre les savanes à perte de vue. Nous découvrîmes vers le sud les collines isolées de Coruato; à l'est les rochers granitiques de Curiquima, le pain de sucre de Caycara et les montagnes

[1] *Tuckey, Exped. to the Congo*, 1818. Introduction, p. 17.

du Tyran [1] (*Cerros del Tirano*) commencèrent à s'élever sur l'horizon. Ce n'est pas sans émotion que nous vîmes pour la première fois, après une longue attente, les eaux de l'Orénoque dans un point si éloigné des côtes.

[1] Ce nom fait sans doute allusion à l'expédition d'Antonio Sedeño : aussi le port de Caycara, vis-à-vis Cabruta, porte jusqu'à nos jours le nom de ce *Conquistador*.

LIVRE VII.

CHAPITRE XIX.

Jonction du Rio Apure et de l'Orénoque. — Montagnes de l'Encaramada. — Uruana. — Baraguan. — Carichana. — Embouchure du Meta. — Île Panumana.

En sortant du Rio Apure, nous nous trouvâmes dans un pays d'un aspect tout différent. Une immense plaine d'eau s'étendoit devant nous, comme un lac, à perte de vue. Des vagues blanchissantes se soulevoient à plusieurs pieds de hauteur par le conflit de la brise et du courant. L'air ne retentissoit plus des cris perçans des hérons, des flammans et des spatules qui se portent en longues files de l'une à l'autre rive. Nos yeux cherchoient en vain de ces oiseaux nageurs dont les ruses industrieuses varient dans chaque tribu. La nature entière paroissoit moins animée. A peine reconnoissions-nous dans le creux des vagues quelques grands crocodiles fendant obliquement, à l'aide de leurs longues queues, la surface des eaux agitées. L'horizon étoit borné par une ceinture de forêts; mais nulle part ces forêts ne se prolongeoient jusqu'au lit du fleuve. De vastes plages, constamment brûlées par les ardeurs du soleil, désertes et arides comme les plages de la mer, ressembloient de loin, par l'effet du mirage, à des mares d'eaux dormantes. Loin de fixer les limites du fleuve, ces rives sablonneuses les rendoient incertaines. Elles les rapprochoient ou les éloignoient tour-à-tour, selon le jeu variable des rayons infléchis.

A ces traits épars du paysage, à ce caractère de solitude et de grandeur, on reconnoît le cours de l'Orénoque, un des fleuves les plus majestueux du Nouveau-Monde. Par-tout les eaux, comme les terres, offrent un aspect caractéristique et individuel. Le lit de l'Orénoque ne ressemble point aux lits du Meta, du Guaviare, du Rio Negro et de l'Amazone. Ces différences ne dépendent pas uniquement de la largeur ou de la vitesse du courant : elles tiennent à un ensemble de rapports qu'il est plus facile de saisir, lorsqu'on est sur les lieux, que de définir avec précision. C'est ainsi que la forme seule des vagues, la teinte des eaux, l'aspect du ciel et des nuages feroient deviner à un navigateur expérimenté s'il se trouve dans l'Atlantique, dans la Méditerranée, ou dans la partie équinoxiale du Grand Océan.

Il souffloit un vent frais de l'est-nord-est. Sa direction nous étoit favorable pour remonter l'Orénoque à la voile vers la mission de l'Encaramada ; mais notre pirogue résistoit si mal au choc des vagues que, par la violence du mouvement, les personnes qui souffroient habituellement à la mer, se trouvoient incommodées sur le fleuve. Le clapotis des vagues est causé par le choc des eaux à la jonction des deux rivières. Ce choc est très-violent, mais il s'en faut de beaucoup qu'il soit aussi dangereux que l'assure le père Gumilla [1]. Nous passâmes la Punta Curiquima, qui est une masse isolée de granite quartzeux, un petit pro-

[1] *Orinoco illustrado*, Tom. I, p. 47.

montoire composé de blocs arrondis. C'est là que, sur la rive droite de l'Orénoque, du temps des jésuites, le père Rotella avoit fondé une mission d'Indiens Palenques et Viriviri ou Guires. A l'époque des inondations, le rocher Curiquima et le village placé au pied étoient entourés d'eau de toutes parts. Cet inconvénient très-grave et l'innombrable quantité de *mosquitos* et de *niguas* [1], dont souffroient le missionnaire et les Indiens, firent abandonner un site si humide. Il est entièrement désert aujourd'hui; tandis que, vis-à-vis, sur la rive gauche du fleuve, les petites montagnes de Coruato sont la retraite d'Indiens vagabonds expulsés, soit des missions, soit de tribus qui ne sont pas soumises au régime des moines.

Frappé de l'extrême largeur de l'Orénoque, entre l'embouchure de l'Apure et le rocher Curiquima, je l'ai déterminée au moyen d'une base mesurée deux fois sur la plage occidentale. Le lit de l'Orénoque,

[1] Les *chiques* (Pulex penetrans, Lin.) qui s'introduisent sous les ongles des pieds de l'homme et du singe en y déposant leurs œufs.

dans son état actuel des basses eaux, avoit 1906 toises [1] de large; mais cette largeur atteint jusqu'à 5517 toises [2] lorsque, dans le temps des pluies, le rocher Curiquima et la ferme du Capuchino, près de la colline de Pocopocori, deviennent des îles. L'intumescence de l'Orénoque augmente par l'impulsion des eaux de l'Apure qui, loin de former, comme d'autres affluens, un angle aigu avec la partie amont du récipient principal, se joint en angle droit. La température des eaux de l'Orénoque, mesurée dans plusieurs points du lit, étoit, au milieu du *thalweg*, où le courant a le plus de vitesse, 28°,3, vers les bords 29°,2.

Nous remontâmes d'abord vers le sud-ouest jusqu'à la plage des Indiens Guaricotos, située sur la rive gauche de l'Orénoque, et puis vers le sud. La rivière est si large que les montagnes de l'Encaramada paroissent sortir de l'eau comme si on les voyoit au-dessus de l'horizon de la mer. Elles forment une chaîne continue dirigée de l'est à l'ouest:

[1] Ou 3714 mètres ou 4441 varas (en supposant 1 mètre $= 0^t,51307 = 1^v,19546$.)
[2] Ou 10753 mètres ou 12855 varas.

à mesure que l'on en approche, l'aspect du pays devient plus pittoresque. Ces montagnes sont composées d'énormes blocs de granite fendillés et entassés les uns sur les autres. Leur division en blocs est l'effet de la décomposition. Ce qui contribue surtout à embellir le site de l'Encaramada, c'est la force de la végétation qui couvre les flancs des rochers en ne laissant libres que leurs cimes arrondies. On croit voir d'anciennes masures qui s'élèvent au milieu d'une forêt. La montagne même à laquelle la mission est adossée, le *Tepupano*[1] des Indiens Tamanaques, est surmontée par trois énormes cylindres granitiques, dont deux sont inclinés, tandis que le troisième, échancré à sa base, et de plus de 80 pieds de hauteur, a conservé une position verticale. Ce rocher, qui rappelle la forme

---

[1] *Tepu-pano*, lieu de pierres, dans lequel on reconnoît *tepu*, pierre, roche, comme dans *tepu-iri*, montagne. Voilà encore cette racine lesgienne tartare-oygoure, *tep* (pierre) retrouvée en Amérique chez les Mexicains en *tepetl*, chez les Caribes en *tebou*, chez les Tamanaques en *tepuiri*, analogie frappante des langues du Caucase et de la haute Asie avec celles des rives de l'Orénoque.

des *Schnarcher* du Harz, ou celle des *Orgues d'Actopan* au Mexique [1], faisoit partie jadis du sommet arrondi de la montagne. Sous toutes les zones, c'est le caractère du granite non stratifié, de se séparer, par décomposition, en blocs de forme prismatique, cylindrique ou colonnaire.

Vis-à-vis la plage des Guaricotos, nous nous approchâmes d'un autre monceau de roches qui est très-bas, et de trois à quatre toises de long. Il s'élève au milieu de la plaine, et ressemble moins à un *tumulus* qu'à ces masses de pierres granitiques que l'on désigne, dans le nord de la Hollande et de l'Allemagne, par le nom de *Hünenbette*, *lits* (ou tombeaux) *de héros*. Les plages, dans cette partie de l'Orénoque, ne sont plus des sables purs et quartzeux; elles sont composées d'argile et de paillettes de mica, déposées par strates très-minces et le plus souvent inclinés de 40 à 50 degrés. On croiroit voir du micaschiste décomposé.

---

[1] Dans le voyage du capitaine Tuckey, sur le Rio Congo, se trouve représenté un rocher granitique, le *Taddi Enzazi*, qui ressemble singulièrement à la montagne de l'Encaramada.

Ce changement dans la constitution géologique des plages, s'étend bien au-delà de la bouche de l'Apure. Nous avons commencé à l'observer dans cette dernière rivière jusqu'à l'Algodonal et jusqu'au Caño del Manati. Les paillettes de mica viennent, à n'en pas douter, des montagnes granitiques de Curiquima et de l'Encaramada; car, plus au nord et à l'est, on ne trouve que des sables quartzeux, du grès, du calcaire compacte et du gypse. Des attérissemens portés successivement du sud au nord ne doivent pas nous étonner à l'Orénoque; mais à quoi attribuer le même phénomène dans le lit de l'Apure, sept lieues à l'ouest de son embouchure? Dans l'état actuel des choses, malgré les crues de l'Orénoque, les eaux de l'Apure ne retrogradent jamais jusque-là; et, pour expliquer ce phénomène, on est forcé d'admettre que les couches micacées se sont déposées dans un temps où toute cette contrée très-basse, entre Caycara, l'Algodonal et les montagnes de l'Encaramada, formoit le bassin d'un lac intérieur.

Nous nous arrêtâmes quelque temps dans

le port de l'Encaramada. C'est une espèce d'*embarcadère*, un lieu où se réunissent les bateaux. Un rocher de 40 à 50 pieds de haut forme le rivage. Ce sont toujours les mêmes blocs de granite amoncelés les uns sur les autres, comme dans le Schneeberg en Franconie, et dans presque toutes les montagnes granitiques de l'Europe. Quelques-unes de ces masses détachées ont une forme sphéroïde ; ce ne sont pas cependant des boules à couches concentriques, comme nous en avons décrit ailleurs, mais de simples blocs arrondis, des noyaux séparés de leurs enveloppes par l'effet de la décomposition. Ce granite est gris de plomb, souvent noir, comme couvert d'oxide de manganèse, mais cette couleur ne pénètre pas à $\frac{1}{5}$ de ligne dans l'intérieur de la roche qui est blanc-rougeâtre, à gros grains, et dépourvue d'amphibole.

Les noms indiens de la mission de *San-Luis del Encaramada* sont *Guaja* et *Caramana*[1]. C'est le petit village fondé, en 1749,

[1] Les missions de l'Amérique méridionale ont toutes des noms composés de deux mots, dont le premier est nécessairement un nom de saint (celui du patron

par le père jésuite Gili, auteur de la *Storia dell Orinoco*, publiée à Rome. Ce missionnaire, très-instruit dans les langues des Indiens, a vécu dans cette solitude pendant dix-huit ans, jusqu'à l'expulsion des jésuites. Pour se former une idée exacte de l'état sauvage de ces pays, il faut se rappeler que le père Gili parle de Carichana [1],

de l'église), et le second un nom indien (celui du peuple qui l'habite et du site dans lequel l'établissement a été fait). C'est ainsi que l'on dit San-José de Maypures, Santa-Cruz de Cachipo, San-Juan-Nepomuceno de los Atures, etc. Ces noms composés ne figurent que dans les pièces officielles; les habitans n'adoptent qu'un des deux noms, et le plus souvent, s'il est sonore, le nom indien. Comme ceux des saints se trouvent répétés plusieurs fois, dans des lieux voisins, ces répétitions font naître une grande confusion en géographie. Les noms de San-Juan, de San-Pedro et de San-Diego se trouvent jetés comme au hasard sur nos cartes. La mission de *Guaja* offre (à ce qu'on prétend) un exemple très-rare de la composition de deux mots espagnols. Le mot *Encaramada* signifie ce qui s'élève l'un sur l'autre, d'*encaramar*, *attollere*. On le dérive de la forme du Tepupano et des rochers voisins : peut-être n'est-ce qu'un mot indien (*Caramana*), dans lequel, comme en Manati, par amour pour les étymologies, on a cru reconnoître une signification espagnole.

[1] *Saggio di Storia Americana*, Tom. I, p. 122.

qui est à 40 lieues de l'Encaramada, comme d'un point très-éloigné, et qu'il ne s'est jamais avancé jusqu'à la première cataracte du fleuve dont il a osé entreprendre la description.

Nous rencontrâmes, dans le port de l'Encaramada, des Caribes de Panapana. C'étoit un Cacique qui remontoit l'Orénoque dans sa pirogue pour prendre part à la fameuse pêche des œufs de tortue. Sa pirogue étoit arrondie vers le fond comme un *Bongo*, et suivie d'un canot plus petit appelé *curiara*. Il étoit assis sous une espèce de tente (*toldo*) construite, de même que la voile, en feuilles de palmiers. Sa gravité froide et silencieuse, le respect avec lequel le traitoient les siens, tout annonçoit en lui un personnage important. Le Cacique avoit d'ailleurs le même costume que ses Indiens. Tous étoient également nus, armés d'arcs et de flèches, et couverts d'*Onoto*, qui est la fécule colorante du Rocou. Le chef, les domestiques, les meubles, le bateau et la voile étoient peints en rouge. Ces Caribes sont des hommes d'une stature presque athlétique : ils nous parurent beaucoup plus élancés que les Indiens que nous avions vus jusque-là. Leurs cheveux lisses et touffus, coupés sur le front comme ceux des enfans de chœur, leurs sourcils peints en noir, leur regard à-la-fois sombre et vif, donnent à leur physionomie une expression de dureté extraordinaire. N'ayant vu jusqu'alors que les crânes de quelques Caribes des îles Antilles conservés dans les cabinets de l'Europe, nous fûmes surpris de trouver à ces Indiens, qui étoient de race pure, le front beaucoup plus bombé qu'on ne nous l'avoit dépeint. Les femmes, très-grandes, mais d'une saleté dégoûtante, portoient sur le dos leurs petits enfans dont les cuisses et les jambes, de distance en distance, étoient assujetties par des ligatures de toile de coton très-larges. Les chairs, fortement comprimées au-dessous des ligatures, étoient gonflées dans les interstices. On observe en général que les Caribes sont aussi soigneux de leur extérieur et de leur parure que le peuvent être des hommes nus et peints en rouge. Ils attachent beaucoup d'importance à de certaines formes du corps, et une mère seroit accusée d'une coupable indifférence envers ses enfans; si, par des moyens artificiels, elle ne cherchoit pas à leur façonner le mollet de la jambe à la mode du pays. Comme aucun de nos Indiens de l'Apure ne savoit la langue caribe, nous ne pûmes prendre des renseignemens auprès du cacique de Panapana sur les campemens qui se font, dans cette saison, dans plusieurs îles de l'Orénoque, pour la récolte des œufs de tortue.

Près de l'Encaramada, une île extrêmement longue divise la rivière en deux bras. Nous passâmes la nuit dans une anse rocheuse, vis-à-vis de l'embouchure du Rio Cabullare qui se forme du Payara et de l'Atamaica, et que l'on regarde quelquefois comme une des branches de l'Apure, parce qu'il communique avec celui-ci par le Rio Arichuna. La soirée étoit belle. La lune éclairoit la cime des rochers granitiques. Malgré l'humidité de l'air, la chaleur étoit si uniformément distribuée, qu'aucune scintillation ne se fit remarquer, pas même à 4° ou 5° de hauteur au-dessus de l'horizon. La lumière des planètes étoit singulièrement affoiblie; et si, à cause de la petitesse du diamètre apparent de Jupiter, je ne soupçonnois pas quelque erreur dans l'observation, je dirois qu'ici, pour la première fois, nous crûmes tous distinguer à la vue simple le disque de Jupiter. Vers minuit, le vent nord-est devint très-violent. Il n'amenoit pas des nuages, mais la voûte du ciel se couvroit de plus en plus de vapeurs. De fortes rafales se firent sentir et nous firent craindre pour la sûreté de notre pirogue. Nous n'avions vu, pendant toute cette journée, que très-peu de crocodiles, mais tous d'une grandeur extraordinaire, de 20 à 24 pieds. Les Indiens nous assuroient que les jeunes crocodiles préfèrent les mares et les rivières moins larges et moins profondes. Ils s'accumulent sur-tout dans les *Caños*, et l'on seroit tenté de dire d'eux ce que Abd-Allatif dit des crocodiles du Nil[1] « qu'ils fourmillent comme des vers dans les eaux basses du fleuve et à l'abri des îles inhabitées. »

Le 6 avril. En continuant de remonter

[1] Descript. de l'Egypte, trad. par M. Sylvestre de Sacy, p. 141.

l'Orénoque, d'abord vers le sud, puis vers le sud-ouest, nous aperçûmes le revers austral de la *Serrania* ou chaîne de montagnes de l'Encaramada. La partie la plus rapprochée du fleuve n'a que 140 à 160 toises de hauteur; mais, par ses pentes abruptes, par sa position au milieu d'une savane, par ses sommets rocheux, taillés en prismes informes, la *Serrania* paroît singulièrement élevée. Sa plus grande largeur n'est que de trois lieues; d'après des renseignemens que m'ont donnés des Indiens de la nation Pareka, elle s'élargit considérablement vers l'est. Les cimes de l'Encaramada forment le chaînon le plus septentrional d'un groupe de montagnes qui bordent la rive droite de l'Orénoque, entre les 5° et les 7° $\frac{1}{2}$ de latitude, depuis la bouche du Rio Zama jusqu'à celle du Cabullare. Les différens chaînons dans lesquels ce groupe est divisé, sont séparés par de petites plaines couvertes de graminées. Ils ne conservent pas entre eux un parallélisme parfait ; car les plus septentrionaux sont dirigés de l'ouest à l'est, et les plus méridionaux du nord-ouest au sud-est. Ce changement de direction explique suffisamment l'accroissement en largeur qu'on observe dans la cordillère de la Parime vers l'est, entre les sources de l'Orénoque et du Rio Paruspa. En pénétrant au-delà des grandes cataractes d'Atures et de Maypures, nous verrons paraître sucessivement sept chaînons principaux, ceux de l'Encaramada ou de Sacuina, de Chaviripa, du Baraguan, de Carichana, d'Uniama, de Calitamini et de Sipapo. Cet aperçu peut servir à donner une idée générale de la constitution géologique du sol. Par-tout sur le globe on reconnoît une tendance vers des formes régulières dans les montagnes qui paroissent le plus irrégulièrement agroupées. Chaque chaînon se présente dans une coupe transversale, comme un sommet isolé, à ceux qui naviguent sur l'Orénoque; mais cet isolement est une simple apparence. La régularité dans la direction et la séparation des chaînons semble diminuer à mesure qu'on avance vers l'est. Les montagnes de l'Encaramada se réunissent à celles du Mato qui donnent naissance au Rio Asiveru ou Cuchivero; celles de Chaviripe se prolongent, par les montagnes granitiques du Corosal, d'Amoco et du Murcielago, vers les sources de l'Erevato et du Ventuari.

C'est à travers ces montagnes, qui sont habitées par des Indiens d'un caractère doux et adonnés à l'agriculture [1], que, lors de l'expédition des limites, le général Iturriaga fit passer les bêtes à cornes destinées pour l'approvisionnement de la nouvelle ville de San-Fernando de Atabapo. Les habitans de l'Encaramada montrèrent alors aux soldats espagnols le chemin du Rio Manapiari [2] qui débouche dans le Ventuari. En descendant ces deux rivières, on parvint à l'Orénoque et à l'Atabapo sans passer les grandes cataractes qui offrent des obstacles presque insurmontables au transport du bétail. L'esprit d'entreprise qui avoit distingué si éminemment les Castillans, lors

---

[1] Les Indiens Mapoyes, Parecas, Javaranas et Curacicanas, qui ont de belles plantations (*conucos*) dans les savanes, dont ces forêts sont bordées.

[2] Entre l'Encaramada et le Rio Manapiari, don Miguel Sanchez, le chef de la petite expédition traversa le Rio Guainaima qui se jette dans le Cuchivero. Sanchez mourut, des fatigues de ce voyage, sur les bords du Ventuari.

de la découverte de l'Amérique, reparut de nouveau, pour quelque temps, au milieu du dix-huitième siècle, lorsque le roi Ferdinand VI voulut connoître les véritables limites de ses vastes possessions, et que, dans les forêts de la Guyane, dans cette terre classique du mensonge et des traditions fabuleuses, l'astuce des Indiens fit renaître l'idée chimérique des richesses du Dorado qui avoient tant occupé l'imagination de premiers *conquérans*.

On se demande, au milieu de ces montagnes de l'Encaramada, qui, comme la plupart des roches granitiques à gros grains, sont dépourvues de filons, d'où viennent ces pépites d'or que Juan Martinez [1] et Raleigh prétendent avoir vues si abondamment entre les mains des Indiens de l'Orénoque. Je pense, d'après ce que j'ai observé dans cette partie de l'Amérique, que l'or, comme l'étain [2], est quelquefois disséminé d'une

[1] Le compagnon de Diego de Ordaz.
[2] C'est ainsi que l'étain se trouve dans du granite de nouvelle formation (à Geyer), dans de l'hyalomicte ou *graisen* (à Zinnwald), et dans du porphyre syénitique (à Altenberg en Saxe, comme près de Naila, dans le Fichtelgebirge). J'ai aussi vu, dans le Haut-Palatinat,

manière presque imperceptible dans la masse même des roches granitiques, sans qu'on puisse admettre qu'il y ait une ramification et un entrelacement de petits filons. Il n'y a pas très-long-temps que, dans la *Quebrada del Tigre* [1], des Indiens de l'Encaramada ont trouvé un grain d'or de deux lignes de diamètre. Il étoit arrondi et paroissoit avoir été charié par les eaux. Cette découverte intéressoit beaucoup plus les missionnaires que les indigènes; elle ne fut suivie d'aucune autre semblable.

Je ne puis quitter ce premier chaînon des montagnes de l'Encaramada, sans rappeler ici un fait qui n'étoit pas resté inconnu au père Gili, et qu'on m'a souvent cité lors de notre séjour dans les missions de l'Orénoque. Les indigènes de ces contrées ont conservé la croyance «que, lors des grandes eaux, tandis que leurs pères étoient forcés d'aller en canot pour échapper à l'inondation générale, les flots de la mer venoient battre

le fer micacé et le cobalt terreux noir, loin de tout filon, disséminé dans un granite dépourvu de mica, comme l'est le fer titané dans des roches volcaniques.

1 Ravin du tigre.

contre les rochers de l'Encaramada. » Cette croyance ne se présente pas isolément chez un seul peuple, les Tamanaques : elle fait partie d'un système de traditions historiques dont on trouve des notions éparses chez les Maypures des grandes cataractes, chez les Indiens du Rio Erevato[1], qui se jette dans le Caura, et chez presque toutes les tribus du Haut-Orénoque. Lorsqu'on demande aux Tamanaques comment le genre humain a survécu à ce grand cataclysme, l'*âge de l'eau* des Mexicains, ils disent « qu'un homme et une femme se sont sauvés sur une haute montagne appelée Tamanacu, située sur les rives de l'Asiveru, et que, jetant derrière eux, au-dessus de leurs têtes, les fruits du palmier Mauritia, ils virent naître des noyaux de ces fruits les hommes et les femmes qui repeuplèrent la terre. » Voilà, dans toute sa simplicité, parmi des peuples aujourd'hui sauvages, une tradition que les Grecs ont embellie de

[1] Je puis citer, pour les Indiens de l'Erevato, le témoignage de notre infortuné ami Fray Juan Gonzales qui a vécu long-temps dans les missions de Caura. *Voyez* plus haut, Tom. IV, p. 58.

tous les charmes de l'imagination! A quelques lieues de l'Encaramada s'élève, au milieu de la savane, un rocher appelé *Tepumereme*, *la roche peinte*. Il offre des figures d'animaux et des traits symboliques semblables à ceux que nous avons vus en redescendant l'Orénoque, à peu de distance au-dessous de l'Encaramada, près de la ville de Caycara. En Afrique, de semblables rochers sont appelés, par les voyageurs, des *pierres à fétiches*. Je ne me servirai point de ce nom, parce que le *fétichisme* n'est point répandu parmi les indigènes de l'Orénoque, et que les figures d'étoiles, de soleil, de tigres et de crocodiles, que nous avons trouvées tracées sur des rochers, dans des lieux aujourd'hui inhabités, ne me paroissent aucunement désigner des objets du culte de ces peuples. Entre les rives du Cassiquiare et de l'Orénoque; entre l'Encaramada, le Capuchino et Caycara, ces figures hiéroglyphiques sont souvent placées, à de grandes hauteurs, sur des murs de rochers qui ne seroient accessibles qu'en construisant des échafaudages extrêmement élevés. Lorsqu'on demande aux indigènes comment ces figures ont pu être sculptées, ils répondent en souriant, comme rapportant un fait qu'un étranger, qu'un homme blanc seul peut ignorer, « qu'à l'époque des *grandes eaux*, leurs pères alloient en canot à cette hauteur. »

Ces antiques traditions du genre humain, que nous trouvons dispersées sur la surface du globe, comme les débris d'un vaste naufrage, sont du plus grand intérêt pour l'étude philosophique de notre espèce. Semblables à de certaines familles de végétaux qui, malgré la diversité des climats et l'influence des hauteurs, conservent l'empreinte d'un type commun, les traditions cosmogoniques des peuples offrent par-tout une même physionomie, des traits de ressemblance qui nous remplissent d'étonnement. Tant de langues diverses, appartenant à des rameaux qui paroissent entièrement isolés, nous transmettent les mêmes faits. Le fond des traditions sur les races détruites et le renouvellement de la nature, ne varie presque pas [1]; mais chaque peuple leur

[1] *Voyez* mes *Monumens des peuples indigènes de l'Amérique*, p. 204, 206, 223 et 227.

donne une teinte locale. Dans les grands continens comme dans les plus petites îles de l'Océan-Pacifique, c'est toujours la montagne la plus élevée et la plus voisine sur laquelle se sont sauvés les restes du genre humain, et cet événement paroît d'autant plus récent, que les nations sont plus incultes et que la conscience qu'elles ont d'elles-mêmes ne date pas de très-loin. Lorsqu'on étudie avec attention les monumens mexicains antérieurs à la découverte du Nouveau-Monde, lorsqu'on pénètre dans les forêts de l'Orénoque, et qu'on connoît la petitesse des établissemens européens, leur isolement et l'état des tribus restées indépendantes, on ne peut se permettre d'attribuer les analogies que nous venons de citer à l'influence des missionnaires et à celle du christianisme sur les traditions nationales. Il est tout aussi peu probable que l'aspect de corps marins, trouvés sur le sommet des montagnes, ait fait naître, chez les peuples de l'Orénoque, l'idée de ces grandes inondations qui ont éteint, pour quelque temps, les germes de la vie organique sur le globe. Le pays qui s'étend de la rive droite de l'Orénoque jusqu'au Cassiquiare et au Rio Negro, est un pays de roches primitives. J'y ai vu une petite formation de grès ou conglomérat, mais point de calcaire secondaire, pas de trace de pétrifications.

Le vent frais du nord-est nous conduisit à pleines voiles vers la *boca de la Tortuga*. Nous mîmes pied à terre, à 11 heures du matin, dans une île que les Indiens de la mission d'Uruana regardent comme leur propriété, et qui est placée au milieu du fleuve. Cette île est célèbre, à cause de la pêche des tortues, ou, comme on dit ici, de la *cosecha, récolte des œufs* qui s'y fait annuellement. Nous y trouvâmes un rassemblement d'Indiens qui campoient sous des huttes construites en feuilles de palmiers. Ce campement renfermoit plus de 300 personnes. Accoutumés, depuis San-Fernando de Apure, à ne voir que des plages désertes, nous fûmes singulièrement frappés du mouvement qui régnoit ici. Il y avoit, outre les Guamos et les Otomacos d'Uruana, qui sont regardés comme deux races sauvages et intraitables, des Caribes et d'autres Indiens du Bas-Orénoque. Chaque tribu campoit séparément, et se distinguoit par les pigmens dont leur peau étoit peinte. Nous trouvâmes, au milieu de cette réunion tumultueuse, quelques hommes blancs, sur-tout des *pulperos* ou petits marchands de l'Angostura qui avoient remonté le fleuve pour acheter aux indigènes l'huile des œufs de tortues. Le missionnaire d'Uruana, natif d'Alcala de Henarez, vint à notre rencontre. Il fut on ne peut pas plus surpris de notre apparition. Après avoir admiré nos instrumens, il nous fit une peinture exagérée des souffrances auxquelles nous serions nécessairement exposés en remontant l'Orénoque au-delà des cataractes. Le but de notre voyage lui parut très-mystérieux. « Comment croire, disoit-il, que vous avez quitté votre patrie pour venir dans ce fleuve vous faire manger par les *Mosquitos*, et mesurer des terres qui ne vous appartiennent pas ? » Nous étions heureusement munis de recommandations du père gardien des missions de Saint-François ; et le beau-frère du gouverneur de Varinas, qui nous accompagnoit, fit disparoître bientôt les doutes que notre costume, notre accent et notre arrivée dans cette île sablonneuse avoient fait naître parmi les blancs. Le missionnaire nous invita à partager avec lui un repas frugal de bananes et de poissons. Il nous apprit qu'il étoit venu camper avec les Indiens, pendant le temps de la *récolte des œufs*, « pour célébrer tous les matins la messe en plein air, pour se procurer l'huile nécessaire à l'entretien de la lampe de l'église, et surtout pour gouverner cette *republica de Indios y Castellanos*, dans laquelle chacun vouloit profiter seul de ce que Dieu avoit accordé à tous. »

Nous fîmes le tour de l'île accompagnés du missionnaire et d'un *pulpero* qui se vantoit d'avoir visité, depuis dix ans, le campement d'Indiens et la *pesca de tortugas*. On fréquente cette partie des rives de l'Orénoque comme on fréquente chez nous les foires de Francfort ou de Beaucaire. Nous nous trouvâmes dans une plaine de sable entièrement unie. « Aussi loin que porte votre vue le long des plages, nous disoit-on, une couche de terre recouvre des œufs de tortue.» Le missionnaire tenoit une longue perche à la main. Il nous montra qu'en sondant avec cette perche (*vara*) on détermine l'étendue du *strate* d'œufs, comme le mineur détermine les limites d'un *dépôt* de marne, de fer limonneux ou de houille. En enfonçant la *vara* perpendiculairement on sent, par le manque de résistance que l'on éprouve tout-d'un-coup, qu'on a pénétré dans la cavité ou couche de terre meuble qui renferme les œufs. Nous vîmes que le *strate* est généralement répandu avec tant d'uniformité que la sonde le rencontre dans un rayon de 10 toises autour d'une marque donnée. Aussi ne parle-t-on ici que de *perches carrées d'œufs*: c'est comme un terrain à mines qu'on divise par lots et qu'on exploite avec la plus grande régularité. Cependant il s'en faut de beaucoup que le *strate* des œufs couvre l'île entière : on ne le retrouve plus partout où le terrain s'élève brusquement, parce que la tortue ne peut parvenir à ces petits plateaux. Je rappelai à mes guides les descriptions emphatiques du père Gumilla[1]

[1] Tam difficultoso es contar las arenas de las di-

qui assure que les plages de l'Orénoque renferment moins de grains de sable que la rivière ne renferme de tortues, et que ces animaux empêcheroient les bâtimens d'avancer, si les hommes et les tigres n'en tuoient pas annuellement un si grand nombre. « *Son cuentos de frailes;* » disoit tout bas le *pulpero* de l'Angostura; car, comme les seuls voyageurs de ce pays sont de pauvres missionnaires, on appelle *contes de moines* ce qu'en Europe on appelleroit des *contes de voyageurs.*

Les Indiens nous assuroient qu'en remontant l'Orénoque, depuis l'embouchure du fleuve jusqu'à son confluent avec l'Apure, on ne trouve pas une seule île ou une seule plage où l'on puisse recueillir des œufs en abondance. La grande tortue *Arrau* [1] redoute les endroits habités par

---

latadas playas del Orinoco, como contar el immenso numero de tortugas que alimenta en sus margenes y corrientes. — Se no ubiesse tan exorbitante consumo de tortugas, de tortuguillos y de huevos, el Rio Orinoco, aun de primera magnitud, se bolberia innavegable, sirviendo de embarazo a las embarcaciones la multitud imponderable de tortugas. *Orinoco. Illustr.*, Tom. I, p. 331 à 336.

[1] Prononcez *Ara-ou*. C'est un mot de la langue

les hommes ou très-fréquentés par des bateaux. C'est un animal timide et méfiant qui élève sa tête au-dessus de l'eau et se cache au moindre bruit. Les plages dans lesquelles presque toutes les tortues de l'Orénoque paroissent se réunir annuellement, sont situées entre le confluent de l'Orénoque avec l'Apure et les grandes cataractes ou *Raudales*, c'est-à-dire entre Cabruta et la mission d'Aturès. C'est là que l'on trouve les trois pêches célèbres de l'Encaramada, ou Boca del Cabullare, de Cucuruparu [1] ou Boca de la Tortuga, et de Pararuma, un peu au-dessous de Carichana. Il paroît que la tortue *Arrau* ne remonte pas les cataractes, et on nous a assuré qu'au-dessus d'Atures et de Maypures, on ne trouve plus que des tortues *Terekay* [2]. C'est ici l'endroit de dire quelques mots de la différence de ces deux es-

maypure qu'il ne faut pas confondre avec *Arue*, qui signifie un crocodile chez les Tamanaques, voisins des Maypures. Les Otomaques appellent la tortue d'Uruana *Achea*; les Tamanaques, *Peje*.

[1] Ou Curucuruparu. J'ai déterminé la latitude de cette île en redescendant l'Orénoque.

[2] En espagnol *Terecayas*.

pèces et de leur rapport avec les diverses familles de l'ordre des Chéloniens.

Nous commencerons par l'*Arrau* que les Espagnols des missions appellent simplement *tortuga*, et dont l'existence est d'un si vif intérêt pour les peuples du Bas-Orénoque. C'est une grande tortue d'eau douce, à pattes palmées et membraneuses, ayant la tête très-déprimée, à deux appendices charnus, très-pointus sous le menton, cinq ongles aux pieds de devant et quatre ongles aux pieds de derrière qui sont sillonnés par-dessous. La carapace a 5 écailles du centre, 8 latérales et 24 aux bords. La couleur est gris-noirâtre par-dessus et orange par-dessous. Les pieds sont également jaunes et très-longs. On remarque un sillon très-profond entre les yeux. Les ongles sont très-forts et très-arqués. L'anus est placé à $\frac{1}{5}$ de distance de l'extrémité de la queue. L'animal adulte pèse 40 à 50 livres. Ses œufs, beaucoup plus grands que des œufs de pigeons, sont mois allongés que les œufs de *Terekay*. Ils sont couverts d'une croûte calcaire, et l'on assure qu'ils ont assez de consistance pour que les enfans

CHAPITRE XIX. 277

des Indiens Otomaques, qui sont de grands joueurs de paume, puissent les jeter en l'air pour se les passer les uns aux autres. Si l'*Arrau* habitoit le lit du fleuve au-dessus des cataractes, les Indiens du Haut-Orénoque n'iroient pas si loin pour se procurer la chair et les œufs de cette tortue. Cependant on a vu jadis des peuplades entières de l'Atabapo et du Cassiquiare passer les *Raudales* pour prendre part à la pêche d'Uruana.

Les *Terekays* sont plus petits que les *Arrau*. Ils n'ont généralement que 14 pouces de diamètre. Le nombre des écailles de la carapace est le même, mais ces écailles sont un peu différemment disposées. J'en ai compté 3 au centre du disque, et 5 hexagones de chaque côté. Les bords renferment 24 écailles toutes quadrangulaires et très-recourbées. La carapace est d'une couleur noire tirant sur le vert : les pieds et les ongles sont comme dans l'*Arrau*. Tout l'animal est vert d'olive; mais il a sur le sommet de la tête deux taches mélangées de rouge et de jaune. La gorge est jaune aussi et munie d'un appendice épineux.

Les *Terekays* ne se rassemblent pas en grandes sociétés comme les *Arrau* ou *Tortugas* pour pondre leurs œufs en commun et les déposer sur une même plage. Les œufs de *Terekays* ont un goût agréable et sont très-recherchés par les habitans de la Guyane espagnole. On les trouve dans le Haut-Orénoque comme au-dessous des cataractes, et même dans l'Apure, l'Uritucu, le Guarico et les petites rivières qui traversent les *Llanos* de Caracas. La forme des pieds et de la tête, les appendices du menton et de la gorge, et la position de l'anus semblent indiquer que l'*Arrau*, et probablement aussi le *Terekay*, appartiennent à un nouveau sous-genre de tortues qu'on peut séparer des Emydes. Ils se rapprochent, par les barbillons et la position de l'anus, de l'Emys nasuta de M. Schweigger et du *Matamata* de la Guyane françoise; mais ils diffèrent de ce dernier par la forme des écailles qui ne sont pas hérissées d'éminences pyramydales[1].

[1] Je proposerois de placer provisoirement près du Matamata de Bruguières ou Testudo fimbriata de Gmelin (*Schœpf*, tab. 21) qui a servi à M. Duméril pour former son genre Chelys:

CHAPITRE XIX. 279

L'époque à laquelle la grande tortue *Arrau* pond ses œufs, coïncide avec l'époque des plus basses eaux. L'Orénoque commen-

Testudo Arrau, testa ovali subconvexa, ex griseo nigrescenti, subtus lutea, scutellis disci 5, lateralibus 8, marginalibus 24, omnibus planis (nec mucronato-conicis), pedibus luteis, mento et gutture subtus biappendiculatis.

Testudo Terekay, testa ovali, atro-viridi, scutellis disci 3, lateralibus 10, marginalibus 24, capitis vertice maculis duabus ex rubro flavescentibus notato, gutture lutescenti, appendiculo spinoso.

Ces descriptions sont loin d'être complètes, mais ce sont les premières qu'on ait tenté de donner de deux Chéloniens si célèbres depuis long-temps par les récits des missionnaires et si remarquables par l'utilité qu'en tirent les indigènes. On reconnoît, sur les individus que renferme la collection du Jardin du Roi, que dans le Testudo fimbriata (à 25 écailles marginales) l'ouverture de l'anus est presque placée comme dans les deux tortues de l'Orénoque, dont je donne ici les caractères, et comme dans le Tryonix ægyptiaca, c'est-à-dire à $\frac{1}{4}$ de l'extrémité de la queue. Cette position de l'anus mérite de fixer l'attention des zoologistes ; elle rapproche, de même que l'existence d'une trompe prolongée dans le Matamata, les Chélides des Tryonix ; mais ces genres diffèrent par le nombre des ongles et la consistance de la carapace. M. Geoffroy, guidé par d'autres considérations, avoit déjà supposé ces rapports. (*Annales du Muséum*, T. XIV, p. 19.) Dans les Chéloniens, les tortues de terre et les vraies Emydes, l'anus est placé à la

çant à croître depuis l'équinoxe du printemps, les plages les plus basses se trouvent découvertes depuis la fin de janvier jus-

base de la queue. Je n'ai trouvé décrit sur mon journal que des individus très-jeunes du *Testudo Arrau.* Je n'y ai pas fait mention de la trompe; et si j'osois m'en rapporter à ma mémoire, je dirois que l'*Arrau* adulte n'est pas muni d'une trompe comme le *Matamata.* Il ne faut oublier d'ailleurs que le genre *Chelys* n'a été formé que d'après la connoissance d'une seule espèce, et qu'on a pu confondre ce qui appartient au genre et ce qui appartient à l'espèce. Les véritables caractères du nouveau genre *Chelys* sont la forme de la gueule et les appendices membraneux du menton et du col. Je n'ai jamais trouvé en Amérique le vrai *Testudo fimbriata* de Cayenne, dont les écailles ont une forme conique et pyramidale, et j'ai été d'autant plus surpris de voir que le père Gili, missionnaire de l'Encaramada, à 320 lieues de distance de Cayenne, distingue déja, dans un ouvrage publié en 1788, l'*Arrau* et le *Terekay*, d'une tortue beaucoup plus petite qu'il appelle *Matamata.* Il lui donne dans sa description italienne, *il guscio non convesso come nelle altre tartarughe, ma piano, scabroso e deforme.* Ces derniers caractères s'adaptent très-bien au *Testudo fimbriata*; et comme le père Gili ne connoissoit ni la zoologie ni les livres qui traitent de cette science, on peut croire qu'il décrit le *Matamata* de l'Orénoque tel qu'il l'a vu. Il résulte de ces recherches, que trois espèces voisines, l'Arrau, le Terekay et le *Testudo fimbriata* habitent une même région du Nouveau-Continent.

qu'au 20 ou 25 mars. Les tortues *Arrau*, réunies par bandes depuis le mois de janvier, sortent alors de l'eau et se chauffent au soleil en se reposant sur les sables. Les Indiens croient qu'une forte chaleur est indispensable à la santé de l'animal, et que l'insolation favorise la ponte. On trouve les *Arrau* sur les plages, une grande partie du jour, pendant tout le mois de février. Au commencement de mars, les bandes dispersées se réunissent et nagent vers les îles peu nombreuses où elles déposent habituellement leurs œufs. Il est probable que la même tortue visite tous les ans les mêmes plages. A cette époque, peu de jours avant la ponte, on voit paroître des milliers de ces animaux rangés en longues files sur les bords des îles Cucuruparu, Uruana et Pararuma, allongeant le col et tenant la tête hors de l'eau pour voir s'ils n'ont rien à redouter des tigres ou des hommes. Les Indiens, vivement intéressés à ce que les bandes déja réunies restent complètes, que les tortues ne se dispersent pas et que la ponte se fasse bien tranquillement, placent des sentinelles de distance en distance, le long du rivage. On avertit les bateaux de se tenir au milieu du fleuve et de ne pas effaroucher les tortues par des cris. La ponte a toujours lieu pendant la nuit : elle commence d'abord après le coucher du soleil. L'animal creuse, de ses extrémités postérieures qui sont très-longues et munies d'ongles crochus, un trou de trois pieds de diamètre et de deux pieds de profondeur. Les Indiens assurent que, pour raffermir le sable des plages, la tortue l'humecte de son urine. On croit s'en apercevoir par l'odeur, lorsqu'on ouvre un trou, ou, comme l'on dit ici, un *nid d'œufs* [1] récemment fait. Le besoin que sentent ces animaux de pondre est si pressant que quelques individus descendent dans les trous qui ont été creusés par d'autres et qui ne sont point encore couverts de terre. Il y déposent une nouvelle couche d'œufs sur la couche récemment pondue. Dans ce mouvement tumultueux, une immense quantité d'œufs est brisée. Le missionnaire nous fit voir, en remuant le sable en plusieurs endroits, que cette

[1] *Nidada de huevos.*

perte peut s'élever à $\frac{1}{3}$ de la récolte entière. Le jaune des œufs cassés contribue, en se desséchant, à cimenter le sable, et nous avons trouvé des concrétions très-volumineuses de grains de quartz et de coques brisées. Le nombre de ces animaux qui labourent les plages pendant la nuit est si grand, que le jour en surprend plusieurs avant que la ponte soit terminée. Ils sont pressés alors par le double besoin de déposer leurs œufs et de fermer les trous qu'ils ont creusés, afin que le tigre ne puisse les apercevoir. Les tortues qui sont restées en retard ne connoissent pas de danger pour elles-mêmes. Elles travaillent en présence des Indiens qui visitent les plages de grand matin. On les appelle des *tortues folles*. Malgré l'impétuosité de leurs mouvemens on les prend facilement avec les mains.

Les trois campemens que forment les Indiens, dans les lieux désignés plus haut, commencent dès la fin de mars et les premiers jours d'avril. La récolte des œufs se fait d'une manière uniforme et avec cette régularité qui caractérise toutes les institutions monastiques. Avant l'arrivée des missionnaires sur les bords du fleuve, les indigènes profitaient beaucoup moins d'une production que la nature y a déposée en si grande abondance. Chaque tribu fouilloit la plage à sa manière, et l'on cassoit inutilement une prodigieuse quantité d'œufs, parce qu'on ne creusoit pas avec précaution et que l'on découvroit plus d'œufs qu'on ne pouvoit en emporter. C'étoit comme une mine exploitée par des mains inhabiles. Les pères jésuites ont le mérite d'avoir *régularisé* l'exploitation ; et, quoique les religieux de Saint-François, qui ont succédé aux jésuites dans les missions de l'Orénoque, se vantent de suivre l'exemple de leurs prédécesseurs, ils ne font malheureusement pas tout ce qu'exigeroit la prudence. Les jésuites ne permettoient pas qu'on exploitât la plage entière : ils en laissoient une partie intacte, dans la crainte de voir, sinon détruite, du moins considérablement diminuée, la race des tortues *Arrau*. Aujourd'hui on fouille toute la plage sans réserve. Aussi croit-on s'apercevoir que les *récoltes* sont d'année en année moins productives.

Lorsque le camp est formé, le missionnaire d'Uruana nomme son lieutenant, ou *commissaire*, qui partage, en différentes portions, le terrain où se trouvent les œufs, selon le nombre de tribus indiennes qui prennent part à la récolte. Ce sont tous des *Indiens de missions*, aussi nus et abrutis que les *Indiens des bois* : on les appelle *reducidos* et *neofitos*, parce qu'ils fréquentent l'église au son de la cloche et qu'ils ont appris à s'agenouiller pendant la consécration.

Le lieutenant ou *commissionado del Padre* commence ses opérations par la sonde. Il examine, comme nous l'avons dit plus haut, au moyen d'une longue perche de bois, ou d'un jonc de bambou, jusqu'où s'étend le *strate des œufs*. Selon nos mesures, ce *strate* s'éloigne du rivage jusqu'à 120 pieds de distance. Sa profondeur moyenne est de trois pieds. Le *commissionado* place des marques pour indiquer le point où chaque tribu doit s'arrêter dans ses travaux. On est surpris d'entendre évaluer le produit de la récolte des œufs comme le produit d'un arpent bien cultivé. On a vu un *area* exactement mesuré, de cent-vingt pieds de long et trente pieds de large, donner cent jarres, ou pour mille francs d'huile. Les Indiens fouillent la terre de leurs mains; ils placent les œufs qu'ils ont recueillis dans de petits paniers appelés *mappiri;* ils les portent dans le camp, et les jettent dans de longues auges de bois remplies d'eau. C'est dans ces auges que les œufs, brisés et remués avec des pelles, restent exposés au soleil jusqu'à ce que le jaune (la partie huileuse), qui surnage, ait pu *s'inspisser.* A mesure que cette partie huileuse se réunit à la surface de l'eau, on l'enlève et on la fait bouillir à un feu très-vif. On assure que cette huile animale, appelée par les Espagnols *manteca de torugas*[1], se conserve d'autant mieux qu'elle a été soumise à une ébullition plus forte. Lorsqu'elle est bien préparée, elle est limpide, inodore et à peine jaunâtre. Les missionnaires la comparent à la meilleure huile d'olive, et on l'emploie, non-seulement pour la brûler

---

[1] *Graisse de tortues.* Les Indiens Tamanaques la désignent par le nom de *carapa;* les Maypures, par celui de *timi.*

dans les lampes, mais sur-tout pour préparer les alimens auxquels elle ne donne aucun goût désagréable. Il n'est pas facile cependant de se procurer une huile d'œufs de tortue bien pure. Généralement elle a une odeur putride qui provient du mélange d'œufs, dans lesquels, par l'action prolongée du soleil, les petites tortues (*los tortuguillos*) se sont déja formées. Nous avons sur-tout éprouvé ce désagrément à notre retour du Rio Negro en employant une graisse fluide qui étoit devenue brune et fétide. Des matières filandreuses se trouvaient réunies au fond des vases ; à ce signe on reconnoît l'impureté de l'huile de tortue.

Voici quelques notions statistiques que j'ai acquises sur les lieux, en consultant et le missionnaire d'Uruana, et son lieutenant, et les boutiquiers de l'Angostura. La plage d'Uruana fournit annuellement 1000 botijas [1] ou jarres d'huile (*manteca*). Le prix de chaque jarre est, à la capitale de la Guyane, appelée vulgairement l'Angostura, de deux piastres à deux piastres et demie.

[1] Chaque *botija* renferme 25 bouteilles : elle a 1000 à 1200 pouces cubes.

On peut admettre que le produit total des trois plages où se fait annuellement la *cosecha* ou récolte des œufs, est de 5000 *botijas*. Or, comme deux cents œufs donnent assez d'huile pour remplir une bouteille ou *limeta*, il faut 5000 œufs pour une jarre ou *botija* d'huile. En évaluant à 100 ou 116 le nombre des œufs que produit une tortue, et en comptant que le tiers des œufs est cassé au moment de la ponte, sur-tout par les tortues *folles*, on conçoit que, pour retirer annuellement 5000 jarres d'huile, il faut que 330,000 tortues *Arrau*, dont le poids s'élève à 165,000 quintaux, viennent pondre, sur les trois plages destinées à la *récolte*, 33 millions d'œufs. Les résultats de ces calculs sont bien au-dessous de la vérité. Beaucoup de tortues ne pondent que 60 à 70 œufs; un grand nombre de ces animaux est dévoré par les Jaguars au moment où ils sortent de l'eau. Les Indiens emportent beaucoup d'œufs pour les manger desséchés au soleil: ils en brisent un très-grand nombre par mégarde pendant la récolte. La quantité d'œufs éclos avant que l'homme puisse les déterrer, est si prodigieuse que, près du campement d'Uruana, j'ai vu toute la rive de l'Orénoque fourmiller de petites tortues d'un pouce de diamètre, et se sauvant avec peine des poursuites des enfans indiens. Si on ajoute à ces considérations que tous les *Arrau* ne se réunissent pas dans les trois plages des campemens, et qu'il y en a beaucoup qui pondent sporadiquement, et quelque semaines plus tard [1], entre l'embouchure de l'Orénoque et le confluent de l'Apure, on se voit forcé d'admettre que le nombre des tortues qui déposent annuellement leurs œufs sur les bords du Bas-Orénoque s'approche d'un

[1] Les *Arrau* qui pondent leurs œufs avant le commencement de mars (car, dans la même espèce, l'*insolation* plus ou moins fréquente, la nourriture et l'organisation particulière à chaque individu produisent des différences), sortent de l'eau avec les *Terekay* dont la ponte se fait en janvier et en février. Le père Gumilla croit que ce sont des *Arrau* qui n'ont pu pondre l'année précédente! Ce que le père Gili rapporte sur les *Terekay* (Tom. I, p. 96, 101 et 297) est tout-à-fait conforme à ce que j'ai appris du gouverneur des Otomaques d'Uruana qui entendoit le castillan et avec lequel j'ai pu m'entretenir. Il est assez difficile de recueillir les œufs des *Terekay*, parce que ces animaux les déposent épars et ne les réunissent pas par milliers sur une même plage.

million. Ce nombre est bien considérable pour un animal d'une grande taille, qui pèse jusqu'à demi-quintal, et dont l'homme détruit la majeure partie. En général, parmi les animaux, la nature multiplie moins les grandes espèces que les petites.

Le travail de la récolte des œufs et de la préparation de l'huile dure trois semaines. C'est seulement à cette époque que les missions communiquent avec la côte et les pays civilisés voisins. Les religieux de Saint-François qui vivent au sud des cataractes vont à la *récolte des œufs*, moins pour se procurer de l'huile que pour voir, à ce qu'ils disent, « *des visages blancs* » et pour apprendre, « si le roi habite l'Escurial ou Saint-Ildefonse, si les couvens restent supprimés en France, et sur-tout si le *Turc* continue à se tenir tranquille. » Ce sont là les seuls objets qui intéressent un moine de l'Orénoque, et sur lesquels les petits marchands de l'Angostura, qui visitent ces campemens, ne peuvent guère donner de notions bien exactes. Dans ces pays lointains, on ne doute jamais d'une nouvelle qu'un homme blanc porte de la capitale.

Douter c'est presque raisonner ; et comment ne pas trouver pénible d'exercer son entendement, lorsqu'on passe sa vie à se plaindre de la chaleur du climat et de la piqûre des *mousquites* ?

Le profit des marchands d'huile s'élève à 70 ou 80 pour cent; car les Indiens leur vendent la jarre ou *botija* au prix d'une piastre forte et les frais de transport ne sont que de deux cinquièmes de piastre par jarre [1]. Les Indiens, en allant à la *cosecha de huevos*, rapportent aussi une prodigieuse quantité d'œufs séchés au soleil ou exposés à une légère ébullition. Nos rameurs avoient toujours des paniers ou de petits sacs de toile de coton remplis de ces œufs. Ils ne nous ont pas paru d'un goût désagréable lorsqu'ils sont bien conservés. On nous montra de grandes carapaces de tortues vidées par les tigres Jaguars. Ces animaux suivent les

[1] Prix d'achat de 300 *botijas*, 300 piastres. Frais de transport : un bateau, *lancha*, avec quatre rameurs et un patron, 60 p. ; deux vaches pour la nourriture des rameurs pendant 2 mois, 10 p. ; manioc, 20 p. ; petites dépenses dans le camp, 30 p.; total, 420 piastres. Les 300 *botijas* se vendent, à l'Angostura, pour 600 ou 750 piastres, d'après un prix moyen de dix ans.

Arrau vers les plages où la ponte doit avoir lieu. Ils les surprennent sur le sable; et, pour les dévorer à leur aise, ils les retournent de manière que le plastron regarde le ciel. Dans cette situation, ces tortues ne peuvent se relever; et, comme le Jaguar en tourne beaucoup plus qu'il n'en mange dans une nuit, les Indiens profitent souvent de sa ruse et de sa maligne avidité.

Lorsqu'on réfléchit à la difficulté qu'éprouve le naturaliste voyageur d'arracher le corps de la tortue sans séparer la carapace du plastron, on ne peut assez admirer la souplesse de la patte du tigre qui vide le double bouclier de l'*Arrau*, comme si l'on avoit ôté les attaches musculaires au moyen d'un instrument de chirurgie. Le Jaguar poursuit la tortue jusque dans l'eau, lorsqu'elle n'est pas très-profonde. Il déterre même les œufs; et, avec le crocodile, les hérons et le vautour *Gallinazo*, c'est le plus cruel ennemi des petites tortues récemment écloses. L'année précédente, l'île de Pararuma étoit tellement infestée de crocodiles pendant la récolte des œufs, que les Indiens en prirent dans une seule nuit dix-huit de douze à quinze pieds de long, au moyen de fers recourbés et garnis de chair de Lamantin. Outre les animaux de la forêt que nous venons de nommer, les Indiens sauvages nuisent aussi beaucoup à la fabrication de l'huile. Avertis par les premières petites pluies, qu'ils appellent *pluies des tortues (peje-canepori* [1]*)*, ils se portent sur les rives de l'Orénoque, et tuent, avec des flèches empoisonnées, les tortues qui, la tête levée et les pattes étendues, se chauffent au soleil.

Quoique les petites tortues (*tortuguillos*) aient brisé la coque de leur œuf pendant le jour, on ne les voit jamais sortir de terre que la nuit. Les Indiens assurent que le jeune animal craint la chaleur du soleil. Ils ont aussi tenté de nous faire voir que, lorsqu'on porte le *tortuguillo* dans un sac loin du rivage et qu'on le place de manière qu'il tourne le dos à la rivière, il prend, sans hésiter, le chemin le plus court pour chercher l'eau. J'avoue que cette expérience, dont parle déja le père Gumilla, ne réussit

[1] En langue tamanaque, de *peje* tortue, et *canepo* pluie.

pas toujours également bien : cependant, en général, il m'a paru qu'à de grandes distances du rivage, et même dans une île, ces petits animaux sentent avec une délicatesse extrême de quel côté souffle l'air le plus humide. En réfléchissant sur cette couche d'œufs presque continue, qui s'étend le long de la plage, et sur ces milliers de petites tortues qui cherchent l'eau dès qu'elles sont écloses, il est difficile d'admettre que tant de tortues, qui ont fait leurs nids dans le même endroit, puissent reconnoître leurs petits, et les conduire, comme les crocodiles, dans les mares voisines de l'Orénoque. Il est certain cependant que c'est dans les mares, dont les eaux sont moins profondes, que l'animal passe les premières années de sa vie, et qu'il ne retourne dans le lit du grand fleuve que lorsqu'il est adulte. Or, comment les *tortuguillos* trouvent-ils ces mares ? Y sont-ils conduits par des tortues femelles qui adoptent les petits comme au hasard ? Les crocodiles, moins nombreux, déposent leurs œufs dans des trous isolés, et nous verrons bientôt que, dans cette famille de Sauriens, la femelle revient vers le temps où l'incubation est terminée, qu'elle appelle les petits qui répondent à sa voix, et qu'elle les aide le plus souvent à sortir de terre. La tortue *Arrau* reconnoît sans doute, comme le crocodile, le lieu où elle a fait son nid; mais, n'osant plus retourner sur la plage où les Indiens ont formé leur campement, comment pourroit-elle distinguer ses petits des *tortuguillos* qui ne lui appartiennent pas? D'un autre côté, les Indiens Otomaques assurent avoir rencontré, à l'époque des inondations, des tortues femelles suivies d'un grand nombre de jeunes tortues. C'étoient peut-être des *Arrau* qui avoient pondu seuls dans une plage déserte où ils ont pu retourner. Parmi ces animaux, les mâles sont extrêmement rares. Sur plusieurs centaines de tortues on trouve à peine un mâle. La cause de cette rareté ne peut être la même que chez les crocodiles qui combattent dans le temps du rut.

Notre pilote avoit relâché dans la *Playa de huevos* pour faire quelques achats de provisions dont nous commencions à manquer. Nous y trouvâmes de la viande fraîche, du riz de l'Angostura, et même du biscuit fait avec de la farine de froment. Nos Indiens remplissoient la pirogue, pour leur propre usage, de petites tortues vivantes et d'œufs séchés au soleil. Après avoir pris congé du missionnaire d'Uruana, qui nous avoit traités avec beaucoup de cordialité, nous mîmes à la voile vers les quatre heures du soir. Le vent étoit frais et souffloit par rafales. Depuis que nous étions entrés dans la partie montagneuse du pays, nous avions reconnu que notre pirogue portoit très-mal la voile; mais le *patron* voulut montrer aux Indiens assemblés sur la plage, qu'en se tenant le plus près du vent, il atteindroit, par une seule bordée, le milieu du fleuve. Au moment même où il se vantoit de sa dextérité et de la hardiesse de sa manœuvre, l'effort du vent sur la voile devint si grand que nous fûmes sur le point de couler bas. Une des bandes du bateau fut submergée. L'eau entra avec une telle violence que nous en eûmes jusqu'au genou. Elle passa au-dessus d'une petite table sur laquelle j'étois à écrire, dans la partie de derrière du bateau. J'eus de la peine à sauver mon journal, et dans un instant nous vîmes nager nos livres, nos papiers et nos plantes sèches. M. Bonpland dormoit, étendu au milieu de la pirogue. Réveillé par l'entrée de l'eau et les cris des Indiens, il jugea de notre situation avec le sang froid qu'il a toujours déployé dans les circonstances les plus pénibles. La bande submergée se redressant de temps en temps, pendant la rafale, il ne regarda pas le bateau comme perdu. Il pensoit que, forcé de l'abandonner, on se sauveroit encore à la nage, parce qu'aucun crocodile n'étoit à la vue. Livrés à ces incertitudes, nous vîmes tout-d'un-coup se déchirer les cordages de la voile. La même bouffée de vent qui nous avoit jetés de côté servit à nous redresser. On travailla de suite à faire sortir l'eau de la pirogue, en employant les fruits du Crescentia Cujete : la voile fut raccommodée ; et, en moins d'une demi-heure, nous étions de nouveau en état de faire route. Le vent avoit molli un peu. Des rafales alternant avec des calmes plats sont d'ailleurs très-communes dans cette partie de l'Orénoque qui est bordée de montagnes. Elles deviennent très-dangereuses pour les bateaux surchargés et non pontés. Nous avions été sauvés comme par miracle. Le pilote opposoit son flegme indien aux reproches dont on l'accabloit pour s'être tenu trop près du vent. Il assuroit froidement « que sur ces rives les blancs ne manqueroient pas de soleil pour sécher *leurs papiers.* » Nous n'avions perdu qu'un seul livre. C'étoit le premier volume du *Genera plantarum* de Schreber, qui étoit tombé à l'eau. On est sensible à de telles pertes, lorsqu'on est réduit à un petit nombre d'ouvrages de science.

A l'entrée de la nuit, nous bivouaquâmes dans une île aride, située au milieu du fleuve, près de la mission d'Uruana. Nous soupâmes, par un beau clair de lune, assis sur de grandes carapaces de tortues qui se trouvoient éparses sur la plage. Qu'elle étoit vive la satisfaction de nous voir tous réunis ! Nous nous figurions la position d'un homme qui se seroit sauvé seul du naufrage, errant sur ces plages désertes, rencontrant à chaque pas d'autres fleuves qui se jettent dans l'Orénoque, et qu'il est dangereux de passer à la nage à cause de la multitude de crocodiles et de poissons *Caribes*. Nous nous représentions cet homme sensible aux plus douces affections de l'ame, ignorant le sort de ses compagnons d'infortune, occupé d'eux plus que de lui-même. Si l'on aime à se livrer à ces pensées attristantes, c'est qu'échappé au danger, on croit sentir de nouveau le besoin de fortes émotions. Chacun de nous étoit occupé de ce qui venoit de se passer sous ses yeux. Il est des époques de la vie où, sans être découragé, l'avenir paroît plus incertain. Nous n'étions entrés dans l'Orénoque que depuis trois jours, et il nous restoit encore trois mois de navigation à travers des rivières encombrées de rochers, dans des bateaux plus petits que celui dans lequel nous avions manqué de nous perdre.

La nuit fut excessivement chaude. Nous étions couchés sur des cuirs étendus sur le sol, ne trouvant pas d'arbres pour attacher nos hamacs. Les tourmens des *mosquitos* augmentoient de jour en jour. Nous fûmes surpris de voir que dans cet endroit nos feux n'empêchoient pas les Jaguars de s'approcher. Ils passèrent à la nage le bras de la rivière qui nous séparoit de la terre ferme. Vers le matin, nous entendîmes leurs cris de très-près. Ils étoient venus dans l'île où nous bivouaquions. Les Indiens nous disoient que, pendant la récolte des œufs de tortues, les tigres sont constamment plus fréquens dans ces parages, et que c'est à cette époque qu'on les voit déployer le plus d'intrépidité.

Le 7 avril. Nous passâmes, à notre droite, l'embouchure du grand Rio Arauca, célèbre à cause de l'immense quantité d'oiseaux qu'il nourrit; à notre gauche, la mission d'Uruana, vulgairement appelée la *Concepcion de Urbana*. Ce petit village qui compte 500 âmes, a été fondé par les jésuites vers l'année 1748, par la réunion des Indiens Otomaques et Cavères ou Cabres. Il est placé au pied d'une montagne composée de blocs de granite détachés. Je crois que cette montagne porte le nom de *Saraguaca*. Des amas de pierres, séparés les uns des autres par l'effet de la décomposition, forment des cavernes dans lesquelles on trouve des preuves indubitables de l'ancienne culture des indigènes. On y voit sculptées des figures hiéroglyphiques et même des caractères alignés. Je doute que ces caractères aient des rapports avec une écriture alphabétique [1]. Nous avons visité la mission d'Uruana à notre retour du Rio Negro, et nous y avons vu, de nos yeux, ces amas de terre que mangent les Otomaques, et qui sont devenus l'objet de vives discussions en Europe.

En mesurant la largeur de l'Orénoque, entre les îles appelées *Isla de Uruana* et *Isla de la manteca*, nous l'avons trouvée, par les hautes eaux, de 2674 toises [2], qui font près de 4 milles marins. C'est huit fois la largeur du Nil à Manfalout et Syout [3]; cependant nous étions à 194 lieues de distance de la bouche de l'Orénoque. La température de l'eau à sa surface était, près d'Uruana, de 27°,8 du thermomètre centigrade. Celle de la rivière Zaïre ou Congo, en Afrique, à égale distance de l'équateur [4], n'a été trouvée, par le capitaine

[1] *Voyez* mes *Monumens des peuples de l'Amérique* (éd. in-folio), Tom. I, p. 61.
[2] Ou 5211 mètres, ou 6230 *varas*.
[3] *Girard, sur la vallée d'Égypte*, p. 12.
[4] Dans l'hémisphère austral.

Tuckey, aux mois de juillet et d'août, que de 23°,9 à 25°,6. Nous verrons dans la suite que les eaux de l'Orénoque, tant vers les bords où elles coulent sous un ombrage épais, que dans le *thalweg*, au milieu du fleuve, ont [1] jusqu'à 29°,5 et ne baissent pas au-dessous [2] de 27°,5 : mais aussi l'air, à cette époque, d'avril en juin, étoit généralement, de jour, entre 28° et 30° ; de nuit, entre 24° et 26° ; tandis que, dans la vallée du Congo, la température se soutenoit, de 8 heures du matin à midi, entre 20°,6 et 26°,7.

La rive occidentale de l'Orénoque reste basse jusqu'au-delà de l'embouchure du Meta, tandis que depuis la mission d'Uruana les montagnes s'approchent de plus en plus de la rive orientale. Comme la force du courant augmente à mesure que le fleuve se rétrécit, la marche de notre bateau se trouva singulièrement ralentie. Nous continuâmes à remonter l'Orénoque à la voile, mais les terres hautes et boisées nous ôtoient le vent. D'autres fois

[1] Jusqu'à 23°,6 R.
[2] De 22°,0 R.

les gorges étroites devant lesquelles nous passions, nous envoyoient des rafales violentes, mais de peu de durée. Le nombre des crocodiles augmentoit au-dessous du confluent du Rio Arauca, surtout vis-à-vis du grand lac de Capanaparo, qui communique avec l'Orénoque, comme la Laguna de Cabularito communique à-la-fois avec celui-ci et le Rio Arauca. Les Indiens nous disoient que ces crocodiles venoient de l'intérieur des terres où ils avoient été ensevelis dans la vase sèche des savanes. Dès que les premières ondées les réveillent de leur engourdissement, ils s'attroupent par bandes et courent vers la rivière pour s'y disperser de nouveau. Ici, dans la zone équinoxiale, c'est l'accroissement de l'humidité qui les rappelle à la vie; en Géorgie et dans la Floride, sous la zone tempérée, c'est l'accroissement de la chaleur qui fait sortir ces animaux d'un état de léthargie ou de débilité nerveuse et musculaire, pendant lequel l'activité de leur respiration a été, ou suspendue, ou singulièrement diminuée. Le temps des grandes sécheresses, improprement appelé *l'été de la zone torride*, correspond à l'hiver de la zone tempérée, et c'est un phénomène physiologique assez curieux de voir les Alligators de l'Amérique septentrionale plongés, par l'excès du froid, dans un *sommeil d'hiver*, à la même époque où les crocodiles des *Llanos* font *leur sieste d'été*. S'il étoit probable que ces animaux d'une même famille eussent jadis habité un même pays septentrional, on pourroit croire qu'en avançant vers l'équateur ils sentent le besoin du repos, après un mouvement musculaire de 7 ou 8 mois, et qu'ils conservent, sous un ciel nouveau, des habitudes [1] qui paroissent intimement liées à leur organisation.

Après avoir passé l'embouchure des canaux qui communiquent avec le lac de Capanaparo, nous entrâmes dans une région de l'Orénoque où le lit de la rivière se trouve rétréci par les montagnes du *Baraguan*. C'est une espèce de détroit qui se prolonge jusque vers le confluent du Rio Suapure. Ces montagnes granitiques avoient jadis fait donner, par les indigènes, le nom

[1] *Voyez* plus haut, Tom. V, p. 108.

de *Baraguan* à la partie de l'Orénoque comprise entre les bouches de l'Arauca et de l'Atabapo. Chez les peuples sauvages, les grandes rivières portent différentes dénominations dans les différentes portions de leur cours. Le *Passage du Baraguan* offre un site assez pittoresque. Les rochers granitiques sont taillés à pic: comme ils forment une rangée de montagnes dirigée du nord-ouest au sud-est, et que la rivière coupe cette digue presque à angle droit, les sommets des montagnes se présentent comme des pics isolés. Leur élévation ne surpasse généralement pas 120 toises; mais leur position au milieu d'une petite plaine, leurs pentes escarpées, leurs flancs dépourvus de végétaux leur donnent un caractère imposant. Ce sont toujours de ces énormes masses de granite à formes parallélipipèdes, mais arrondies sur les bords, amoncelées les unes sur les autres. Les blocs ont souvent 80 pieds de long sur 20 à 30 de large. On les croiroit entassés par quelque impulsion extérieure, si la proximité d'une roche identique dans sa composition, non séparée en blocs, mais remplie de filons [1], ne prouvoit pas que les formes parallélipipèdes sont uniquement dues à des influences atmosphériques. Ces filons, de deux à trois pouces d'épaisseur, se distinguent par un granite quartzeux à petits grains, traversant un granite à gros grains, presque porphyrique, et abondant en beaux crystaux de feldspath rouge. J'ai cherché en vain, dans la Cordillère du *Baraguan*, de l'amphibole et ces masses stéatiteuses qui caractérisent plusieurs granites des hautes Alpes de la Suisse.

Nous abordâmes au milieu du détroit de *Baraguan* pour mesurer sa largeur. Les rochers avancent tellement vers la rivière, que je ne pus qu'avec peine établir une base de 80 toises. Je trouvai la rivière de 889 toises de large. Pour concevoir que ce passage porte le nom d'un *détroit*, il faut se rappeler que la largeur de la rivière, depuis

---

[1] Leur direction est généralement hor. 3. J'ai aussi vu un grand nombre de ces filons affectant les directions hor. 6—11 dans le Port d'hiver (*Puerto de invierno*) d'Atures. Ils n'offrent aucun vide, aucun vestige de *druses*. Ce sont, comme au Baraguan, des filons de granite à petits grains qui traversent du granite à gros grains.

Uruana jusqu'au confluent du Meta, est le plus souvent de 1500 à 2500 toises. Dans ce même endroit, excessivement chaud et aride, je mesurai deux cimes granitiques très-arrondies, dont l'une n'avoit que 110 et l'autre 85 toises. Il y a des sommets plus élevés dans l'intérieur du groupe, mais en général ces montagnes d'un aspect si sauvage n'ont pas l'élévation que leur assignent les missionnaires.

Nous cherchâmes en vain des plantes dans les fentes de ces rochers qui sont escarpés comme des murailles et offrent quelques traces de stratification [1]. Nous ne trouvâmes qu'un vieux tronc d'Aubletia [2] à grand fruit pomiforme, et une nouvelle espèce de la famille des Apocynées [3]. Toutes les pierres étoient couvertes d'une innombrable quan-

---

[1] Dans un seul endroit, nous avons vu le granite du Baraguan stratifié et divisé en bancs de 3 pouces d'épaisseur. La direction de ces bancs étoit N.20°O.; leur inclinaison de 85° au nord-est. C'étoit du granite à gros grains, stratifié comme celui de *Las Trincheras*, près de Porto-Cabello, et non du gneiss. (*Voyez* plus haut, Chap. XVI, T. IV, p. 122.)

[2] Aubletia Tiburba.

[3] Allamanda *salicifolia*.

tité d'Iguanes et de Geckos à doigts élargis et membraneux. Immobiles, la tête élevée, la bouche ouverte, ces lézards sembloient aspirer l'air embrasé. Le thermomètre, appuyé contre le rocher, montoit [1] à 50°,2. Le sol paroissoit ondoyant par l'effet du mirage, sans qu'un souffle de vent se fît sentir. Le soleil étoit près du zénith; et sa lumière étincelante, reflétée par la surface du fleuve, contrastoit avec la vapeur roussâtre qui enveloppoit tous les objets d'alentour. Qu'elle est vive l'impression que produit, vers le milieu du jour, dans ces climats brûlans, le calme de la nature! Les animaux de la forêt se retirent dans les taillis; les oiseaux se cachent sous le feuillage des arbres ou dans les crevasses des rochers. Cependant, au milieu de ce silence apparent, dès qu'on prête une oreille attentive aux sons les plus foibles, transmis par l'air, on entend un frémissement sourd, un murmure continuel, un bourdonnement des insectes qui remplissent, pour ainsi dire, toutes les couches inférieures de l'air. Rien n'est plus propre à faire sentir à

[1] A 40°,1 Réaum.

l'homme l'étendue et la puissance de la vie organique. Des myriades d'insectes rampent sur le sol et voltigent autour des plantes brûlées par l'ardeur du soleil. Un bruit confus sort de chaque buisson, du tronc pourri des arbres, des fentes du rocher, de ce terreau miné par les lézards, les mille-pieds et les Cecilies. Ce sont autant de voix qui nous disent que tout respire dans la nature, que, sous mille formes diverses, la vie est répandue dans le sol poudreux et crevassé comme dans le sein des eaux et dans l'air qui circule autour de nous. Les sensations que je rappelle ici ne sont pas inconnues à ceux qui, sans avancer vers l'équateur, ont visité l'Italie, l'Espagne, ou l'Égypte. Ce contraste de mouvement et de silence, cet aspect d'une nature à la fois calme et animée frappent l'imagination du voyageur dès qu'il entre dans le bassin de la Méditerranée, dans la zone des oliviers, du Chamerops et des dattiers.

Nous bivouaquâmes sur la rive orientale de l'Orénoque, au pied d'une colline granitique. C'est près de ce lieu désert qu'étoit jadis située la mission de San-Regis.

Nous aurions desiré trouver une source dans le Baraguan. L'eau de la rivière avoit une odeur de musc et un goût douceâtre extrêmement désagréable. Dans l'Orénoque, comme dans l'Apure, on est frappé de la différence qu'offrent, près du rivage le plus aride, les diverses parties du fleuve. Tantôt l'eau est très-potable, tantôt on la croirait surchargée de matières gélatineuses. « C'est l'*écorce* (l'enveloppe coriace) des Caymans pourris qui en est la cause, disent les indigènes. Plus le Cayman est âgé, et plus il a l'*écorce amère*. » Je ne doute pas que les cadavres de ces grands reptiles, ceux des Lamantins qui pèsent 500 livres, et la présence des marsouins (*toninas*) à peau mucilagineuse, ne puissent infecter l'eau, sur-tout dans des anses où la rivière a peu de vîtesse. Cependant les sites qui offroient l'eau la plus fétide, n'étoient pas toujours ceux où nous trouvions accumulés des animaux morts sur la plage. Lorsque, dans ces climats ardens où l'on est constamment tourmenté par la soif, on se trouve réduit à boire l'eau d'une rivière dont la température est de 27° à 28°, on voudroit du moins qu'une eau si chaude et surchargée de sable fût exempte d'odeur.

Le 8 avril. Nous passâmes à l'est les embouchures du Suapure ou Sivapuri et du Caripo, à l'ouest celle du Sinaruco. Après le Rio Arauca, cette dernière rivière est la plus considérable entre l'Apure et le Meta. Le Suapure, rempli de petites cascades, est célèbre parmi les Indiens, à cause de la quantité de miel sauvage que fournissent les forêts voisines. Les Mélipones y suspendent leurs énormes ruches aux branches des arbres. Le père Gili a navigué, en 1766, sur le Suapure et le Turiva qui se jette dans le premier. Il y a trouvé des tribus de la nation des Areveriens. Nous bivouaquâmes un peu au-dessous de l'île Macupina.

Le 9 avril. Nous arrivâmes de grand matin à la *plage de Pararuma*. Nous y trouvâmes un campement d'Indiens semblable à celui que nous avions vu à la *boca de la Tortuga*. On s'étoit réuni pour fouiller les sables, recueillir les œufs de tortues et en retirer l'huile; mais par malheur on s'étoit trompé de plusieurs jours. Les petites tortues[1]

[1] *Los tortuguillos.*

étoient sorties de leur coque avant que les Indiens eussent formé leur camp. Aussi les crocodiles et les *Garzes*, espèces de grands hérons blancs, avoient profité de ce retard. Ces animaux également friands de la chair des jeunes tortues, en dévorent une innombrable quantité. Ils pêchent pendant la nuit; car ce n'est qu'après le crépuscule du soir que les *tortuguillos* sortent de terre pour gagner la rivière voisine. Les vautours *Zamuros* sont trop paresseux [1] pour chasser après le coucher du soleil. Ils rôdent le jour autour des plages, se jettent au milieu du campement des Indiens pour voler des comestibles, et ne trouvent le plus souvent d'autres moyens d'assouvir leur voracité que d'attaquer, soit à terre, soit dans les eaux peu profondes, de jeunes crocodiles de 7 à 8 pouces de long. C'est un spectacle très-curieux que de voir la ruse avec laquelle ces petits animaux se défendent pendant quelque temps contre les vautours. Dès qu'ils en aperçoivent, ils se redressent sur leurs pattes de devant, courbent le dos et élèvent la tête en ouvrant une large

---

[1] *Voyez* plus haut, Tom. III, Chap. viii, p.256.

gueule. Ils se tournent continuellement, quoique avec lenteur, du côté de leur ennemi, pour lui montrer les dents qui, chez les individus récemment sortis de l'œuf, sont déja très-longues et très-pointues. On voit souvent que, tandis qu'un des *Zamuros* attire toute l'attention du jeune crocodile, un autre profite d'une occasion si favorable pour une attaque imprévue. Il fond sur le crocodile, le saisit par la nuque et l'emporte dans les hautes régions de l'air. Nous avons eu occasion d'observer cette manœuvre pendant des matinées entières à la ville de Mompox[1], où nous avions réuni plus de 40 crocodiles éclos depuis 15 à 20 jours, dans une cour spacieuse entourée d'un mur.

Parmi les Indiens réunis à Pararuma, nous trouvâmes quelques hommes blancs qui étoient venus de l'Angostura pour acheter la *manteca de tortuga*. Après nous avoir long-temps fatigués de leurs plaintes sur la «mauvaise récolte» et sur les dégâts que les tigres avoient faits parmi les tortues au moment de la ponte, ils nous condui-

[1] Sur les bords de la rivière de la Magdeleine.

sirent sous un ajoupa qui s'élevoit au centre du campement indien. Nous y trouvâmes assis par terre, jouant aux cartes et fumant du tabac dans de longues pipes, les moines missionnaires de Carichana et des Cataractes. A l'ampleur de leurs vêtemens bleus, à leurs têtes tondues et à la longueur de leurs barbes, nous les aurions pris pour des Orientaux. Ces pauvres religieux nous reçurent de la manière la plus affectueuse, en nous donnant tous les renseignemens nécessaires pour la continuation de notre navigation. Ils souffroient de fièvres tierces depuis plusieurs mois. Pâles et exténués, ils n'eurent pas beaucoup de peine à nous convaincre que les pays que nous allions visiter offroient quelques dangers pour la santé des voyageurs.

Le pilote indien, qui nous avoit conduits de San-Fernando de Apure jusqu'à la plage de Pararuma, ne connoissoit pas le passage à travers les *rapides*[1] de l'Orénoque, et il ne voulut pas se charger de conduire plus loin notre bateau. Il fallut nous con-

[1] Petites cascades, *chorros, raudalitos*.

former à sa volonté. Heureusement pour nous, le missionnaire de Carichana consentit à nous céder une belle pirogue pour un prix très-modique : le père Bernardo Zea, missionnaire d'Atures et de Maypures, près des grandes cataractes, nous offrit même, quoique malade, de nous accompagner jusqu'aux frontières du Brésil. Le nombre des indigènes qui aident à transporter les canots à travers les *Raudales* est si petit que, sans la présence du moine, nous aurions risqué d'être arrêtés des semaines entières dans ces lieux humides et malsains. Sur les bords de l'Orénoque, on regarde comme un pays délicieux les forêts du Rio Negro. On y jouit en effet d'un air plus frais et plus salubre. La rivière est presque libre de crocodiles ; on peut s'y baigner sans crainte, et la nuit comme le jour on est moins tourmenté sur ses rives par la piqûre des insectes qu'on ne l'est à l'Orénoque. Le père Zea espéroit rétablir sa santé en visitant les missions du Rio Negro. Il parloit de ces lieux avec cet enthousiasme que l'on a, dans toutes les colonies du continent, pour les choses lointaines.

Le rassemblement des Indiens à Pararuma nous offroit de nouveau cet intérêt qui attache par-tout l'homme cultivé à l'étude de l'homme sauvage et du développement successif de nos facultés intellectuelles. Qu'on a de peine à reconnoître, dans cette enfance de la société, dans cette réunion d'Indiens mornes, silencieux, impassibles, le caractère primitif de notre espèce! On ne voit point ici la nature humaine sous les traits de cette douce naïveté dont les poëtes ont tracé, dans toutes les langues, des tableaux si ravissans. Le sauvage de l'Orénoque nous parut aussi hideux que le sauvage du Mississipi décrit par le voyageur philosophe[1] qui a su le mieux peindre l'homme sous les climats divers. On aime à se persuader que ces indigènes, accroupis près du feu ou assis sur de grandes carapaces de tortues, le corps couvert de terre et de graisse, fixant stupidement leurs yeux, pendant des heures entières, sur la boisson qu'ils préparent, loin d'être le type primitif de notre espèce, sont une race dégénérée, les foibles restes de peuples

[1] M. de Volney.

qui, après avoir été long-temps dispersés dans les forêts, ont été replongés dans la barbarie.

La peinture en rouge étant pour ainsi dire le seul vêtement des Indiens, on peut en distinguer chez eux deux genres, selon que les individus sont plus ou moins aisés. La parure commune des Caribes, des Otomaques et des Jaruros est l'*Onoto*[1], que les Espagnols appellent *Achote*, et les colons de Cayenne *Rocou*. C'est la matière colorante que l'on extrait de la pulpe du Bixa orellana[2]. Pour préparer l'*Onoto*, les femmes indiennes jettent les graines de la plante dans une cuve remplie d'eau. Elles battent cette eau pendant une heure, puis laissent déposer tranquillement la fécule colorante qui est d'un rouge de brique très-intense. Après avoir séparé l'eau, on en retire la fécule,

---

[1] Proprement *Anoto*. Ce mot est de la langue tamanaque. Les Maypures appellent le Rocou *Majepa*. Les missionnaires espagnols disent *onotarse*, s'enduire la peau de Rocou, *s'onoter*.

[2] Le mot même de *Bixa*, que les botanistes ont adopté, est tiré de l'ancienne langue d'Haïty ou de l'île Saint-Domingue. Rocou dérive du mot brasilien *Urucu*.

on la dessèche entre les mains, on la pétrit avec de l'huile d'œufs de tortue, et l'on en forme des gâteaux arrondis d'un poids de 3 à 4 onces. Au défaut de l'huile de tortue, quelques nations mêlent à l'*Onoto* la graisse de crocodile. Un autre pigment, beaucoup plus précieux, est tiré d'une plante de la famille des Bignoniacées, que M. Bonpland a fait connoître[1] sous le nom de *Bignonia Chica*. Les Tamanaques l'appellent *Craviri*, les Maypures *Chirraviri*. Elle grimpe sur les arbres les plus élevés et s'y attache à l'aide de vrilles. Ses fleurs bilabiées ont un pouce de long : elles sont d'un beau violet et disposées deux par deux ou trois par trois. Les feuilles bipennées deviennent rougeâtres par dessiccation. Le fruit est une silique remplie de graines ailées : elle a deux pieds de longueur. Cette Bignone croît spontanément, et en grande abondance, près de Maypures, et, en remontant l'Orénoque au-delà de l'embouchure du Guaviare, depuis Santa-Barbara jusqu'à la haute montagne du Duida,

---

[1] *Plantes équinoxiales*, Tom. I, p. 108, Pl. xxxi. *Gili, Saggio*, Tom. I, p. 218.

sur-tout près de l'Esmeralda. Nous l'avons également trouvée sur les bords du Cassiquiare. Le pigment rouge du *Chica* n'est pas tiré du fruit, comme l'*Onoto*, mais des feuilles macérées dans l'eau. La matière colorante se sépare sous la forme d'une poudre extrêmement légère. On la réunit, sans la mêler avec de l'huile de tortue, en petits pains de 8 à 9 pouces de long et de 2 à 3 de haut, arrondis sur les bords. Chauffés, ces pains répandent une odeur agréable de benjoin. Lorsqu'on soumet le *Chica* à la distillation, il ne donne pas de traces sensibles d'ammoniaque. Ce n'est point une substance azotée comme l'indigo. Elle se dissout légèrement dans les acides sulfuriques, et muriatiques, et même dans les alcalis. Broyé avec de l'huile, le *Chica* offre une couleur rouge qui a une nuance de lacque. Appliquée sur la laine, cette couleur pourroit se confondre avec le rouge de la garance. Il n'est pas douteux que le *Chica*, inconnu en Europe avant notre voyage, ne puisse être employé utilement dans les arts. Les nations de l'Orénoque qui préparent le mieux ce pigment, sont les Salivas, les Guipunaves [1], les Caveres et les Piraoas. Les procédés d'infusion et de macération sont en général très-communs parmi tous les peuples de l'Orénoque. C'est ainsi que les Maypures font leur commerce d'échange avec de petits pains de *Puruma* qui sont une fécule végétale desséchée à la manière de l'indigo, et donnant une couleur jaune très-fixe. La chimie du sauvage se réduit à la préparation des pigmens, à celle des poisons et à la *dulcification* des racines amylacées que fournissent les Aroidées et les Euphorbiacées.

La plupart des missionnaires du Haut et du Bas-Orénoque permettent aux Indiens de leurs missions de se peindre la peau. On est peiné à dire que quelques-uns spéculent sur cet état de nudité des indigènes. Ne pouvant leur vendre des toiles et des vêtemens, les moines font le commerce du pigment rouge, qui est si recherché par les naturels. J'ai souvent vu, dans leurs cabanes fastueusement appelées

---

[1] Ou Guaypuñaves. Eux-mêmes s'appellent *Uipunavi*.

conventos[1], des dépôts de *Chica* dont on vend le gâteau, la *turta*, jusqu'au prix de 4 francs. Pour donner une idée exacte du luxe de la parure des Indiens nus, je ferai observer ici qu'un homme d'une grande stature gagne à peine, par le travail de deux semaines, de quoi se procurer, par échange, le *Chica* nécessaire pour se peindre en rouge. Aussi, de même que dans les climats tempérés, on dit d'un homme pauvre : « Il n'a pas de quoi se vêtir, » on entend dire aux Indiens de l'Orénoque : « Cet homme est si misérable, qu'il n'a pas de quoi se peindre (s'*onoter*, se *majepayer*) la moitié du corps. » Le petit commerce du *Chica* se fait sur-tout avec les tribus du Bas-Orénoque, dont le pays ne produit pas la plante qui fournit cette précieuse matière. Les Caribes et les Otomaques se peignent seulement la tête et les cheveux en *Chica*, mais les Salives ont ce pigment en assez grande abondance pour s'en couvrir le corps entier. Lorsque les missionnaires envoient pour leur compte, à l'An-

[1] Dans les missions, le presbytère porte le nom de *couvent*, c'est la *casa del Padre*.

gostura, de petits chargemens de cacao, de tabac et de *Chiquichiqui*[1] du Rio Negro, ils y ajoutent toujours des *gâteaux de Chica*, comme une marchandise très-recherchée. Quelques personnes de race européenne emploient cette fécule rouge délayée dans l'eau, comme un excellent diurétique.

L'usage de se peindre n'est pas également ancien chez toutes les peuplades de l'Orénoque. Il s'est étendu depuis l'époque où la nation puissante des Caribes a fait de fréquentes incursions dans ces pays. Les vainqueurs et les vaincus étoient également nus; et, pour plaire au vainqueur, il a fallu se peindre comme lui et prendre sa couleur. Aujourd'hui que l'influence des Caribes a cessé et qu'ils sont restés circonscrits entre les rivières de Carony, de Cuyuni et de Paraguamuzi, la *mode caribe* de se peindre tout le corps s'est conservée. L'usage a survécu à la conquête.

L'emploi de l'*Onoto* et du *Chica* a-t-il tiré son origine du desir de plaire et de ce goût pour la parure, si commun parmi les peuples

[1] Cordages tirés des pétioles d'un palmier à feuilles pennées dont nous parlerons plus bas.

les plus sauvages, ou doit-on le croire fondé sur l'observation que les matières colorantes et huileuses, dont on enduit la peau, la préservent de la piqûre des *mosquitos*? J'ai souvent entendu discuter cette question dans les missions de l'Orénoque, et partout sous les tropiques où l'air est rempli d'insectes venimeux. On observe que le Caribe et le Saliva, peints en rouge, sont tout aussi cruellement tourmentés par les *mosquitos* et les *zancudos* que les Indiens dont le corps n'est pas enduit de couleur. Chez les uns et les autres, la piqûre de l'insecte ne cause pas d'enflure; on ne voit guère se former de ces pustules ou petites tumeurs qui causent aux Européens récemment débarqués de si cuisantes démangeaisons. Mais l'indigène et le blanc souffrent également de la piqûre, aussi long-temps que l'insecte n'a pas retiré le suçoir de la peau. Après mille tentatives inutiles, nous avons essayé nous-mêmes, M. Bonpland et moi, de nous frotter les mains et les bras avec de la graisse de crocodile et de l'huile d'œufs de tortue; nous n'avons jamais éprouvé le moindre soulagement; nous fûmes piqués comme auparavant. Je n'ignore pas que l'huile et la graisse sont vantées par les Lapons comme les préservatifs les plus utiles; mais les insectes de la Scandinavie ne sont pas de la même espèce que ceux de l'Orénoque. La fumée du tabac chasse nos cousins, tandis qu'on l'emploie inutilement contre les *zancudos*. Si l'application des substances grasses et astringentes [1] préservoit les malheureux habitans de ces pays du tourment des insectes, comme le prétend le père Gumilla, pourquoi l'usage de se peindre ne seroit-il pas devenu général sur ces mêmes rives? pourquoi trouveroit-on tant de peuples [2] nus qui se peignent seulement le visage, limitrophes de ceux [3] qui se peignent le corps entier?

On est frappé de voir que les Indiens de l'Orénoque, comme les naturels de l'Amérique septentrionale, préfèrent à tout autre

---

[1] La pulpe du *Rocou* et même le *Chica* sont astringens et légèrement purgatifs.
[2] Les Guaypuñaves, les Caveres, les Guahibes.
[3] Les Caribes, les Salives, les Tamanaques et les Maypures.

pigment les substances qui donnent une couleur rouge. Cette prédilection se fonde-t-elle sur la facilité avec laquelle le sauvage se procure des terres ocracées ou les fécules colorantes du *Rocou* et du *Chica*? J'en doute beaucoup. L'indigo est sauvage dans une grande partie de l'Amérique équinoxiale. Cette plante, comme tant d'autres légumineuses, auroit fourni abondamment aux indigènes des pigmens pour se colorer en bleu comme les anciens Bretons [1]. Cependant nous ne voyons pas en Amérique des tribus peintes d'indigo. Il me paroît probable, comme je l'ai déja indiqué plus haut, que la préférence donnée par les Américains à la couleur rouge est le plus généralement fondée sur cette tendance qu'ont les peuples d'attribuer l'idée de la beauté à tout ce qui caractérise leur physionomie nationale. Des hommes dont la peau est naturellement d'un rouge tirant sur le brun, aiment la couleur rouge. S'ils naissent avec un front peu bombé, avec une tête aplatie,

[1] Les peuples à demi-vêtus de la zone tempérée se peignent souvent la peau de la couleur dont leurs vêtemens sont teints.

ils cherchent à déprimer le front aux enfans. S'ils se distinguent des autres nations par une barbe très-rare, ils tâchent de s'arracher le peu de poils que la nature leur a donnés. Ils se croient d'autant plus embellis, qu'ils rendent plus prononcés les traits caractéristiques de leur race ou de leur conformation nationale.

Nous fûmes frappés de voir dans le campement de Pararuma, que les femmes très-avancées en âge étoient plus occupées de leur parure que les femmes les plus jeunes. Nous vîmes une Indienne de la nation des Otomaques, qui se faisoit frotter les cheveux avec de l'huile d'œufs de tortue, et peindre le dos d'*Onoto* et de *Caruto*: elle employoit deux de ses filles à cette opération. L'ornement consistoit dans une espèce de treillage en lignes croisées, noires, sur un fond rouge. Chaque petit carré recevoit un point noir au centre. C'étoit l'œuvre d'une incroyable patience. Nous revînmes d'une herborisation très-longue, et la peinture n'étoit pas encore à moitié terminée. On est d'autant plus étonné de cette recherche de parure, lorsqu'on se rappelle que les figures et les traits ne sont pas produits par les procédés du *tatouage*, mais que des peintures faites avec tant de soin s'effacent [1], si l'Indien s'expose imprudemment à de fortes averses. Il y a des nations qui ne se peignent que pour assister à des festins; d'autres sont couvertes de couleur pendant toute l'année; et chez celles-ci l'usage de l'*Onoto* est regardé comme tellement indispensable, que les hommes et les femmes seroient peut-être moins honteux de se présenter sans *guayuco* [2] que dépourvus de peinture. Ces *guayucos* de l'Orénoque sont en partie d'écorce d'arbre, en partie de toile de coton. Les hommes en portent de plus larges que les femmes, chez lesquelles (à ce que disent les missionnaires) le sentiment de la pudeur est en général moins

---

[1] Le pigment noir et caustique du *Caruto* (Genipa americana) résiste cependant long-temps à l'eau, comme nous l'avons éprouvé, à notre plus grand regret, nous étant fait faire un jour, en plaisantant avec les Indiens, des taches et des traits de *Caruto* à la figure. Revenus à l'Angostura, au milieu de la civilisation européenne, ces taches paroissoient encore.

[2] Mot de la langue caribe. Le *perizoma* des Indiens de l'Orénoque est plutôt une bandelette qu'un tablier. *Voyez* plus haut, Tom. III, p. 288.

vif. Une observation semblable avoit déja été faite par Christophe Colomb. Ne faut-il pas attribuer cette indifférence, ce manque de pudeur des femmes chez des nations dont les mœurs ne sont pas très-dépravées, à l'état d'abrutissement et d'esclavage auquel le sexe a été réduit, dans l'Amérique méridionale, par l'injustice et l'abus du pouvoir des hommes?

Lorsqu'on parle en Europe d'un indigène de la Guyane, on se figure un homme qui a la tête et la ceinture parées de belles plumes d'Aras, de Toucans, de Tangaras et de Colibris. Nos peintres et nos sculpteurs ont depuis long-temps regardé ces ornemens comme des marques caractéristiques d'un Américain. Nous avons été surpris de ne pas trouver, dans les missions Chaymas, dans les campemens d'Uruana et de Pararuma, je pourrois presque dire sur toutes les rives de l'Orénoque et du Cassiquiare, ces beaux panaches, ces tabliers de plumes que les voyageurs rapportent si fréquemment de Cayenne et de Démérary. La plupart des peuples de la Guyane, ceux-mêmes dont les facultés intellectuelles sont assez développées, qui cultivent des plantes alimentaires et qui savent tisser le coton, sont tout aussi nus[1], aussi pauvres, aussi dépourvus d'ornemens que les indigènes de la Nouvelle-Hollande. L'excessive chaleur de l'air, les sueurs abondantes dont le corps est baigné à toutes les heures du jour et une grande partie de la nuit, rendent l'usage des vêtemens insupportable. Les objets de parure, particulièrement les panaches, sont réservés pour les danses et les fêtes solennelles. Les panaches des Guaypuñaves[2] sont les plus célèbres pour le choix des belles plumes de Manakins et de perroquets.

Les Indiens ne se contentent pas toujours d'une couleur uniformément répandue ; ils imitent quelquefois, de la manière la plus bizarre, dans la peinture de leur peau, la forme des vêtemens européens. Nous en avons vu à Pararuma qui se fai-

[1] Par exemple, les Macos et les Piraoas. Il faut excepter les Caribes chez lesquels le *perizoma* est une toile de coton tellement large qu'elle peut couvrir l'épaule.

[2] Originaires des rives de l'Inirida, un des confluens du Guaviare.

soient peindre une jaquette bleue avec des boutons noirs. Les missionnaires nous ont même rapporté que les Guaynaves du Rio Caura ont l'habitude de se teindre en rouge avec l'*Onoto*, et de se faire, le long du corps, de larges stries transversales, sur lesquelles ils appliquent des paillettes de mica argenté. A voir de loin ces hommes nus, on croiroit qu'ils ont des habits galonnés. Si les *peuples peints* avoient été examinés avec la même attention que les *peuples vêtus*, on auroit reconnu que l'imagination la plus féconde et le caprice le plus mobile ont créé les usages de la peinture comme ceux des vêtemens.

La peinture et le tatouage ne sont restreints dans les deux mondes, ni à une seule race, ni à une seule zone. Ces genres de parure sont plus communs chez les races malayes et américaines; mais, du temps des Romains, ils existoient aussi chez la race blanche, dans le nord de l'Europe. De même que les vêtemens et les costumes sont les plus pittoresques dans l'archipel de la Grèce et dans l'Asie occidentale, la peinture et le *tatouage* offrent le type de

CHAPITRE XIX.

la perfection chez les insulaires de la mer du Sud [1]. Quelques peuples vêtus se peignent encore les mains, les ongles et le visage. On diroit que la peinture est alors restreinte aux seules parties qui restent nues ; et, tandis que le fard, qui rappelle l'état sauvage de l'homme, disparoît peu-à-peu en Europe, dans quelques villes de province du Pérou les dames croient embellir leur peau, d'ailleurs très-fine et très-blanche, en la couvrant de matières colorantes végétales, d'amidon, de blancs d'œufs et de farine. Lorsqu'on a demeuré long-temps au milieu d'hommes peints d'*Onoto* et de *Chica*, on est singulièrement frappé de ces restes d'une antique barbarie conservés au milieu de tous les usages de la civilisation.

Le campement de Pararuma nous offrit l'occasion d'examiner, pour la première fois, vivans, plusieurs animaux que nous n'avions vus jusque-là que dans les cabinets de l'Europe. Ces petits animaux sont une branche de commerce des missionnaires. Ils échangent le tabac, la résine *Mani*, le

[1] Dans l'archipel des îles Mendoza.

pigment du *Chica*, les *Gallitos* (coqs de roche), les *Titis*, les *Capucins* et autres singes très-recherchés sur les côtes, contre des toiles, des clous, des haches, des hameçons et des épingles. Les produits de l'Orénoque ont été achetés à vil prix aux Indiens qui vivent dans la dépendance des moines; et ce sont encore ces mêmes Indiens qui achètent aux moines, mais à des prix très-élevés, avec l'argent gagné à la *récolte des œufs*, les instrumens de la pêche et du jardinage. Nous fîmes l'acquisition de plusieurs animaux qui nous ont suivis dans le reste de notre navigation sur les rivières, et dont nous avons pu étudier les mœurs. J'ai publié ces observations dans un autre ouvrage; mais, obligé de traiter deux fois les mêmes objets, je me bornerai ici aux indications les plus succinctes, en ajoutant les notes que j'ai trouvées depuis éparses dans mes journaux de route.

Les *Gallitos* ou *Coqs de roche* que l'on vend à Pararuma, dans de jolies petites cages de pétioles de palmier, sont infiniment plus rares sur les bords de l'Orénoque et dans tout le nord et l'ouest de l'Amérique équinoxiale, que dans la Guyane françoise. On ne les a trouvés jusqu'ici que près de la mission de l'Encaramada et dans les *Raudales* ou Cataractes de Maypures. Je dis exprès dans les Cataractes ; car ce sont les creux des petits rochers granitiques qui traversent l'Orénoque, et qui forment de si nombreuses cascades, que ces oiseaux choisissent pour leur demeure habituelle. Nous les avons vus quelquefois le matin paroître au milieu de l'écume du fleuve, appeler leur femelle, et combattre à la manière de nos coqs en repliant la double crête mobile qui orne le sommet de leur tête. Comme les Indiens prennent rarement les *Gallitos* adultes, et qu'on n'apprécie en Europe que les mâles qui, dès la troisième année, offrent une superbe couleur aurore, les acheteurs doivent être sur leurs gardes pour ne pas confondre de jeunes femelles avec les jeunes mâles. Les uns et les autres sont d'un brun-olivâtre ; mais le *pollo* ou poulet mâle se distingue déja, dans le plus jeune âge, par sa grandeur et ses pieds jaunes. La femelle reste toute sa vie d'une couleur sombre et d'un brun-obscur, n'ayant de jaune que les pointes et le dessous des ailes [1]. Pour conserver, dans nos collections, au coq de roche mâle et adulte, la belle teinte de son plumage, il ne faut pas l'exposer à la lumière. Cette teinte pâlit bien plus facilement que dans d'autres genres de la famille des Passereaux. Les jeunes mâles ont, comme la plupart des oiseaux, le plumage, ou la livrée de la mère. Je suis surpris de voir qu'un aussi excellent observateur que M. Le Vaillant [2] mette en doute si effectivement la femelle reste toujours d'une teinte sombre et olivâtre. Les Indiens des *Raudales* m'ont tous assuré n'avoir jamais vu une femelle de couleur aurore.

Parmi les singes que les Indiens avoient amenés à la foire de Pararuma, nous distinguâmes plusieurs variétés de *Saï* [3] appartenant au petit groupe de singes pleureurs appelés *Matchi* dans les colonies espagnoles;

[1] Sur-tout la partie que les ornithologistes appellent le *poignet*.
[2] *Oiseaux de Paradis*, Tom. II, p. 61.
[3] Simia capucina. Sur la confusion qui règne dans la synonymie des Saï et espèces voisines, *voyez* mes *Observ. de Zoologie*, Tom. I, p. 323-325, 336 et 355.

des *Marimondes*[1] ou Atèles à ventre roux; des *Titi* et des *Viuditas*. Ces deux dernières espèces attirèrent particulièrement notre attention, et nous les achetâmes pour les envoyer en Europe[2]. Il ne faut pas confondre l'*Ouistiti*[3] de Buffon qui est le Titi de M. d'Azzara, le *Titi*[4] de Carthagène des Indes et du Darien qui est le Pinche de Buffon, et le *Titi*[5] de l'Orénoque qui est le Saïmiri des naturalistes françois. Dans les différentes colonies espagnoles on donne le nom de *Titi* à des singes qui appartiennent à trois sous-genres différens[6], et qui varient dans le nombre des dents molaires[7].

[1] Simia Belzébuth.
[2] On achète à Pararuma un beau Saïmiri ou *Titi de l'Orénoque* pour 8 à 9 piastres. Le missionnaire en paie une et demie à l'Indien qui a pris et apprivoisé le singe.
[3] Simia jacchus.
[4] Simia OEdipus.
[5] Simia sciurea.
[6] Les genres Callithrix, Jacchus et Midas de M. Geoffroy de Saint-Hilaire.
[7] Le Titi de l'Orénoque (de la famille des Sagoins) a six dents molaires; les Titi du Darien et du Paraguay (de la famille des Hapales) ont cinq dents molaires de chaque côté.

Ce nombre exclut même le plus beau des trois *Titi*, celui de l'Orénoque, du genre que M. Illiger a formé sous la dénomination d'Ouistiti ou *Hapale*. Il est presque inutile de rappeler, d'après ce que je viens d'exposer, combien il seroit à désirer que, dans les ouvrages de sciences, on s'abstînt de ces *noms vulgaires* qui, défigurés par notre orthographe et variant avec chaque province, augmentent la déplorable confusion de la nomenclature zoologique.

Le *Titi de l'Orénoque* (Simia sciurea), mal figuré jusques ici, quoique très-connu dans nos collections, s'appelle *Bititeni* chez les Indiens Maypures. Il est très-commun au sud des Cataractes. Il a le visage blanc : une petite tache noire-bleuâtre couvre la bouche et la pointe du nez. Les *Titi* les plus élégans de forme et les plus beaux de couleur (d'un pelage jaune doré) viennent des bords du Cassiquiare. Ceux que l'on prend sur les rives du Guaviare sont grands et difficiles à apprivoiser. Aucun autre singe n'a la physionomie d'un enfant comme le *Titi :* même expression d'innocence ; même sourire malin ; même rapidité dans le passage de la joie à la tristesse. Ses grands yeux se mouillent de larmes à l'instant même qu'il est saisi de crainte. Il est extrêmement friand d'insectes, sur-tout d'araignées. La sagacité de ce petit animal est si grande, qu'un de ceux que nous conduisîmes dans notre canot à l'Angostura distinguoit parfaitement les différentes planches annexées au *Tableau élémentaire d'histoire naturelle de M. Cuvier*. Les gravures de cet ouvrage ne sont pas coloriées, et cependant le *Titi* avançoit rapidement sa petite main, dans l'espoir de prendre une sauterelle ou une guêpe, chaque fois que nous lui présentions la 11e planche sur laquelle ces insectes sont représentés. Il restoit dans la plus grande indifférence lorsqu'on lui montroit des gravurs de squelettes ou de têtes de mammifères [1]. Lorsque plusieurs de ces petits singes, renfermés dans une même

---

[1] Je rappellerai à cette occasion que je n'ai jamais vu qu'un tableau, sur lequel des lièvres ou des chevreuils étoient représentés de grandeur naturelle et dans la plus grande perfection, ait fait la moindre impression sur des chiens de chasse dont l'intelligence paroissoit le plus développée. A-t-on un exemple bien constaté d'un chien qui ait reconnu le portrait en pied

cage, sont exposées à la pluie et que la température habituelle de l'air baisse tout d'un coup de deux à trois degrés, ils recourbent leur queue, qui, cependant, n'est pas prenante, autour de leur col, et entrelacent leurs bras et leurs jambes pour se chauffer les uns les autres. Les chasseurs indiens nous ont rapporté que l'on rencontre souvent dans les forêts des groupes de dix ou douze individus qui jettent des cris lamentables, parce que ceux de dehors cherchent à entrer dans l'intérieur du peloton pour y trouver de la chaleur et de l'abri. En dirigeant des flèches trempées dans du *poison affoibli*[1] contre un de ces pelotons, on prend vivans un grand nombre de jeunes singes à-la-fois. Le *Titi*, en tombant, reste attaché à sa mère. S'il n'est pas blessé par la chûte, il ne quitte plus l'épaule ou le col de l'animal mort. La plupart de ceux que l'on trouve vivans dans les cabanes des Indiens ont été arrachés ainsi au cadavre de leurs mères. Les

---

de son maître? Dans tous ces cas, la vision n'est pas aidée par l'odorat.

[1] *Curare destemplado.*

individus adultes, guéris de quelque blessure bien légère, périssent assez communément avant de s'être accoutumés à l'état de domesticité. Les *Titi* sont en général de petits animaux délicats et timides. Il est très-difficile de les transporter des missions de l'Orénoque aux côtes de Caracas et de Cumana. Ils deviennent tristes et abattus à mesure qu'on quitte la région des forêts et qu'on entre dans les *Llanos*. On ne peut attribuer ce changement au léger accroissement de la température; il paroît plutôt dépendre d'une plus grande intensité de lumière, d'un moindre degré d'humidité et de quelque propriété chimique de l'air des côtes.

Les Saïmiri ou Titi de l'Orénoque, les Atèles, les Sajous et autres quadrumanes connus depuis long-temps en Europe, contrastent singulièrement, par leur port et leurs habitudes, avec le *Macavahu*[1] que les missionnaires appellent *Viudita* ou *Veuve en deuil*. Ce petit animal a le poil doux, lustré et d'un beau noir. Sa face est cou-

[1] C'est le nom maravitain du Simia Iugens. *Voyez* mes *Obs. de Zoologie*, Tom. I, p. 319.

verte d'un masque de forme carrée et d'une couleur blanchâtre tirant sur le bleu. Ce masque renferme les yeux, le nez et la bouche. Les oreilles ont un rebord ; elles sont petites, très-jolies et presque nues. Le col de la *Veuve* offre par-devant une zone blanche d'un pouce de large, et formant un demi-anneau. Les pieds ou plutôt les mains de derrière sont noires comme le reste du corps, mais les mains antérieures sont blanches par dehors et d'un noir luisant en dedans. C'est dans ces marques ou taches blanches que les missionnaires croient reconnoître le voile, le mouchoir de col et les gants d'une *veuve en deuil*. Le caractère de ce petit singe, qui ne se redresse sur ses extrémités postérieures qu'en mangeant, s'annonce très-peu dans son maintien. Il a l'air doux et timide ; il refuse souvent les alimens qu'on lui offre, lors même qu'il est tourmenté par un appétit dévorant. Il n'aime guère la société des autres singes. La vue du plus petit Saïmiri le met en fuite. Son œil annonce beaucoup de vivacité. Nous l'avons vu rester des heures entières immobile, sans dormir, attentif à tout ce qui se passoit autour de lui ; mais cette timidité et cette douceur ne sont qu'apparentes. La *Viudita* seule, abandonnée à elle-même, devient furieuse à l'aspect d'un oiseau. Elle grimpe et court alors avec une étonnante rapidité ; elle s'élance sur sa proie comme un chat, et égorge tout ce qu'elle peut saisir. Ce singe, très-rare et très-délicat, se trouve sur la rive droite de l'Orénoque, dans les montagnes granitiques qui s'élèvent derrière la mission de Santa-Barbara. Il habite aussi les rives du Guaviare, près de San-Fernando de Atabapo. La *Viudita* a fait avec nous tout le voyage du Cassiquiare et du Rio Negro, en traversant deux fois les Cataractes. Je pense que c'est un grand avantage, pour bien étudier les mœurs des animaux, de les avoir continuellement sous ses yeux pendant plusieurs mois, en plein air, et non dans des maisons, où ils perdent toute leur vivacité naturelle.

On se mit à charger, dès le soir même, la nouvelle pirogue qu'on nous destinoit. C'étoit, comme tous les canots indiens, un tronc d'arbre creusé par le double moyen de la hache et du feu. Elle avoit quarante pieds de long sur trois pieds de large. Trois personnes n'auroient pu être assises l'une à côté de l'autre. Ces pirogues sont si mobiles, elles exigent, par leur peu de stabilité, une charge si également répartie que, lorsqu'on veut se lever pour un instant, il faut avertir les rameurs (*bogas*) d'appuyer du côté opposé. Sans cette précaution, l'eau entreroit nécessairement par la bande inclinée. Il est difficile de se faire une juste idée de la gêne qu'on éprouve dans de si misérables embarcations.

Le missionnaire des *Raudales* mit plus d'activité dans les apprêts du voyage que nous ne l'aurions desiré. Dans la crainte de n'avoir pas le nombre suffisant d'Indiens Macos et Guahibes qui connoissent le labyrinthe de petits canaux et de cascades dont se composent les *Raudales* ou Cataractes, deux Indiens furent jetés, pendant la nuit, au *cepo*, c'est-à-dire qu'on les fit coucher, les jambes placées entre deux pièces de bois entaillées et réunies par une chaîne à cadenas. De grand matin, nous fûmes éveillés par les cris d'un jeune homme qu'on battoit impitoyablement avec un cuir de lamantin. C'étoit *Zerepe*, Indien très-intelligent, qui nous a été extrêmement utile dans la suite, et qui refusoit de nous accompagner. Né dans la mission d'Atures, d'un père Maco et d'une mère de la nation des Maypures, il étoit retourné dans les bois (*al monte*), et avoit vécu quelques années avec les Indiens non réduits. Par ce moyen, il avoit acquis la connoissance de plusieurs langues, et le missionnaire s'en servoit pour interprète. Nous eûmes de la peine à obtenir la grace du jeune homme. « Sans ces actes de sévérité, nous disoit-on, vous manqueriez de tout. Les Indiens des *Raudales* et du Haut-Orénoque sont une race plus forte et plus laborieuse que les habitans du Bas-Orénoque. Ils savent qu'ils sont très-recherchés à l'Angostura. Si on les laissoit faire, ils descendroient tous la rivière pour vendre leurs productions et pour vivre en pleine liberté parmi les blancs. Les missions seroient désertes. »

Ces raisons, je l'avoue, sont plus spécieuses que vraies. L'homme, pour profiter des avantages de l'état social, doit sacrifier sans doute une partie de ses droits naturels et de son ancienne indépendance. Mais, si le sacrifice qu'on lui impose n'est pas compensé par les avantages de la civilisation, le sauvage, dans sa simplicité sensée, conserve le desir de retourner vers les forêts qui l'ont vu naître. C'est parce que l'Indien des bois est traité comme serf dans la plupart des missions, c'est parce qu'il n'y jouit pas du fruit de ses travaux, que les établissemens chrétiens de l'Orénoque restent déserts. Un gouvernement fondé sur les ruines de la liberté des indigènes, éteint les facultés intellectuelles ou en arrête le développement.

Lorsqu'on dit que le sauvage, comme l'enfant, ne peut être gouverné que par la force, on établit de fausses analogies. Les Indiens de l'Orénoque ont quelque chose d'enfantin dans l'expression de leur joie, dans la succession rapide de leurs émotions: mais ce ne sont pas de grands enfans; ils le sont aussi peu que les pauvres laboureurs de l'est de l'Europe, que la barbarie de nos institutions féodales a maintenus dans le plus grand abrutissement. Regarder l'emploi de la force comme le premier et l'unique moyen de la civilisation du sauvage, est d'ailleurs un principe aussi peu vrai dans l'éducation des peuples que dans l'éducation de la jeunesse. Quel que soit l'état de foiblesse ou de dégradation de notre espèce, aucune faculté n'est entièrement éteinte. L'entendement humain offre seulement divers degrés de force et de développement. Le sauvage, comme l'enfant, compare l'état présent avec l'état passé ; il dirige ses actions, non d'après un instinct aveugle, mais d'après des motifs d'intérêt. Par-tout la raison peut être éclairée par la raison ; et ses progrès seront d'autant plus retardés, que les hommes qui se croient appelés à élever la jeunesse ou à gouverner les peuples, enorgueillis par le sentiment de leur supériorité, méprisant ceux sur lesquels ils doivent agir, voudront substituer la contrainte et la force à cette influence morale, qui seule peut développer les facultés naissantes, calmer les passions irritées et affermir l'ordre social.

Le 10 avril. Nous ne pûmes mettre à la voile qu'à 10 heures du matin. Nous eûmes de la peine à nous faire à la nouvelle pirogue, que nous regardions comme une nouvelle prison. Pour gagner en largeur, on avoit pratiqué, avec des branches d'arbre, sur le derrière du bateau, une espèce de treillis qui, des deux côtés, dépassoit les bandes. Malheureusement le toit de feuilles [1] qui couvroit ce treillis avoit si peu de hauteur, qu'il falloit ou rester étendu sans rien voir, ou se courber en se tenant assis. La nécessité de transporter les pirogues à travers les rapides et même d'une rivière à l'autre, la crainte de donner trop de prise au vent en élevant le *toldo*, rendent cette construction nécessaire pour les petits bâtimens qui remontent vers le Rio Negro. Le toit étoit destiné pour quatre personnes étendues sur le pont ou treillis de broussailles; mais les jambes dépassent de beaucoup le treillis, et, lorsqu'il pleut, on est mouillé à mi-corps. De plus, on est couché sur des cuirs de bœuf ou des peaux de tigre, et les branches d'arbre que recouvrent ces peaux se font sentir douloureusement à travers une couverture si mince. Le devant du bateau étoit rempli par les

[1] *El toldo.*

Indiens rameurs, munis de *pagaies* de trois pieds de long, en forme de cuillères. Ils sont tout nus, assis deux à deux, et rament en cadence avec un ensemble extraordinaire. Leurs chants sont tristes et monotones. Les petites cages qui renfermoient nos oiseaux et nos singes, et dont le nombre augmentoit à mesure que nous avancions, étoient attachées, les unes au *toldo*, les autres à la proue du bateau. C'étoit notre *ménagerie ambulante*. Malgré les pertes fréquentes, occasionnées par des accidens, et sur-tout par les funestes effets de l'insolation, nous comptions quatorze de ces petits animaux à notre retour au Cassiquiare. Des naturalistes-collecteurs qui voudroient rapporter des animaux vivans en Europe, pourraient, dans les deux capitales situées sur les bords de l'Orénoque et de l'Amazone, à l'Angostura ou au Grand-Para, faire construire exprès des pirogues dont le premier tiers renfermeroit deux rangs de cases abritées contre les ardeurs du soleil. Chaque nuit, lorsque nous établissions notre bivouac, la *ménagerie* et nos instrumens occupoient le centre : tout autour venoient d'abord nos hamacs, puis les hamacs des Indiens, et, à l'extérieur, les feux que l'on croit indispensables contre les attaques du Jaguar. Vers le lever du soleil, les singes de nos cages répondoient aux cris des singes de la forêt. Ces communications entre des animaux de la même espèce, qui s'affectionnent sans se voir, dont les uns jouissent de la liberté que les autres regrettent, ont quelque chose de triste et de touchant.

Dans une pirogue si encombrée et qui n'avoit pas trois pieds de large, il ne restoit d'autre place pour les plantes sèches, les malles, un sextant, la boussole d'inclinaison et les instrumens météorologiques, que le dessous du treillis de branches sur lequel nous étions forcément étendus la majeure partie de la journée. Pour retirer le moindre objet d'une malle, ou pour se servir d'un instrument, il falloit aborder au rivage et débarquer. A ces incommodités se joignoient, et le tourment des *mosquitos* qui s'accumulent sous un tôit si bas, et la chaleur que rayonnent les feuilles de palmier dont la surface supérieure est continuellement exposée aux ardeurs du soleil. Nous tentions à chaque instant, et toujours sans succès, d'améliorer notre position. Tandis que l'un de nous se cachoit sous un drap pour se garantir des insectes, l'autre insistoit pour qu'on allumât du bois vert sous le *toldo*, afin de chasser les moustiques par la fumée. La douleur des yeux et l'accroissement d'une chaleur déja si étouffante rendoient les deux moyens impraticables. Avec quelque gaieté de caractère, avec des rapports de bienveillance mutuelle, avec un vif intérêt pour la nature majestueuse de ces grandes vallées de rivières, les voyageurs supportent facilement des maux qui deviennent habituels. Je ne suis entré dans ces détails minutieux que pour peindre la manière de naviguer sur l'Orénoque, et pour prouver que, malgré notre bonne volonté, nous n'avons pu, M. Bonpland et moi, pendant cette partie du voyage, multiplier nos observations autant que l'auroit exigé l'intérêt des objets qui nous entouroient.

Nos Indiens nous montrèrent le lieu où, sur la rive droite du fleuve, étoit située jadis la mission de Pararuma, fondée par les jésuites vers l'année 1733. La mortalité causée par la petite-vérole parmi les Indiens Salivas, fut la cause principale de la destruction de la mission. Le peu d'habitans qui survécurent à cette cruelle épidémie furent agrégés au village de Carichana, que nous allons bientôt visiter. C'est à Pararuma que, d'après le témoignage du père Roman, on a vu tomber de la grêle pendant un grand orage, vers le milieu du dernier siècle. C'est presque le seul exemple que je connoisse dans une plaine qui est à-peu-près au niveau de la mer ; car on ne voit généralement tomber de la grêle sous les tropiques qu'au-dessus de 300 toises d'élévation [1]. Si elle se forme à égale hauteur

[1] *Voyez* plus haut, T. IV, chap. XII, p. 212: Thibault de Chanvalon, dans une discussion très-judicieuse sur la météorologie des tropiques et sur celle de la zone tempérée, propose la question de savoir pourquoi, au-dessus des plaines, dans la zone tempérée seule, les orages sont accompagnés de grêle ? « La chaleur des plaines, dit-il, ne peut être un obstacle à la formation de la grêle : en Europe, elle n'est jamais plus commune que dans les saisons chaudes. » Il assure qu'à la Martinique, on a vu une seule fois de la grêle dans les plaines, en 1721. (*Voyage à la Martinique*,

au-dessus des plaines et des plateaux, il faut croire qu'elle se fond en parcourant dans sa chûte les couches les plus basses de l'atmosphère dont la température moyenne (entre 0ᵗ et 300ᵗ) est de 27°,5 et 24° du thermomètre centigrade. J'avoue qu'il est bien difficile d'expliquer, dans l'état actuel de la météorologie, pourquoi il grêle à Philadelphie, à Rome et à Montpellier pendant les mois les plus chauds et dont la température moyenne atteint 25° à 26°, tandis qu'on n'observe pas le même phénomène à Cumana, à la Guayra, et en général dans les plaines équatoriales. Aux États-Unis et dans l'Europe méridionale (par les 40° et 43° de latitude), les chaleurs des plaines sont en été à-peu-près les mêmes que sous les tropiques. Le décroissement du calorique, d'après mes recherches, varie également très peu. Si donc le manque de grêle sous la zone torride, au niveau de la mer, provient de la fonte des grêlons en traversant les basses couches de l'air, il faut supposer que ces grêlons,

p. 135, n.° 40.) Cette assertion paroît douteuse. (*Moreau de Jonnès, sur le climat des Antilles*, p. 49.)

au moment de leur formation, sont plus gros dans la zone tempérée que dans la zone torride. Nous connoissons encore si peu les conditions sous lesquelles l'eau se congèle dans un nuage orageux, sous nos climats, que nous ne pouvons juger si ces mêmes conditions se trouvent remplies sous l'équateur, au-dessus des plaines. Je doute que la grêle se forme toujours dans une région de l'air dont la température moyenne est zéro, et que l'on ne rencontre chez nous, en été, qu'à 1500 ou 1600 toises de hauteur. Les nuages dans lesquels on entend s'entre-choquer les grêlons avant leur chûte, et qui se meuvent horizontalement, m'ont toujours paru beaucoup moins élevés; et, à ces moindres hauteurs, on peut concevoir que des refroidissemens extraordinaires sont causés par la dilatation de l'air ascendant qui augmente de capacité pour le calorique, par des courans d'air froids venant d'une latitude plus élevée, et sur-tout (d'après M. Gay-Lussac) par le rayonnement de la surface supérieure des nuages. J'aurai occasion de revenir sur ce sujet, en parlant des formes différentes sous lesquelles la grêle et le grésil se montrent sur le dos des Andes, à 2000 et 2600 toises de hauteur, et en examinant la question de savoir si l'on peut considérer la couche de nuages qui enveloppent les montagnes comme une continuation horizontale de la couche que nous voyons immédiatement au-dessus de nous dans les plaines.

L'Orénoque, rempli d'îles, commence à se diviser en plusieurs bras, dont le plus occidental reste à sec pendant les mois de janvier et de février. La largeur totale de la rivière excède 2500 à 3000 toises. Vis-à-vis de l'île Javanavo, nous aperçûmes à l'est la bouche du *Caño* Aujacoa. Entre ce *Caño* et le Rio Paruasi [1] ou Paruati, le pays devient de plus en plus boisé. Au milieu d'une forêt de palmiers, non loin de l'Orénoque [2], s'élève un rocher isolé et d'un aspect infiniment pittoresque. C'est un pilier

---

[1] Le père jésuite, Morillo, avoit formé, sur les rives de Paruasi, une mission de ce nom, en réunissant des Indiens Mapoyes ou Mapoi ; mais elle a été bientôt abandonnée. (*Gili*, Tom. I, p. 37.)

[2] Vis-à-vis l'*Hato de San-Antonio*.

de granite, une masse prismatique dont les flancs nus et escarpés atteignent près de deux cents pieds de hauteur. Sa cime, qui dépasse les arbres les plus élevés de la forêt, est terminée par un banc de roche à surface unie et horizontale. D'autres arbres couronnent cette cime que les missionnaires appellent le pic ou *Mogote de Cocuyza*. Ce monument de la nature, simple dans sa grandeur, rappelle les monumens cyclopéens. Ses contours, fortement prononcés, le groupe d'arbres et d'arbustes qui le surmonte, se détachent sur l'azur du ciel. C'est comme une forêt qui s'élève au-dessus d'une forêt.

Plus loin, près de l'embouchure du Paruasi, l'Orénoque se rétrécit. A l'est, nous aperçûmes une montagne à cime rase qui s'avance en forme de promontoire. Elle a près de trois cents pieds de haut, et servoit de forteresse aux jésuites. Ils y avoient construit un fortin qui étoit garni de trois batteries de canons et constamment occupé par un détachement militaire. Nous avons vu ces canons démontés et à moitié ensevelis dans le sable, à Carichana et à Aturès.

Le fortin des jésuites (ou *fortaleza de San-Francisco Xavier*) a été détruit depuis la dissolution de la *Compagnie*; mais l'endroit s'appelle encore *el Castillo*. Sur une carte manuscrite, tracée dans ces derniers temps, à Caracas, par un membre du clergé séculier, je le trouve indiqué sous la dénomination bizarre de *Trinchera del despotismo monacal*[1]. Dans toutes les révolutions, la nomenclature géographique se ressent de l'esprit d'innovation qui s'empare de la multitude.

La garnison que les jésuites entretenoient sur ce rocher n'étoit pas simplement destinée à protéger les missions contre les incursions des Caribes; elle étoit aussi employée à une guerre offensive, ou, comme on dit ici, à la conquête des ames, *conquista de almas*. Les soldats, excités par l'appât de récompenses pécuniaires, faisoient à main armée des incursions ou *entradas* dans les terres des Indiens indépendans. On tuoit tout ce qui osoit faire résistance; on brûloit les cabanes, on détruisoit les plantations, et l'on amenoit

[1] *Retranchement du despotisme monacal.*

comme prisonniers les vieillards, les femmes et les enfans. Ces prisonniers furent répartis dans les missions du Meta, du Rio Negro et du Haut-Orénoque. On choisissoit les lieux les plus éloignés, afin qu'ils ne pussent être tentés de retourner dans leur pays natal. Ce moyen violent de *conquérir des ames*, quoique prohibé par les lois espagnoles, étoit toléré par les gouverneurs civils, et vanté comme utile à la religion et à l'agrandissement des missions, par les supérieurs de la *Compagnie*. « La voix de l'Évangile n'est écoutée, dit naïvement un jésuite de l'Orénoque [1] dans les *Lettres édifiantes*, que là où les Indiens ont entendu le bruit des armes, *el eco de la polvora*. La douceur est un moyen bien lent. En châtiant les naturels, on facilite leur conversion. » Ces principes, qui dégradent l'humanité, n'étoient point partagés sans doute par tous les membres d'une société qui, dans le Nouveau-Monde et partout où l'éducation est restée exclusivement entre les mains des moines, a rendu des

[1] *Cartas edificantes de la Compañia de Jesus*, 1757. Tom. XVI, p. 92.

services aux lettres et à la civilisation. Mais les *entradas*, les *conquêtes spirituelles* à l'aide des baïonnettes, étoient un vice inhérent à un régime qui tendoit à l'agrandissement rapide des missions. Il est consolant de voir que le même système n'est pas suivi par les religieux de Saint-François, de Saint-Dominique et de Saint-Augustin qui gouvernent aujourd'hui une vaste partie de l'Amérique méridionale, et qui, par la douceur ou la rudesse de leurs mœurs, exercent une influence puissante sur le sort de tant de milliers d'indigènes. Les incursions à main armée sont presque entièrement abolies; et, là où elles se font, elles sont désavouées par les supérieurs des Ordres. Nous ne déciderons pas pour le moment si cette amélioration du régime monacal est due à un défaut d'activité et à une indolente tiédeur, ou s'il faut l'attribuer, comme on aimeroit à le croire, à l'accroissement des lumières, à des sentimens plus relevés et plus conformes au véritable esprit du christianisme.

Depuis la bouche du Rio Paruasi, l'Orénoque se rétrécit de nouveau. Rempli d'îlots et de masses de rochers granitiques, il offre des *rapides* ou petites cascades [1] dont le premier aspect peut alarmer le voyageur par le tournoiement continuel de l'eau, mais qui ne sont dangereux pour les bateaux dans aucune saison de l'année. Il faut avoir bien peu navigué pour dire avec le père Gili [2], d'ailleurs si exact et si judicieux, « *è terribile pe' molti scogli il tratto del fiume tral Castello e Caricciana.* » Une rangée d'écueils qui traverse presque la rivière entière, porte le nom du *Raudal de Marimara* [3]. Nous la passâmes sans difficulté par un canal étroit dans lequel l'eau sembloit bouillonner en sortant avec impétuosité [4] au-dessous de la *Piedra de Marimara*, masse compacte de granite de 80 pieds de haut et de 300 pieds de circonférence, sans fissure et sans trace de stratification. La rivière pénètre très-avant au milieu des

[1] *Los remolinos.*
[2] Tom. I, p. 11.
[3] On reconnoît ce nom dans celui de la montagne du Castillo qui est *Marimaruta* ou *Marimarota* (Gumilla, Tom. I, p. 283).
[4] Ces endroits s'appellent *chorreras* dans les colonies espagnoles.

terres, et y forme dans les rocs des baies spacieuses. Une de ces baies, renfermée entre deux promontoires dépourvus de végétation, s'appelle le *port de Carichana*[5]. C'est un endroit d'un aspect sauvage. Les côtes rocheuses projettent le soir leurs grandes ombres sur la surface du fleuve. L'eau paroît noire en reflétant l'image de ces masses granitiques qui, comme nous l'avons déja dit, ressemblent, par la teinte de leur surface extérieure, tantôt à la houille, tantôt à la mine de plomb. Nous passâmes la nuit dans le petit village de Carichana où nous fûmes reçus au presbytère ou *convento*, d'après la recommandation du bon missionnaire, Fray Jose Antonio de Torre. Il y avoit près de quinze jours que nous n'avions couché sous un toit.

Le 11 avril. Pour éviter les effets des inondations souvent si funestes pour la santé, la mission de Carichana a été placée à trois quarts de lieue de distance de la rivière. Les Indiens sont de la nation des Salivas; ils ont une prononciation désagréable et nasale. Leur langue, dont le père

1 *Piedra y puerto de Carichana.*

jésuite Anisson a composé une grammaire restée manuscrite, est, avec le caribe, le tamanaque, le maypure, l'ottomaque, le guahive et le jaruro, une des langues-mères les plus répandues de l'Orénoque. Le père Gili [1] pense que l'ature, le piraoa et le quaqua ou mapoje ne sont que des dialectes du saliva. Mon voyage a été beaucoup trop rapide pour que je puisse juger de l'exactitude de cette assertion; mais nous verrons bientôt que dans le village d'Aturès, célèbre par les grandes cataractes près desquelles il est situé, on ne parle aujourd'hui ni le saliva ni l'ature, mais la langue des Maypures. Dans le saliva de Carichana, l'homme s'appelle *cocco*, la femme *gnacu*, l'eau *cagua*, le feu *egussa*, la terre *seke*, le ciel[2] *mumeseke*, (terre d'en haut), le Jaguar *impii*, le crocodile *cuipòo*, le maïs *giomù*, la banane *paratunà*, le manioc *peibe*. Je citerai un de ces composés descriptifs qui semblent caractériser l'enfance du langage, quoiqu'ils se soient conservés dans quelques idiômes très-parfaits[3].

[1] Tom. III, p. 205.
[2] *L. c.*, p. 212.
[3] *Voyez* plus haut, Tom. III, Chap. ix, p. 335.

De même qu'en basque, le tonnerre s'appelle le *bruit du nuage (odotsa)* ; le soleil, en saliva, porte le nom de *mume-seke-cocco*, c'est-à-dire l'homme (*cocco*) de la terre (*seke*) d'en haut (*mume*).

La demeure la plus ancienne de la nation saliva paroît avoir été sur la rive occidentale de l'Orénoque entre le Rio Vichada [1] et le Guaviare, comme entre le Meta et le Rio Paute. On trouve aujourd'hui des Salivas, non-seulement à Carichana, mais aussi dans les missions de la province de Casanare, à Cabapuna, à Guanapalo, à Cabiuna et à Macuco. Dans ce dernier village, fondé en 1730, par le père jésuite Fray Manuel Roman, le nombre des habitans s'élève à 1300. Les Salivas sont un peuple sociable, doux, presque timide, et plus facile, je ne dirai pas à civiliser, mais à subjuguer, que d'autres tribus de l'Orénoque. Pour se soustraire à la domination des Caribes, les Salivas se sont agrégés facilement aux premières missions des jésuites. Aussi

[1] La mission Salive, sur le Rio Vichada, fut détruite par les Caribes (*Casani, Hist. gen.*, Cap. XXVI, p. 168.)

ces pères, dans leurs écrits, font par-tout l'éloge de leur intelligence et de leur docilité [1]. Les Salivas ont beaucoup de goût pour la musique ; ils se servent, dès les temps les plus reculés, de trompettes de terre cuite qui ont quatre à cinq pieds de long et plusieurs renflemens en forme de boule communiquant les uns avec les autres par des tuyaux étroits. Ces trompettes donnent des sons extrêmement lugubres. Les jésuites ont cultivé avec succès le goût naturel des Salivas pour la musique instrumentale; et, même après la destruction de la *Compagnie*, les missionnaires du Rio Meta ont conservé, à San-Miguel de Macuco, une belle musique d'église et l'enseignement musical de la jeunesse indienne. Récemment encore un voyageur a été surpris de voir les naturels jouer du violon, du violoncelle, du *triangle*, de la guitare et de la flûte [2].

Le régime des missions isolées de l'Oré-

---

[1] *Gumilla*, Tom. I, Cap. XIII, p. 209-224. *Gili*, Tom. I, p. 57; Tom. II, p. 44.

[2] *Diario del Presbitero Jose Cortès Madariaga en su viage de Santa-Fe de Bogota por el Rio Meta a Caracas* (1811), *fol.* 15 (manuscrit).

noque n'est pas aussi favorable aux progrès de la civilisation et à l'accroissement de la population des Salivas que le régime qui est suivi, dans les plaines de Casanare et du Meta, par les religieux de Saint-Augustin [1]. A Macuco, les naturels ont profité de leur communication avec les blancs qui habitent le même village et qui sont presque tous des *réfugiés du Socorro* [2]. A l'Orénoque, du temps des jésuites, les trois villages de Pararuma, du Castillo ou Marumarutu et de Carichana furent fondus en un seul, celui de Carichana, qui devint par-là une mission très-considérable. En 1759, lorsque la *Fortaleza de San-Francisco Xavier* et ses trois

[1] *Recoletos*, dépendant du grand collége de la Candelaria de Santa-Fe de Bogota.

[2] La ville du Socorro, au sud du Rio Sogamozo et au nord-nord-est de Santa-Fe de Bogota, étoit le centre de l'émeute qui éclata dans le royaume de la Nouvelle-Grenade, en 1781, sous l'archevêque vice-roi Gongora, à cause des vexations qu'avoit éprouvées le peuple par l'introduction de la ferme de tabac. Beaucoup d'habitans industrieux du Socorro émigrèrent à cette époque dans les *Llanos* du Meta pour échapper aux persécutions qui suivirent l'amnistie générale accordée par la cour de Madrid. Ces émigrés sont appelés, dans les missions, *Socorreños refugiados*.

batteries existoient encore, le père Caulin [1] comptoit dans la mission de Carichana 400 Salivas. En 1800, j'en ai à peine trouvé 150. Il ne reste du village que quelques cabanes construites en terre glaise, et placées symétriquement autour d'une croix d'une grandeur prodigieuse.

Nous trouvâmes au milieu de ces Indiens Salivas une femme de race blanche, sœur d'un jésuite de la Nouvelle-Grenade. On ne sauroit décrire la satisfaction que l'on éprouve lorsqu'au milieu de peuplades dont on ignore la langue, on rencontre un être avec lequel on peut converser sans interprète. Chaque mission a au moins deux de ces interprètes, *lenguarazes*. Ce sont des Indiens un peu moins stupides que les autres, et au moyen desquels les missionnaires de l'Orénoque, qui se donnent rarement la peine aujourd'hui d'étudier les idiomes du pays, communiquent avec les néophytes. Ces interprètes nous ont suivis dans toutes nos herborisations; mais ils entendent plutôt le castillan qu'ils ne sont capables de le parler. Dans leur indolente

---

[1] *Hist. corografica*, p. 71.

indifférence, ils répondent comme au hasard, mais toujours avec un sourire officieux : *Oui, mon père, non, mon père,* à toutes les questions qu'on leur adresse. Il est aisé de concevoir combien, pendant des mois entiers, on est impatienté de ces conversations, lorsqu'on veut être éclairé sur des objets auxquels on prend un vif intérêt. Souvent nous fûmes forcés d'employer à-la-fois plusieurs interprètes et plusieurs traductions successives pour communiquer avec les naturels [1].

« Depuis ma mission, disoit le bon religieux d'Uruana, vous voyagerez comme des muets. » Cette prédiction s'est à-peu-près accomplie ; et, pour ne pas perdre tout le fruit que l'on peut tirer même du com-

[1] Pour se former une juste idée de l'embarras de ces communications par interprète, il faut se rappeler que, dans l'expédition de Lewis et Clark au Rio Columbia, pour s'entretenir avec les Indiens Chapunish, le capitaine Clark parla *anglois* à un des siens ; celui-ci traduisit la question en *françois* à Chabaneau ; Chabaneau la traduisit à sa femme, Indienne, en *minetarru* ; la femme la traduisit en *shosshonee* à un prisonnier, et le prisonnier la traduisit en *chapunish.* On peut craindre que le sens de la question n'ait été un peu altéré par cinq traductions successives.

merce avec les Indiens les plus abrutis, nous avons quelquefois préféré le langage des signes. Dès que l'indigène s'aperçoit que l'on ne veut pas employer d'interprète, dès qu'on l'interroge directement en lui montrant les objets, il sort de son apathie habituelle, et déploie une rare intelligence pour se faire comprendre. Il varie les signes, il prononce les mots avec lenteur, il les répète sans y être engagé. Son amour-propre paroît flatté de la considération qu'on lui accorde en se laissant instruire par lui. Cette facilité de se faire comprendre est sur-tout très-remarquable dans l'Indien indépendant, et dans les établissemens chrétiens, je dois conseiller au voyageur de s'adresser de préférence à ceux des naturels qui ne sont *réduits* que depuis peu, ou qui retournent de temps en temps à la forêt pour jouir de leur ancienne liberté [1]. On ne sauroit douter que les rapports directs avec les naturels sont plus instructifs et plus sûrs que les communications par interprète [2], pour-

[1] *Indios nuevamente reducidos; Indios medio-reducidos, vagos, que vuelven al monte.*

[2] *Voyez* plus haut, Tom. III, Chap. IX, p. 300.

vu qu'on sache simplifier ses questions et qu'on les répète successivement à plusieurs individus, sous d'autres formes. La variété des idiômes qu'on parle sur les rives du Meta, de l'Orénoque, du Cassiquiare et du Rio Negro, est d'ailleurs si prodigieuse, qu'un voyageur, quelque grand que fût son talent pour les langues, ne pourroit jamais se flatter d'en apprendre assez pour se faire entendre le long des fleuves navigables, depuis l'Angostura jusqu'au fortin de San-Carlos del Rio Negro. Au Pérou et à Quito, il suffit de savoir le qquichua ou la langue de l'Inca; au Chili, l'araucan; au Paraguay, le guarany, pour se faire entendre par la majeure partie de la population. Il n'en est pas de même dans les missions de la Guyane espagnole, où des peuples de races différentes sont mêlés dans un même village. Il n'y suffiroit point encore d'avoir appris le caribe ou carina, le guamo, le guahive [1], le jaruro, l'ottomaque, le maypure, le saliva, le marivitain, le maquiritare et le guaica, dix langues dont il n'existe que des grammaires informes, et

[1] Prononcez *gua-iva*, en espagnol *guajiva*.

qui sont moins rapprochées les unes des autres que ne le sont le grec, l'allemand et le persan.

Les environs de la mission de Carichana nous ont paru délicieux. Le petit village est situé dans une de ces plaines couvertes de graminées qui, depuis l'Encaramada jusqu'au-delà des cataractes de Maypures, séparent tous les chaînons de montagnes granitiques. La lisière des forêts ne se présente que dans le lointain. Par-tout l'horizon est bordé de montagnes, en partie boisées et d'une teinte sombre, en partie nues, à sommets pierreux, et dorées par les feux du soleil couchant. Ce qui donne à cette contrée un caractère particulier, ce sont des bancs de rocher [1] presque dépourvus de végétation, qui ont souvent plus de huit cents pieds de circonférence, et qui s'élèvent à peine de quelques pouces au-dessus de la savane environnante. Ils font aujourd'hui partie de la plaine. On se demande avec surprise si quelque révolution extraordinaire a emporté le terreau et les plantes, ou si le noyau granitique de

1 *Laxas.*

notre planète se montre à nu, parce que les germes de la vie ne se sont point encore développés sur tous les points. Le même phénomène semble se retrouver dans le *Shamo*, qui sépare la Mongolie de la Chine. On appelle *Tsy* ces bancs de rochers isolés dans le désert. Je pense que ce seroient de véritables plateaux si les plaines d'alentour étoient dépouillées du sable et du terreau qui les recouvrent, et que les eaux y ont accumulés dans les endroits les plus bas. Sur ces plateaux pierreux de Carichana, l'on suit avec intérêt la végétation naissante dans les différens degrés de son développement. On y trouve des plantes lichéneuses fendillant la pierre et réunies en croûtes plus ou moins épaisses; de petites portions de sable quartzeux nourrissant des herbes succulentes; enfin des couches de terre noire déposées dans des creux, formées de débris de racines et de feuilles, ombragées par des touffes d'arbustes toujours verts. Je ne citerois pas nos jardins et les ouvrages timides de l'art, si j'avois à parler des grands effets de la nature; mais ce contraste de rochers et de bosquets chargés de fleurs, ces touffes de petits arbres épars dans la savane, rappellent involontairement ce que nos plantations offrent de plus varié et de plus pittoresque. On diroit que l'homme, guidé par un sentiment profond des beautés de la nature, a voulu adoucir la sauvage âpreté de ces lieux.

Lorsqu'on s'éloigne de la mission de deux à trois lieues, on trouve, dans ces plaines entrecoupées de collines granitiques, une végétation aussi riche que variée. En comparant le site de Carichana à celui de tous les villages au-dessus des grandes cataractes, on est surpris de la facilité avec laquelle on parcourt le pays sans suivre le bord des rivières et sans être arrêté par l'épaisseur des forêts. M. Bonpland fit plusieurs excursions à cheval qui lui fournirent une riche moisson de plantes [1]. Je ne citerai que le Paraguatan, superbe espèce de Ma-

---

[1] Combretum *frangulæfolium*, Bignonia *carichanensis*, B. *fluviatilis*, B. *salicifolia*, Hypericum *Eugeniæfolium*, Convolvulus *discolor*, Casearia *capitata*, Spathodia *orinocensis*, Heliotropium *cinereum*, H. *filiforme*, etc.

crocnemum, et dont l'écorce teint en rouge[1]; le Guaricamo à racine vénéneuse[2], le Jacaranda obtusifolia[3], et le *Serrape* ou *Jape*[4] des Indiens Salivas, qui est le Coumarouna d'Aublet, si célèbre dans toute la Terre-Ferme à cause de son fruit aromatique. Ce fruit, que l'on place à Caracas entre le linge comme on le mêle en Europe au tabac en poudre sous le nom de *fève de Tonca* ou *Tongo*, est regardé comme vénéneux. C'est une fausse opinion, très-répandue dans la province de Cumana, que l'excellente liqueur fabriquée à la Martinique doit son arome particulier au *Jape*. Il s'appelle dans les missions *Simaruba*, nom qui peut causer de graves erreurs, le vrai *Simaruba* étant une espèce fébrifuge du genre Quassia, et ne se trouvant dans la Guyane espagnole que dans la vallée du Rio Caura, où les Indiens Paudacotes le désignent par le nom d'*Achec-chari*.

[1] Macrocnemum *tinctorium*.
[2] Ryania coccinea.
[3] *Voyez* nos *Plantes équin.*, Tom. I, p. 62, tab. 18.
[4] Dipterix odorata, Willd, ou Baryosma Tongo de Gaertner. Le *Jape* fournit à Carichana un excellent bois de charpente.

24.

J'ai trouvé à Carichana, à la grande place, l'inclinaison de l'aiguille aimantée de 33°,70 (nouvelle division). L'intensité des forces étoit exprimée par 227 oscillations en 10 minutes de temps, accroissement des forces[1] qui sembleroit indiquer quelques attractions locales. Les blocs de granite noircis par les eaux de l'Orénoque n'agissent cependant pas sensiblement sur l'aimant. La hauteur barométrique [2] étoit à midi 336^{li},6 ; le thermomètre centigrade étant de 30°,6 à l'ombre. La nuit, la température de l'air baissoit à 26°,2 ; l'hygromètre de Deluc se soutenant à 46°.

La rivière avoit monté de plusieurs pouces dans la journée du 10 avril ; ce phénomène frappoit d'autant plus les indigènes que les premières crues sont presque insensibles et que l'on est accoutumé à les voir suivies, au mois d'avril, d'une baisse de quelques jours. L'Orénoque étoit déja de trois pieds

[1] *Voyez* plus haut, t. VI, Chap. XVIII, p. 120. La latitude de Carichana, déduite de celle d'Uruana et de l'embouchure du Meta, est 6° 29'.

[2] Dans le port de Carichana, le baromètre se soutenoit, à 6 heures du soir, à 335,^{li}7 ; le thermomètre à l'air étoit à 26°,8.

plus élevé que le niveau des eaux les plus basses. Les naturels nous montrèrent, sur un mur granitique, les traces des grandes crues actuelles. Nous les trouvâmes à 42 pieds [1] de hauteur, ce qui est le double de la crue moyenne du Nil. Mais cette mesure fut prise dans un endroit où le lit de l'Orénoque est singulièrement resserré entre des rochers, et je n'ai pu suivre que l'indication qui m'a été donnée par les indigènes. On conçoit aisément que l'effet et la hauteur des crues diffèrent selon le profil de la rivière, la nature des bords plus ou moins élevés, le nombre des affluens qui réunissent les eaux pluviales, et selon la longueur du terrain parcouru. Ce qui est indubitable et ce qui a frappé l'imagination de tous ceux qui habitent ces contrées, c'est qu'à Carichana, à San Borja, à Atures et à Maypures, là où le fleuve s'est frayé un chemin à travers les montagnes, on voit, à cent, quelquefois à cent trente pieds au-dessus des plus hautes crues actuelles,

[1] Ou 13 ^{m},5. La hauteur de la crue moyenne du Nil est de 14 coudées du nilomètre d'Éléphantine, ou de 7 ^{m},41.

des bandes noires et des érosions, qui indiquent l'ancien séjour des eaux. Cette rivière de l'Orénoque, qui nous paroît si imposante et si majestueuse, ne seroit donc qu'un foible reste de ces immenses courans d'eau douce, qui, gonflés par des neiges alpines, ou par des pluies plus abondantes, par-tout ombragés d'épaisses forêts, dépourvus de ces plages qui favorisent l'évaporation, traversoient jadis le pays à l'est des Andes, comme des bras de mers intérieures ? Quel doit avoir été alors l'état de ces basses contrées de la Guyane, qui éprouvent aujourd'hui les effets des inondations annuelles ? Quel nombre prodigieux de crocodiles, de lamantins et de boas doivent avoir habité ces vastes terrains convertis tour-à-tour en mares d'eaux stagnantes, ou en plaines arides et crevassées ! Le monde plus paisible que nous habitons a succédé à un monde tumultueux. Des ossemens de Mastodontes et de véritables éléphans américains se trouvent dispersés sur les plateaux des Andes. Le Mégathère habitoit les plaines de l'Uruguay. En fouillant plus profondément la terre, dans de hautes vallées qui ne peuvent nourrir aujourd'hui des palmiers ou des fougères en arbres, on découvre des couches de houille enchâssant les débris gigantesques de plantes monocotylédones. Il fut donc une époque reculée où les classes des végétaux étoient autrement distribuées, où les animaux étoient plus grands, les rivières plus larges et plus profondes. C'est là que s'arrêtent les monumens de la nature que nous pouvons consulter. Nous ignorons si le genre humain, qui, lors de la découverte de l'Amérique, offroit à peine quelques foibles tribus à l'est des Cordillères, étoit déja descendu dans les plaines, ou si l'antique tradition des *grandes eaux*, qui se trouve parmi les peuples de l'Orénoque, de l'Erevato et du Caura, appartient à d'autres climats d'où elle s'est propagée dans cette partie du nouveau continent.

Le 11 avril. Partis de Carichana à 2 heures après midi, nous trouvâmes le cours de la rivière de plus en plus embarrassé par des blocs de rochers granitiques. Nous passâmes à l'ouest le *Caño* Orupe [1], et puis

[1] *Urupe.*

le grand écueil connu sous le nom de la *Piedra del Tigre*. La rivière y est si profonde qu'on n'atteint pas le fond au moyen d'une sonde de 22 brasses. Vers le soir, le temps devint couvert et sombre. La proximité de l'orage s'annonçoit par des rafales alternant avec des calmes *plats*. Il pleuvoit à verse, et le toit de feuillage sous lequel nous étions étendus n'offroit qu'un foible abri. Heureusement que ces ondées chassoient, au moins pour quelque temps, les *mosquitos* dont nous avions cruellement souffert pendant le jour. Nous nous trouvâmes devant la cataracte de Cariven, et l'impulsion des eaux étoit si forte que nous eûmes bien de la peine à prendre terre. Nous fûmes constamment repoussés au milieu du courant. Enfin, deux Indiens *Salivas*, excellens nageurs, se jetèrent à l'eau pour tirer la pirogue, au moyen d'une corde, au rivage, et pour l'amarrer à la *Piedra de Carichana vieja*, banc de rocher nu sur lequel nous bivouaquâmes. Le tonnerre gronda pendant une partie de la nuit ; l'accroissement de la rivière devint très-considérable, et l'on craignit plusieurs fois, à cause de l'impétuosité des vagues, que notre frêle bateau ne se détachât du rivage.

Le rocher granitique sur lequel nous couchâmes est un de ceux sur lesquels les voyageurs de l'Orénoque ont entendu, de temps en temps, vers le lever du soleil, des sons souterrains qui ressemblent à des sons d'orgue. Les missionnaires appellent ces pierres *laxas de musica*. « C'est de la sorcellerie (*cosa de bruxas*) », disoit notre jeune pilote indien qui savoit parler castillan. Nous n'avons jamais entendu nous-mêmes ces sons mystérieux, ni à *Carichana vieja*, ni dans le Haut-Orénoque ; mais, d'après des renseignemens donnés par des témoins dignes de foi, on ne sauroit nier l'existence d'un phénomène qui paroît dépendre d'un certain état de l'atmosphère. Les bancs de rocher sont remplis de crevasses très-minces et très-profondes. Ils s'échauffent, pendant le jour, jusqu'à 48° et 50°. J'ai trouvé souvent leur température, à la surface, pendant la nuit, de 39°, l'atmosphère ambiante étant à 28°. On conçoit aisément que la différence de température, entre l'air souterrain et l'air extérieur, atteint son *maximum* vers le lever du soleil, au moment qui est en même temps le plus éloigné de l'époque du *maximum* de la chaleur du jour précédent. Or, ces sons d'orgue que l'on entend lorsqu'on dort étendu sur le rocher, l'oreille appuyée sur la pierre, ne seroient-ils pas l'effet d'un courant d'air qui sort par des crevasses ? L'impulsion de l'air contre des paillettes élastiques de mica qui interceptent les crevasses, ne contribue-t-elle pas à modifier les sons ? Ne pourroit-on pas admettre que les anciens habitans de l'Égypte, en montant et en descendant sans cesse le Nil, avoient fait la même observation sur quelque rocher de la Thébaïde, et que la *musique des rochers* y a donné lieu aux jongleries des prêtres dans la statue de Memnon ? Peut-être lorsque « l'aurore aux doigts de rose rendit vocal son fils, le glorieux Memnon [1], » cette voix étoit celle d'un homme caché sous le piédestal de la statue;

---

[1] Ce sont les mots d'une inscription rendant témoignage des sons entendus le 13 du mois Pachon dans la dixième année du règne d'Antonin. Voyez *Mon. de l'Égypte ancienne*, Vol. II, pag. XXII, fig. 6.

mais l'observation des indigènes de l'Orénoque, que nous rapportons, paroît expliquer d'une manière naturelle ce qui a donné lieu à la croyance égyptienne qu'une pierre rendoit des sons au lever du soleil.

Presque à la même époque où je communiquai ces conjectures à quelques savans d'Europe, des voyageurs françois, MM. Jomard, Jollois et Devilliers, ont été conduits à des idées analogues. Dans un monument en granite placé au centre de l'enceinte du palais de Karnak, ils ont entendu, au lever du soleil, un bruit qui ressembloit à celui d'une corde qui vient à se rompre. Or, cette comparaison est précisément celle dont les anciens ont fait usage en parlant de la voix de Memnon. Les voyageurs françois ont pensé, comme moi, que le passage de l'air raréfié à travers les fissures d'une pierre sonore a pu engager les prêtres égyptiens à inventer les jongleries du Memnonium [1].

Le 12 avril. Nous partîmes à 4 heures du matin. Le missionnaire prévoyoit que nous aurions beaucoup de peine à passer

[1] *L. c.*, Tom. I, p. 103 et 234.

les rapides et l'embouchure du Meta. Les Indiens ramèrent sans interruption douze heures et demie. Pendant ce temps, ils ne prirent d'autre nourriture que du manioc et des bananes. Lorsqu'on considère la difficulté de vaincre l'impétuosité du courant et de surmonter les cataractes, lorsqu'on réfléchit sur cet emploi continu des forces musculaires pendant des navigations de deux mois, on est également surpris de la vigueur de constitution et de l'abstinence des Indiens de l'Orénoque et de l'Amazone. Des matières amylacées et sucrées, quelquefois le poisson et la graisse des œufs de tortue suppléent à la nourriture tirée des deux premières classes du règne animal, celles des mammifères et des oiseaux.

Nous trouvâmes le lit de la rivière, pendant une longueur de 600 toises, rempli de rochers granitiques. C'est là ce qu'on appelle le *Raudal de Cariven* [2]. Nous passâmes à travers des canaux qui n'avoient pas cinq pieds de large. Quelquefois notre pirogue étoit prise entre deux blocs de gra-

[1] Animaux à sang rouge et chaud.
[2] Ou *Cariveni*.

nite. On cherchoit à éviter les passages dans lesquels les eaux se précipitent avec un bruit épouvantable. Il n'y a aucun danger réel lorsqu'on est guidé par un bon pilote indien. Quand le courant est trop difficile à vaincre, les rameurs se jettent à l'eau et attachent une corde à la pointe des rochers pour haler la pirogue. Cette manœuvre est très-lente, et nous en profitâmes quelquefois pour grimper sur les écueils entre lesquels nous étions engagés. Il y en a de toutes les dimensions ; ils sont arrondis, très-noirs, lustrés comme du plomb, dépourvus de végétation. C'est un aspect bien extraordinaire que de voir, pour ainsi dire, disparoître l'eau dans une des plus grandes rivières du globe. Même, loin du rivage, nous aperçûmes ces immenses blocs de granite sortant de terre et appuyés les uns contre les autres. Dans les *Rapides*, les canaux intermédiaires ont plus de 25 brasses de profondeur, et l'on a d'autant plus de peine à les reconnoître que les rochers sont souvent comme étranglés vers leur base et qu'ils forment des voûtes suspendues au-dessus de la surface du fleuve. Nous n'aperçûmes pas de crocodiles dans le *Raudal de Cariven*. Ces animaux semblent fuir le bruit des cataractes.

Depuis Cabruta jusqu'à l'embouchure du Rio Sinaruco, sur une distance de presque deux degrés de latitude, la rive gauche de l'Orénoque est entièrement inhabitée; mais à l'ouest du *Raudal de Cariven*, un homme entreprenant, Don Félix Relinchon, a réuni des Indiens Jaruros et Otomaques dans un petit village. C'est un essai de civilisation sur lequel les moines n'ont point eu d'influence directe. Il est superflu d'ajouter que Don Félix vit en guerre ouverte avec les missionnaires de la rive droite de l'Orénoque. Nous discuterons dans un autre endroit la question importante de savoir si, dans l'état actuel de l'Amérique espagnole, on peut substituer de ces *Capitanes pobladores* et *fundadores* au régime monastique, et lequel de ces deux gouvernemens, également capricieux et arbitraires, est le plus à redouter pour les pauvres Indiens.

En remontant la rivière, nous arrivâmes à 9 heures devant l'embouchure du Meta, vis-à-vis de l'endroit où étoit située jadis la mission de Santa-Teresa, fondée par les jésuites. Le Meta est, après le Guaviare, le plus considérable des affluens de l'Orénoque. On peut le comparer au Danube, non par la longueur de son cours, mais par le volume de ses eaux. Sa profondeur moyenne est de 36 pieds, elle atteint jusqu'à 84. La réunion des deux rivières offre un aspect très-imposant. Des rochers isolés s'élèvent sur la rive orientale. Des blocs de granite, entassés les uns sur les autres, se présentent de loin comme des châteaux en ruines. De vastes plages sablonneuses éloignent du fleuve la lisière des forêts; mais au milieu d'elles on aperçoit à l'horizon, projetés contre le ciel, des palmiers isolés couronnant la cime des montagnes.

Nous passâmes deux heures sur un grand écueil, placé au milieu de l'Orénoque et appelé la *Pierre de la patience* [1], parce que les pirogues, en remontant le fleuve, sont quelquefois arrêtées deux jours pour se dégager du tournant d'eau que cause ce rocher. Je parvins à y établir mes instru-

[1] *Piedra de la Paciencia.*

mens. Des hauteurs de soleil me donnèrent [1], pour la longitude de l'embouchure du Meta, 70° 4′ 29″. Cette observation chronométrique prouve que, pour ce point, la carte de l'Amérique méridionale de d'Anville est presque exempte d'erreur en longitude, tandis que l'erreur en latitude est d'un degré.

Le Rio Meta, qui parcourt les vastes plaines de Casanare, et qui est navigable jusqu'au pied des Andes de la Nouvelle-Grenade, sera un jour d'une grande importance politique pour les habitans de la Guyane et de Venezuela. Depuis le golfe Triste et la bouche du Dragon, une flottille peut remonter l'Orénoque et le Meta jusqu'à 15 ou 20 lieues de distance de Santa-Fe de Bogota. Les farines de la Nouvelle-Grenade peuvent descendre par le même

---

[1] *Voyez* mes *Obs. astr*, Tom. I, p. 222. Le père Caulin, en rapportant les observations faites dans l'expédition d'Iturriaga et de Solano, en 1756, dit très-précisément que la latitude de l'embouchure du Meta est par les 6° 20′ (Hist. corogr., p. 70), et cependant, dans les cartes dressées sur ces mêmes observations, dans celles de Surville et de La Cruz, on trouve cette embouchure par 6° 7′ et 6° 10′. Gumilla la crut par les 1° 58′; Gili par les 4° 20′.

chemin. Le Meta est comme un canal de communication entre des pays placés sous la même latitude, mais qui diffèrent de production comme la France et le Sénégal. Cette circonstance rend importante la connoissance exacte des sources d'un fleuve si mal figuré sur nos cartes. Le Meta naît de la réunion de deux rivières qui descendent des Paramos de Chingasa et de la Suma Paz. Le premier est le Rio Negro, qui reçoit plus bas le Pacháquiaro ; le second est le Rio de Aguas blancas ou Umadea. La réunion a lieu près du port de Marayal. Du Passo de la Cabulla, où l'on quitte le Rio Negro, à la capitale de Santa-Fe, il n'y a que 8 ou 10 lieues. J'ai consigné ces faits curieux, tels que je les ai recueillis de témoins oculaires, dans la première édition de ma carte du Rio Meta [1]. La relation du voyage du chanoine Don Josef Cortes Madariaga a non-seulement confirmé mes premiers aperçus sur les sources du Meta ; il m'a aussi fourni des matériaux précieux pour perfectionner mon travail. Depuis les villages de Xiramena et Cabullaro jusqu'à

[1] *Atlas géogr.*, pl. XIX.

ceux de Guanapalo et de Santa-Rosalia de Cabapuna, sur une longueur de 60 lieues, les rives du Meta sont plus habitées que celles de l'Orénoque. On y trouve 14 établissemens chrétiens en partie très-populeux ; mais depuis les embouchures des rivières Pauto et Casanare, sur plus de 50 lieues de distance, le Meta est infesté par des Guahibos[1] sauvages.

A l'époque des jésuites, et sur-tout pendant l'expédition d'Iturriaga, en 1756, la navigation de cette rivière étoit beaucoup plus active qu'aujourd'hui. Des missionnaires d'un même ordre gouvernoient les rives du Meta et de l'Orénoque. Les villages de Macuco, de Zurimena et de Casimena avoient été fondés par les jésuites, comme ceux d'Uruana, d'Encaramada et de Carichana. Ces pères avoient conçu le projet de former une série de missions depuis le confluent du Casanare avec le Meta jusqu'au confluent du Meta avec l'Orénoque. Une zone étroite de terrains cultivés auroit traversé la vaste steppe qui sépare les forêts

---

2 On écrit *Guajibos*, *Guahivos* et *Guagivos*. Ils s'appellent eux-mêmes *Gua-iva*.

de la Guyane des Andes de la Nouvelle-Grenade. Outre les farines de Santa-Fe, on vit descendre alors, à l'époque de la *récolte des œufs de tortue*, le sel de Chita [1], les toiles de coton de San-Gil, et les couvertures peintes du Socorro. Pour donner quelque sécurité aux petits marchands qui se livroient à ce commerce de l'intérieur, on fit de temps en temps, du *Castillo* ou Fortin de Carichana, des attaques contre les Indiens Guahibos.

Comme la même voie, qui favorisoit le commerce des productions de la Nouvelle-Grenade, sert à introduire de la contrebande des côtes de la Guyane, les négocians de Carthagène des Indes ont obtenu du gouvernement de mettre de puissantes entraves au commerce libre du Meta. Un même esprit de monopole a fermé le Meta, le Rio Atracto et la rivière des Amazones. Étrange politique qui enseigne aux métropoles qu'il est avantageux de laisser incultes des pays dans lesquels la nature a déposé tous les germes de la fécondité ! Par-tout

[1] A l'est de Labranza grande et au nord-ouest de Pore, la capitale actuelle de la province de Casanare.

les Indiens sauvages ont profité de ce manque de population. Ils se sont rapprochés des fleuves, ils harcellent les passans, ils essaient de *reconquérir* ce qu'ils ont perdu depuis des siècles. Pour contenir les Guahibos, les missionnaires capucins qui succédèrent aux jésuites dans le gouvernement des missions de l'Orénoque, avoient eu le projet de fonder une ville à l'embouchure du Meta, sous le nom de la *Villa de San-Carlos*. La paresse et la crainte des fièvres-tierces se sont opposées à l'exécution de ce projet, et il n'a jamais existé de la *Villa de San-Carlos*, que des armes peintes sur un beau parchemin, et une énorme croix plantée au bord du Meta. Les Guahibos dont le nombre, à ce que l'on prétend, s'élève à quelques milliers, sont devenus si insolens que, lors de notre passage par Carichana, ils avoient fait dire au missionnaire qu'ils viendroient en radeaux brûler son village. Ces radeaux (*valzas*) que nous avons eu occasion de voir, ont à peine 3 pieds de large sur 12 pieds de long. Ils ne portent que deux à trois Indiens; mais 15 à 16 de ces radeaux sont attachés les uns aux autres par des tiges de Paullinia, de Dolichos et d'autres lianes. On a de la peine à concevoir comment ces petites embarcations restent liées ensemble en traversant les *rapides*. Beaucoup de fuyards des villages de Casanare et de l'Apure se sont mêlés aux Guahibos; ils leur ont communiqué l'usage de se nourrir de viande de bœuf, et de se procurer des cuirs. Les métairies de San-Vicente, du Rubio et de San-Antonio ont perdu un grand nombre de leurs bêtes à corne, par les incursions des Indiens. Ce sont eux aussi qui, jusqu'au confluent du Casanare, empêchent les voyageurs de coucher sur le rivage, en remontant le Meta. Pendant les basses eaux, il arrive assez souvent que de petits marchands de la Nouvelle-Grenade, dont quelques-uns visitent encore le campement de Pararuma, périssent par les flèches empoisonnées des Guahibos.

Depuis l'embouchure du Meta, l'Orénoque nous parut plus libre d'écueils et de rochers. Nous naviguâmes dans un canal de 500 toises de large. Les Indiens restoient à ramer dans la pirogue sans la touer et sans la pousser de leurs bras, en nous fatiguant de leurs cris sauvages. Nous passâmes à l'ouest les *Caños* Uita et Endava. Il étoit déja nuit lorsque nous nous trouvâmes devant le *Raudal de Tabajè*[1]. Les Indiens ne voulurent pas risquer de traverser la cataracte, et nous couchâmes par terre dans un site extrêmement incommode, sur un banc de rocher incliné de plus de 18°, et abritant une nuée de chauves-souris dans ses crevasses. Nous entendîmes, pendant toute la nuit, de très-près, les cris du Jaguar. Notre grand chien y répondoit par des hurlemens prolongés. J'attendois en vain les étoiles; le ciel étoit d'une noirceur effrayante. Le bruit sourd des cascades de l'Orénoque contrastoit avec le bruit du tonnerre, qui grondoit de loin vers la forêt.

Le 13 avril. Nous passâmes de grand matin les rapides de Tabajè, le terme du voyage du père Gumilla[2], et nous débar-

---

[1] *Tavajè*, sans doute *Atavaje*.

[2] *Orénoque illustré* (trad. franç.), Tom. I, p. 49 et 77. Cependant Gumilla affirme, p. 66, avoir navigué sur le Guaviare. Il place le *Raudal do Tabajè* par 1° 4' de latitude, erreur de 5° 10'.

quâmes de nouveau. Le père Zea, qui nous accompagnoit, voulut dire la messe dans la nouvelle mission de San-Borja, établie depuis deux ans. Nous y trouvâmes six maisons habitées par des Guahibos non-catéchisés. Ils ne différoient en rien des Indiens sauvages. Leurs yeux, assez grands et noirs, marquoient plus de vivacité que les yeux des Indiens qui habitent les anciennes missions. Nous leur offrîmes en vain de l'eau-de-vie; ils ne voulurent pas même en goûter. Les jeunes filles avoient toutes le visage marqué de taches rondes et noires. On auroit dit des *mouches* par lesquelles jadis les femmes en Europe imaginoient relever la blancheur de leur peau. Le reste du corps des Guahibos n'étoit pas peint. Plusieurs avoient de la barbe; ils en paroissoient fiers; et, en nous prenant au menton, ils nous montroient par des signes qu'ils étoient faits comme nous. Leur taille étoit en général assez svelte. Je fus frappé de nouveau ici, comme parmi les Salivas et les Macos, du peu d'uniformité qu'offrent les traits de ces Indiens de l'Orénoque. Leur regard est sombre et triste; il n'est ni dur ni féroce. Sans avoir aucune notion des pratiques de la religion chrétienne (le missionnaire de Carichana ne célèbre la messe à San-Borja que trois ou qutre fois par an), ils se comportoient à l'église avec la plus grande décence. Les Indiens aiment la représentation ; ils se soumettent momentanément à toute espèce de gêne et de sujétion, pourvu qu'ils soient sûrs d'attirer les regards. Au moment de la communion, ils se faisoient des signes, pour indiquer d'avance que le prêtre alloit porter le calice à ses lèvres. A l'exception de ce geste, ils restoient immobiles et dans une apathie imperturbable.

L'intérêt avec lequel nous avions examiné ces pauvres sauvages, devint peut-être la cause de la destruction de la mission. Quelques-uns d'entre eux, qui préféroient la vie vagabonde aux travaux de la culture, persuadoient aux autres de retourner dans les plaines du Meta. Ils leur disoient « que les hommes blancs reviendroient à San-Borja pour les amener dans leurs canots, et pour les vendre comme *poitos* ou esclaves à l'Angostura. » Les Guahibos attendirent

CHAPITRE XIX.

la nouvelle de notre retour du Rio Negro par le Cassiquiare ; et, lorsqu'ils surent que nous étions arrivés à la première Grande Cataracte, celle d'Aturès, ils désertèrent tous pour s'enfuir dans les savanes qui bordent l'Orénoque à l'ouest. Les pères jésuites avoient déja formé une mission dans le même site, et portant le même nom. Aucune tribu n'est plus difficile à fixer au sol que les Guahibos. Ils aiment mieux se nourrir de poissons pourris, de scolopendres et de vers, que de cultiver un petit terrain. Aussi les autres Indiens disent proverbialement : « Un Guahibo mange tout ce qui existe sur terre et au-dessous de terre. »

En remontant l'Orénoque plus au sud, la chaleur, loin de s'accroître, devint plus facile à supporter. L'air étoit, le jour [1], à 26° ou 27°,5, la nuit [2], à 23°,7. L'eau de l'Orénoque conservoit sa température habituelle [3] de 27°,7. Le tourment des *Mosquitos* augmenta cruellement, malgré le décroissement de la chaleur. Nous n'en avions

[1] A 20°,8 ou 22° R.
[2] A 19° R.
[3] De 22°,2 R.

jamais autant souffert qu'à San-Borja. On ne pouvoit parler ou découvrir son visage sans avoir la bouche et le nez remplis d'insectes. Nous étions surpris de ne pas voir le thermomètre à 35° ou 36°; l'extrême irritation de la peau nous fit croire que l'air étoit embrasé. Nous bivouaquâmes sur la plage de Guaripo[1]. La crainte des petits poissons Caribes nous empêchoit de nous baigner. Les crocodiles que nous avions rencontrés dans cette journée étoient tous d'une grandeur extraordinaire de 22 à 24 pieds.

Le 14 avril. Les souffrances des *Zancudos* nous firent partir à cinq heures du matin. Il y a moins d'insectes dans la couche d'air qui repose immédiatement sur le fleuve que près de la lisière des forêts. Nous nous arrêtâmes pour déjeuner à l'île de Guachaco[2], où le granite est recouvert immédiatement par une formation de grès ou d'ag-

---

[1] Hauteur du baromètre à 6^h du soir 335^{li},6. (Th. cent. 25°,3.) Les petites irrégularités de variations horaires rendent presque insensible l'influence de la pente de la rivière sur la hauteur du baromètre.

[2] Ou *Vachaco*.

glomérat. Ce grès renferme des fragmens de quartz et même de feldspath, cimenté par de l'argile endurcie. Il offre de petits filons de mine de fer brune qui se détache en lames ou plaques d'une ligne d'épaisseur. Nous avions déja trouvé de ces lames sur les plages entre l'Encaramada et le Baraguan, où les missionnaires les avoient prises tantôt pour de la mine d'or, tantôt pour de l'étain. Il est probable que cette formation secondaire a occupé jadis une plus grande étendue. Après avoir passé la bouche du Rio Parueni, au-delà duquel habitent les Indiens Macos, nous bivouaquâmes dans l'île de Panumana. Je pus obtenir avec peine des hauteurs de Canopus pour fixer la longitude[1] de ce point près duquel la rivière tourne subitement vers l'ouest. L'île de Panumana est très-riche en plantes. On y trouve de nouveau ces bancs de rochers nus, ces touffes de Melastomes, ces bosquets de petits arbustes dont le mélange nous avoit frappés dans les plaines de Carichana. Les montagnes

[1] Long. 70°8′39″ en supposant, d'après des distances itinéraires, la latitude de l'île de 5°41′.

des Grandes Cataractes bornoient l'horizon vers le sud-est. A mesure que nous avançâmes, nous aperçûmes que les rives de l'Orénoque offroient un aspect plus imposant et plus pittoresque.

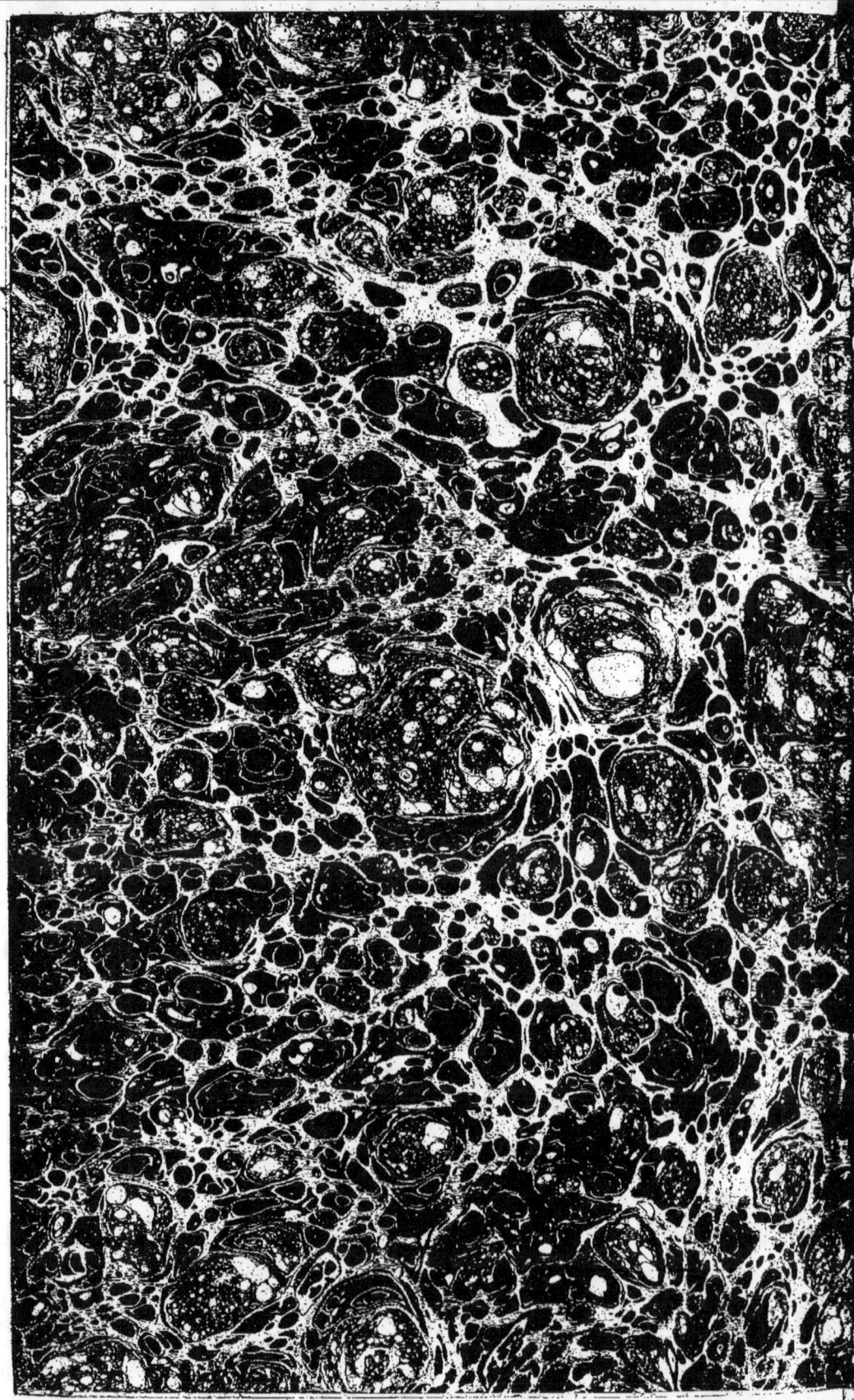

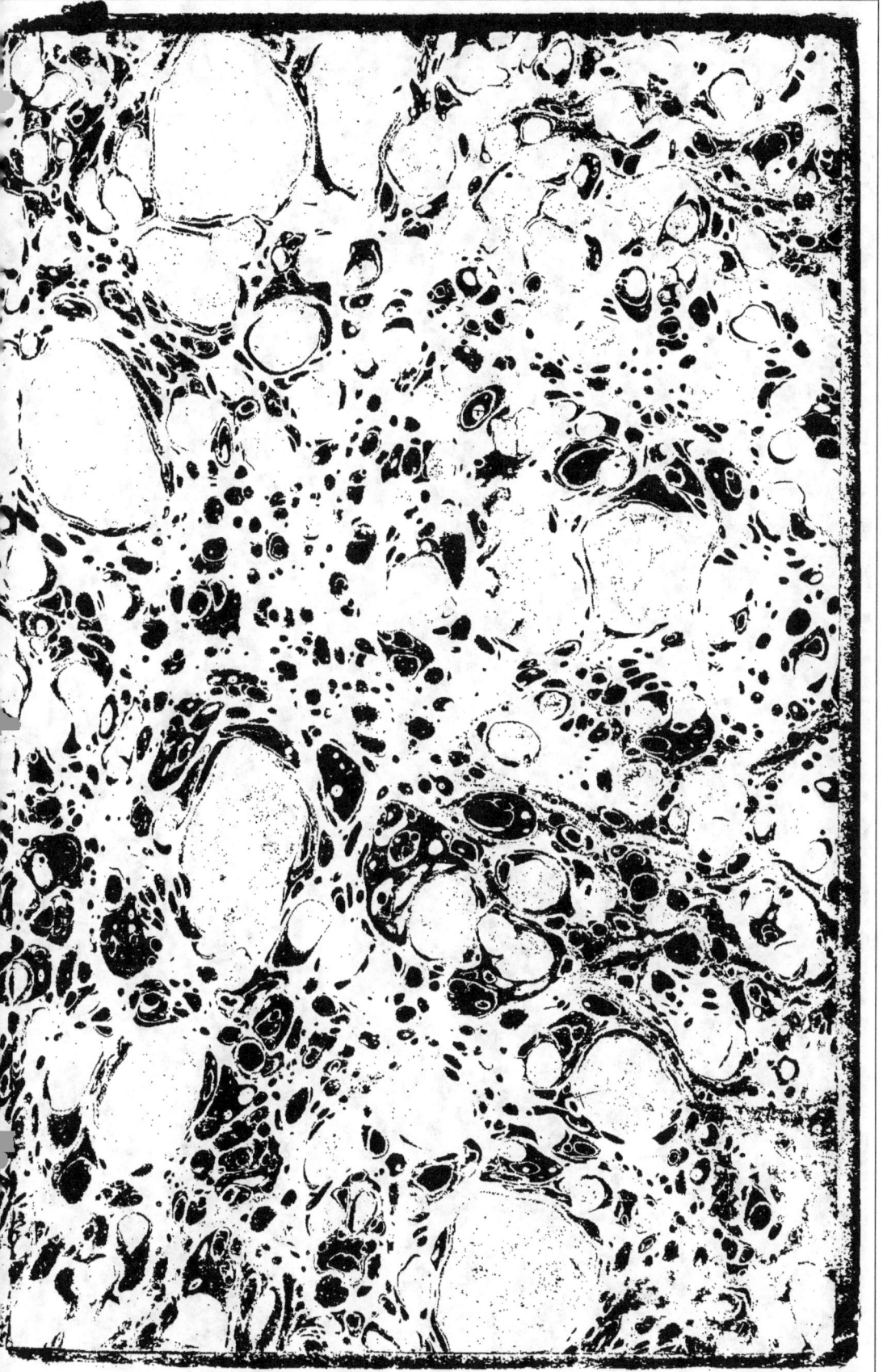

HUMBOLDT

VOYAGE
AUX RÉGIONS
ÉQUINOXIALES

www.ingramcontent.com/pod-product-compliance
Lightning Source LLC
Chambersburg PA
CBHW071946220426
43662CB00009B/1009